교육행정 및 교육경영

이 지 영

청목출판사

머리말

이 책은 교육행정학 강의를 준비하는 과정에서 정리한 내용과 자료를 바탕으로 하여 대학에서 교육행정을 처음 접하는 학생들을 위해 집필되었다. 교육행정학 강의를 담당하면서 필자는 늘 첫 수업시간 학생들로부터 교육행정은 너무 어려울 것 같고, 암기해야 할 부분도 많고, 교육학 같지 않은 부분도 많으니 이해하기 쉽게 수업해 달라는 당부를 받아왔다. 따라서 이 책은 수강생들의 위와 같은 건의에 대한 고민에서 출발한 것으로, 필자가 강의를 하면서 중점을 둔 부분을 중심으로 구조화한 틀에 따라 구성되었다.

교육행정학은 이론과 실제가 접목된 흥미로운 학문이다. 실제적인 내용이 상당부분을 차지하고 있어 법령이나 규정의 개정도 빈번하게 이루어지고, 사회변화에 따라 학문적 범위나 강조점도 달라지기에 학생들이 체감하는 변화와 그에 따른 부담이 큰 것 같다. 그러나 교육행정학의 기초 이론을 충분히 이해하고 학교·학급의 구성원으로서의 교사와 학생의 입장에서 교육행정의 주요 이론과 실제에 접근한다면, 교육행정학과 교육현상에 대한 안목이 넓어질 것이다.

이 책의 내용은 크게 3부로 구성되어 있다. 제1부는 교육행정의 개념과 교육행정체제, 그리고 교육행정학 이론의 변천 과정으로 구성되어 교육행정과 교육행정학이 무엇인지에 대해 소개하였다. 제2부는 교육조직의 행정적 이해로서 5개 장으로 구성되어 있는데, 교육 조직의 핵심단위인 학교와 학급을 행정적으로 이해하기 위하여 조직구조와 문화, 구성원의 동기, 지도성, 의사결정, 의사소통 등의 이론을 다루었다. 제3부는 교육행정의 실제로서 장학, 인사행정, 교육재정, 학교·학급의 경영계획과 관리기법 등 교원이 학교와 학급을 운영하면서 실제적으로 참고 · 활용할 수 있는 내용들을 4개 장으로 제시하고 있다.

교육행정학의 특수성으로 개정 및 보완되어야 할 부분들이 집필을 마친 순간부터 생겨날 것이며, 필자가 예상치 못한 문제점도 발견하게 될 것이다. 이에 대해서는 독자 여러분의 관심어린 충고와 지적에 따라 지속적인 수정이 이루어질 수 있도록 노력할 것이다.

이 책이 교육행정학을 접하게 되는 수강생들에게 작은 보탬이 되길 바라며, 곁에서 배려와 격려를 아끼지 않았던 가족과 지인들께 감사드린다. 촉박한 일정에도 출판을 기꺼이 맡아주신 청목출판사의 사장님과 임직원분들께도 정중히 감사의 마음을 전한다.

2010년 2월

저자

차 례

제3부 교육행정의 실제

제1부

교육행정의 이해

제 1 장

교육행정의 기초

교육행정이란 무엇인가? 교육행정이란 어떤 활동인가? 교육행정은 과연 교육에 관한 행정인가? 교육을 위한 행정인가? 이와 같은 의문에 답하기 위해 교육행정의 개념과 교육행정의 영역 및 업무, 교육행정이 이루어지는 과정, 교육행정이 추구하는 원리 등을 살펴보고자 한다.

1. 교육행정의 정의

교육행정(educational administration)은 교육과 행정의 복합어이다. 교육은 교수자와 학습자가 가치로운 교육내용을 매개로 하여 교수학습 활동을 전개해 나가면서 성장과 발달을 이끌어내는 활동이다. 행정[1]은

1) 행정을 의미하는 'administration'은 정부 부서를 의미하는 고대 라틴어에서 그 어원을 찾을 수 있다. 'administrare'라는 동사는 돕는다, 보조하다, 봉사하다라는 의미와 관리하다, 지휘하다, 통치하다의 두 가지 의미를 가진다. 이들 두 의미는 운영하다, 수행하다, 집행하다, 실행하다의 의미와 결과적으로 혼합되어 '명령에의 복종과 집행에의 창조성'이라는 이중적 의미를 지닌다. 또한 행정은 관점에 따라 다양하게 정의되는데, Leorad D. White는 '국가 목표를 성취하기 위해 사람과 물자를 관리하는 것'으로, Dwight Waldo는 '합리적 협동행위'로, E. N. Gladen은 '목표에 대한 수단'으로, Herbert A. Simon은 '의사결정과정'으로, Ira Sharkansky는 '개방체계로서 환경 · 투입 · 전환과정 · 산출 ·

조직의 목표 달성을 위해 합목적성과 합리성을 토대로 최대의 가치를 실현하는 협동적 활동이다. 이렇게 볼 때 교육행정은 가치로운 교육활동의 실현을 위해 합리적·합목적적으로 협동해 나가는 활동으로 정의할 수 있다. 그러나 개념은 관점과 맥락에 따라 다양하게 정의된다. 지금까지 교육행정의 정의와 관련한 몇 가지 대표적인 견해는 다음과 같다.

1) 국가통치권론

국가통치권론은 교육행정을 일반 행정의 일부로 파악하여 '교육에 관한 행정'이라고 정의하려는 대표적인 입장이다. 이는 국가의 권력 작용이 입법과 사법 그리고 행정으로 삼권분립되어 있으며, 행정작용은 내무, 외무, 군무, 법무, 재무의 영역으로 구분하여 이루어지는데, 이 중 교육행정을 내무행정에 포함된 일반 행정의 일부로 파악한다는 견해이다. 즉 교육행정을 입법부에서 만든 교육에 관한 법을 집행하고, 교육관계 법규와 정책의 테두리 안에서 교육제도와 시설을 유지하고 관리하는 작용이라고 보는 입장이다(남정걸, 2006: 28). 이러한 정의는 국가통치권을 정부조직의 기능 측면에서 분류하고, 행정 작용을 법규적 차원에서 분류하고 있다는 측면에서 공권력적 해석 혹은 법규해석적 정의, 분류체계론이라고도 한다(윤정일 외, 2008: 16).

따라서 이 입장은 행정의 이념을 중시하는 입장으로, 교육행정은 교육에 관한 법규나 교육정책을 실현하는 과정으로 정의된다. 이러한 관점은 교육행정의 이론화 운동을 통해 교육행정 현상이 행동과학의 방법적 적용에 의해 행정 중심적 경향으로 굳어져 왔다. 이러한 경향에 의하면, 교육행정은 교육에 관한 행정이므로 교육행정학은 교육에 관한 행정적 현상을 과학적으로 탐구하는 학문으로 정의할 수 있다(오영재 외, 2007: iii).

환류의 작동과정'으로 각각 정의하였다(오석홍, 1996).

2) 조건정비론

조건정비론은 교육행정을 교육의 핵심기능인 교수-학습의 효율화를 위해 필요한 인적·물적 제반 조건을 정비·확립하는 수단적·봉사적 활동으로 보는 견해이다(윤정일 외, 2008; 16). 이는 행정의 어원인 '돕다, 보조하다, 봉사하다'에 초점을 맞춘 것으로 교육행정을 교육목적을 달성하기 위한 수단적·봉사적 활동이라고 보는 것이다. 이러한 입장은 1930년대 민주적인 교육행정을 주장하였던 미국의 학자들에 의해 주장되었는데, 교육행정의 기능을 주로 교육활동을 지원하기 위한 조건의 정비에 두었기 때문에 교육행정에 대한 기능적 접근 또는 조건 정비적 접근이라고 한다. Moehlmen(1951), Campbell(1983) 등은 교육행정의 기본목적은 교수학습활동을 향상시키기 위한 것이므로, 행정은 어디까지나 하나의 수단이지 궁극적인 목적은 아니며, 학교는 교수학습활동을 위해서 존재하는 것이기 때문에 학교와 교육행정기관의 모든 종사자는 이 우선적 목표에 공헌해야 한다는 조건정비론적 입장을 지지하였다.

이와 같이 조건정비론은 교육행정을 '교육을 위한 행정'의 위치에서 파악하고 교육행정이 교육활동의 규범적 틀로부터 벗어날 수 없기에 필연적으로 교육 중심적일 수밖에 없다고 주장한다. 이러한 관점에서 보면, 교육행정은 교육을 위한 행정이며, 교육행정학은 교육을 위한 행정적 현상을 체계적으로 탐구하는 학문인 것이다(오영재 외, 2007; iii)

3) 협동행위론

협동행위론은 교육행정을 교육의 목적을 효과적으로 달성하기 위한 조직 구성원의 협동적 행위로 보는 견해이다. 즉, 행정이란 조직의 목적달성을 위한 조직 구성원의 행동 연구에 초점을 두는 행정행태설에서 비롯된 입장으로, 대표적인 학자는 Waldo(1955)이다. 그는 행정은 고도의 합리성을 바탕으로 한 협동적 인간 행동의 한 국면으로, 정부의 목표를 성취하기 위하여 사람과 물자를 조직·관리하는 것이며, 공적인 것이라고 규정되는 목표의 성취를 극대화하기 위하여 입안된 합리적인 행동이라고 정의하였다(신철순, 1995; 박세훈 외, 2008: 12에서 재인용). 이 입장은 사회과학이나 행동과학의 영향을 받아 교육행정의 이론화를 주장하는 견해로, 이에 따르면 교육행정은 합리적으로 계획된 과정과 절차에 따라 교육목적을 최대한 효과적으로 달성하기 위해 교육활동과 관련된 제반 조직과 조건을 체계적으로 정비하고 조성하는 협동적 행위로 정의할 수 있다(윤정일 외, 2008: 19).

이상과 같이, 교육행정을 정의하는 것은 어떤 관점에서 교육행정활동 또는 그 현상을 보느냐에 따라 다양하게 해석될 수 있다. 특히, 교육행정의 정의는 일반적으로 '교육에 관한 행정'과 '교육을 위한 행정'으로 대별할 수 있다.

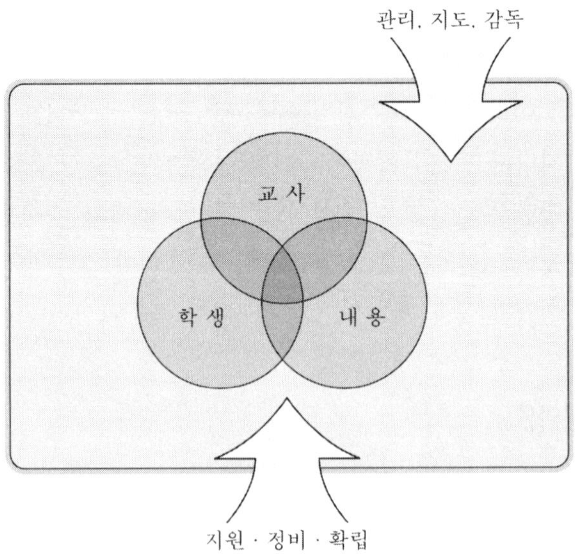

[그림 1-1] 교육행정

'교육에 관한 행정'은 교육행정을 행정의 한 분야 중, 교육이라는 분야의 행정으로 보는 관점으로 행정 중심적 경향이 강한 반면, '교육을 위한 행정'이란 교육을 지원하는 봉사적이고 수단적인 활동으로 교육을 강조하여 교육행정을 보는 관점이다. 과거의 교육행정은 교육에 관한 행정이라는 측면이 강조되었지만, 근래에는 교육을 위한 행정이라는 측면이 강조되고 있다. 그러나 교육행정은 교육에 관한 행정과 교육을 위한 행정의 양 측면을 모두 포함하는 개념으로 파악되어야 할 것이다.

교육행정과 유사한 개념으로 교육경영(educational management)이 있다. 행정은 주로 주체가 국가 또는 지방자치단체로 공익을 추구하는데 목적을 둔다. 또한 조직의 형성과 개편, 구성원의 관리 등에 있어서 법적 규제를 받으며, 강제적인 권력을 이용하는 정치적 성격이 강한 활동이다. 반면 경영은 기업이나 개인이 주체이며 이윤 추구를 목적으로 한다. 또한 특별한 권력관계적 성격이 강하지 않으며, 이윤을 추구하는 공리활동으로 권력성이 약하다.

이와 같이 행정과 경영은 목적과 주체, 법적 규제, 정치적 성격과 권력수단의 유무 등에 따라 차이점을 나타낸다. 이러한 개념적 차이에 의해 대체로 행정은 객관적·강제적이며, 확실성과 구조화를 강조하는 공공기관의 운영·관리에, 경영은 주관적 융통성을 가지면서 목적 달성도를 극대화하기 위한 사적 기관이나 단체의 운영·관리로 각각 구분해서 쓰는 것이 보편적이었다. 그러나 근래에 와서는 무한경쟁 체제에서 책무성을 전제로 조직을 운영하는 경영 마인드와 변화와 혁신을 강조하는 기업의 경영처럼 교육에 있어서도 분명한 목표의 제시, 효과적인 목표 달성을 위한 적극적인 노력과 책임 등을 강조하면서 교육행정과 교육경영을 상호 교환적으로 사용하고 있다.

2. 교육행정의 영역

교육행정의 영역이란 교육행정의 업무나 내용의 범위를 의미하는 것으로, 교육행정의 과업, 범위, 기능, 직무 등의 다양한 용어로 이해되고 있다(박세훈 외, 2008: 14). 교육행정의 영역에 대하여 학자들은 다양하게 제시하고 있다.

Campbell(1965) 등은 교육행정의 과업을 학교와 지역사회의 관계, 교육과정과 교수, 학생 인사, 교직원 인사, 시설, 재정 및 사무관리 등의 여섯 영역으로 제시하였다.

김종철(1982)은 교육행정의 영역을 크게 법규적 측면과 업무 내용의 두 측면으로 구분하였다.

- **법규적 측면**: 중앙정부의 행정관청 중 교육과학기술부 장관의 관할하에 있는 행정활동 영역으로, 학교교육행정과 사회교육행정을 포함하였다. 학교교육행정은 그 기능에 따라 관리행정과 지도행정으로, 학교교육기관의 등급에 따라 초등·중등·고등교육행정으로 구분하였다.
- **업무 내용의 측면**: 기획행정, 조직행정, 교육내용행정, 장학행정, 학생행정, 교직원 인사행정, 재무행정, 시설행정, 사무관리행정, 연구평가 및 홍보행정 등으로 구분하였다.

남정걸(2006)은 교육행정영역을 행정의 주체와 수준, 행정조직의 구조, 행정의 대상으로 구분하였다.

- **행정의 주체와 수준 측면**: 중앙교육행정, 지방교육행정, 단위학교교육행정
- **행정조직의 구조 측면**: 학무행정과 관리행정으로 이분화 하여, 전

자는 유아교육에서 고등학교 교육에 이르기까지 각급 학교의 교육지원과 장학을 지원하는 업무로, 후자는 교육에 필요한 시설·설비의 정비, 확충, 재정 관리를 담당하는 업무로 각각 구분하였다.

• **행정 대상 측면**: 교육기관에 따라 취학전교육행정, 초등교육행정, 중등교육행정, 고등교육행정, 평생교육행정, 특수교육행정, 재외동포교육행정, 직업기술교육행정, 교원교육행정, 사학행정 등으로 구분하였다.

윤정일(2008)은 [그림 1-2]에서 보는 바와 같이, 교육행정의 영역을 행정단위, 행정기능, 교육대상의 측면에 따라 구분하였다.

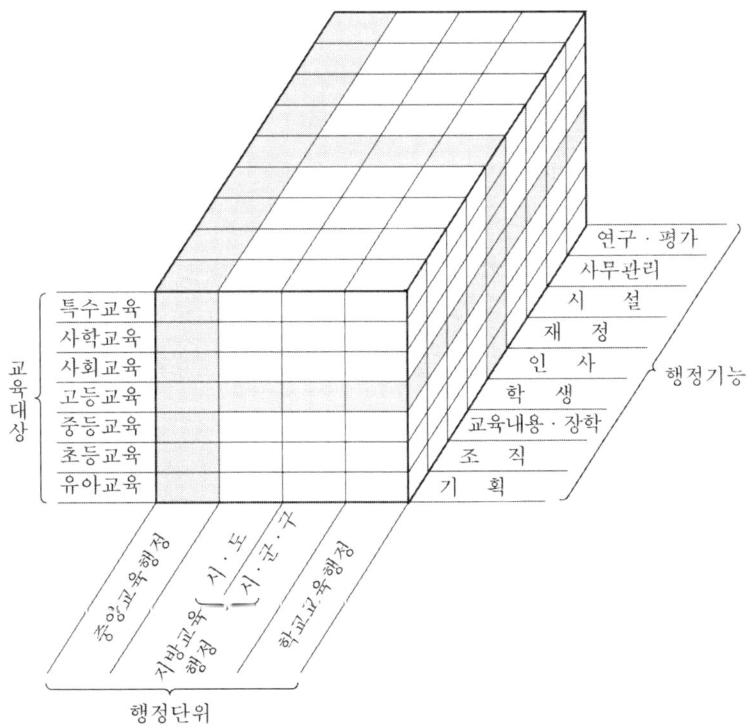

[그림 1-2] 교육행정의 영역

• **행정단위 측면**: 중앙교육행정, 지방교육행정(시·도/ 시·군·구), 학교교육행정

• **행정기능 측면**: 기획, 조직, 교육내용, 장학, 학생, 인사, 재정, 시설, 사무관리, 연구 · 평가

• **교육대상 측면**: 유아교육, 초등교육, 중등교육, 고등교육, 사회교육, 사학교육, 특수교육

이와 같이 교육행정의 영역은 법규나 과업의 내용에 따라 다양하게 제시될 수 있으며, 단위학교에서 이루어지는 업무의 내용을 중심으로 교육행정 영역을 구분하면 다음과 같이 제시될 수 있다(서정화 외, 2002: 26-28, 박세훈 외, 2008: 15-16).

• **교육과정과 교수행정**: 학교조직의 목표는 최적의 교육과정을 마련하고 효과적인 교수-학습활동을 전개해야만 달성될 수 있으므로 교육과정과 교수행정이 교육행정의 가장 중요한 영역이라 할 수 있다. 교육과정과 교수행정은 교육내용의 행정이라고도 하는데, 이는 교육과정 및 교육목표의 수립, 교육내용의 선정 및 조직, 학습 지도 및 평가 등의 전 교육활동 과정에 대한 지원활동이라고 할 수 있다.

• **교직원 인사행정**: 교직원 인사행정은 교육활동의 주체라고 할 수 있는 교원이나 교육활동을 지원하는 전문직과 일반직을 확보 · 관리하는 지원활동이라고 할 수 있다. 즉, 교직원 인사행정에는 교직원의 채용, 능력 개발, 사기 앙양 등의 광범위한 활동이 포함된다.

• **학생행정**: 학생행정은 입학에서 졸업에 이르기까지 학생의 신분을 관리 · 지도하는 행정 업무, 학생의 신분, 편제, 복지, 훈육 등이 포함된다. 학생의 신분에는 입학, 진급, 졸업, 전학, 휴학이 포함되며, 편제는 주로 학년 · 학급 편성을 의미한다. 복지는 장학복지에 관련된 업무를 의미하며, 훈육은 생활지도와 상담활동과 같은 학생지도를 의미한다.

• **교내장학**: 교내장학은 교사의 교수-학습지도 기술향상과 교육과정 운영 개선, 학급 및 학년경영의 합리화를 위해 경영관리층이 수행하는 전문적 보조활동이라 할 수 있다. 이러한 교내장학은 수업지도성 발휘, 실질적인 장학활동의 활성화, 여건조성 등이 주요 관심이 되고 있다.

• **재무행정**: 재무행정은 교육활동에 필요한 교육 경비를 조달·운영하는 활동으로 예산의 편성, 심의, 집행, 결산 및 감사 등이 포함된다.

• **학교시설 및 사무관리**: 학교시설 및 사무관리 행정은 교육활동에 필요한 시설과 설비의 설치, 유지, 관리를 포괄하는 활동이다. 문서 업무를 포함하여 사무 분장과 사무실 관리 및 사무 자동화 등 합리적으로 사무 업무를 관리하는 활동이라고 볼 수 있다.

• **대외관계행정**: 대외관계는 학부모, 지역사회, 행정당국 등과의 관계를 말한다. 이 영역에는 학부모회 운영, 지역사회봉사, 지역사회 자원 활용, 홍보활동 등을 포함하며, 학교교육에 대한 학부모의 반응 및 지원, 지역사회 및 학교의 상호작용 등이 주요 관심의 대상이다. 최근 교육공동체 형성과 관련하여 학교의 대외관계행정을 강조하는 경향이 많다.

3. 교육행정의 원리

교육행정의 원리는 교육행정이 지향하는 이념이나 방향을 제시해주는 기본 지침이다.

Simon(1976)은 행정 원리는 상반되지만 그럴듯한 원리들이 쌍을 이루고 있어서 어느 하나의 원리에 충실하자면 다른 원리를 부정해야 되는 것이며, 둘 중에서 어느 것을 채택하는 것이 더 적절한가를 지시해주는 이론도 없다고 비판하였다. 그러나 교육행정은 당위성과 규범, 준거에 의거하여 수행되어야 하기 때문에 교육행정의 원리는 중요시 된다(남정걸, 2006: 51). 교육행정이 추구하는 중요한 가치로 교육행정의 원리를 다음과 같이 법규적 측면, 운영적 측면, 조직적 측면으로 나누어 살펴본다(남정걸, 2006: 41-49, 윤정일 외, 2008: 27-32).

1) 법규적 측면의 원리

교육관계 법규에서 교육행정의 기본 원리를 찾을 수 있다. 교육행정의 기반과 전제가 되는 교육이념과 목적, 이를 실현하기 위해 마련된 교육제도와 정책, 교육행정기구의 조직과 과업 등이 교육 법규에 규정되어 있기 때문이다. 헌법과 교육기본법을 토대로 추출한 교육행정의 법규면의 기본 원리는 기회균등의 원리, 자주성 존중의 원리, 지방자치의 원리, 법률주의의 원리, 공공성의 원리로 요약할 수 있다.

• **기회균등의 원리**: 「헌법」 제 31조 제1항은 '모든 국민은 능력에 따라 교육받을 권리를 가진다.'를 명시하여 교육권을 기본권의 하나로 규정한다. 「교육기본법」 제3조 '모든 국민은 평생에 걸쳐 학습하고, 능력과 적성에 따라 교육받을 권리를 가진다.' 제4조 '모든 국민은 성별, 종교, 신념, 사회적 신분, 경제적 지위 또는 신체적 조건 등을 이유로 교육에 있어서 차별받지 아니한다.'를 규정하고 있다. 이러한 기회균등의 원리는 모든 국민에게 균등한 기회를 보장하는 의무교육을 실시하고, 능력주의에 입각하여 학업을 계속할 능력이 있는 자에게 능력을 발휘할 수 있는 기회를 부여한다는 의미를 지닌다. 오늘날의 기회균등은 능력의 다과에 비례한 교육에의 접근이나 투입, 허가의 기회를 형식적·양적으로 제공하는 데 그치지 않고 교육의 질과 결과를 보장할 수 있도록, 교육의 전체 과정상에서 학생의 능력에 따른 차등적 취급을 하는 교육의 평등권과 교육정의의 실현에까지 나아가야 한다.

• **자주성 존중의 원리**: 「헌법」 제31조 4항은 교육의 자주성, 전문성 및 정치적 중립성은 법률이 정하는 바에 의하여 보장됨을 규정하고, 「교육기본법」 제5조는 국가 및 지방자치단체는 교육의 자주성 및 전문성을 보장하여야 한다고 규정한다. 이는 교육이 그 본질을 추구하기 위하여 일반 행정에서 분리·독립되고 정치와 종교로부터 중립성을 유지해

야 한다는 것이다. 교육행정에서 자주성이 존중되어야 하는 이유는 교육이 공적인 활동이므로 일정 당파의 이익이나 특정 종교의 수단으로 활용될 수 없는 보편타당한 중립성을 가져야 하기 때문이다. 교육의 자주성과 중립성, 교육의 본질 추구라는 명제는 교육행정을 일반행정에서 분리하여야 하고, 교육재정의 독립과 교육인사행정의 독자성을 필수적으로 수반해야 한다는 점을 분명하게 제시하는 것이라 할 수 있다.

• **지방자치의 원리**: 「교육기본법」 제5조에는 국가와 지방자치단체는 교육의 자주성 및 전문성을 보장하여야 하며 지역의 실정에 맞는 교육 시책을 수립·실시하여야 한다고 규정하고, 그 구체적 방책으로 「지방교육자치에 관한 법률」에 의해 교육의 지방자치제도를 채택하여 실시하고 있다. 교육에 대한 책임이 교육학자나 정부의 관리에게 있는 것이 아니라 주민에게 있고, 지역사회와 주민의 민의에 의해 교육을 운영해야 함을 나타내는 것이다. 이와 밀접한 관계에 있는 것은 지방분권의 원리인데, 이는 교육행정 권한의 배분에 관한 것으로 지방자치의 활성화를 위한 부분적 원리라 할 수 있다.

• **법률주의의 원리**: 「헌법」 제31조 제6항은 학교교육 및 평생교육을 포함한 교육제도와 그 운영, 교육재정 및 교원의 지위에 관한 기본적인 사항은 법률로 정한다고 규정하고 있다. 이는 행정부의 독단적인 권력 행사를 막으려는 입법과 행정의 분리, 행정의 자유재량권을 제한하기 위해 행정은 법이 정하는 범위 내에서 행하여져야 한다는 법치주의 원칙을 교육행정에 적용한 것이다. 이에 따라 「교육기본법」을 비롯하여 「초중등교육법」, 「고등교육법」, 「지방교육자치에 관한 법률」, 「교육공무원법」, 「지방교육재정교부금법」, 「교원지위향상을 위한 특별법」 등의 제법률과 명령, 훈령, 규칙 및 조례 등이 제정되고 이에 의해 집행되고 있다. 합법적으로 제정된 법률에 위반되지 않으며, 법률의 근거를 필요로 하여 실정법에 맞는 집행을 해야 함을 뜻하는 법률주의 혹은 합법성의 원리에 따라 교육행정이 이루어질 때 국민의 교육권이 보장되고 국가예산이 효율적으로 집행되며, 공무원의 행정재량권 남용을

방지할 수 있다. 오늘날 행정권의 확대와 강화에 따라 자유재량권이 널리 인정되고 있다. 그러나 이는 어디까지나 법의 테두리 안에서 행해지는 것이며, 행정의 능률을 향상시켜 목표 달성도를 높이려는 방법적인 문제일 뿐 법치행정의 원리를 깨뜨리는 것이어서는 안된다.

• **공공성의 원리**: 공공성이라 함은 교육에 대한 국가와 지방 공동단체의 관여와 개입을 의미한다. 오늘날 교육사업의 공익성이 강조되어 국가와 지방자치단체가 교육기관을 직접 경영하고 지원할 뿐 아니라 사립학교에 대해서도 사회적 제도로서의 사명을 다하도록 지도·감독과 지원을 하고 있다. 「교육기본법」 제9조에는 학교는 공공성을 가지며, 학생의 교육 외에 학술과 문화 전통을 유지 발전시키고 주민의 평생교육을 위해 노력해야 한다고 규정하고 있다. 또한 무상의무교육제도는 공공성의 원칙을 강조한 가장 보편적인 사례이다.

2) 운영 측면의 원리

교육행정을 실제 운영하는 데 지침이 되고 규범이 될 원리를 김종철(1994) 등은 타당성의 원리, 민주성의 원리, 능률성의 원리, 적응성의 원리, 안정성의 원리, 균형성의 원리 등으로 제시하였다.

• **타당성의 원리**: 타당성의 원리는 교육행정이 바람직한 교육계획을 세우고 그것을 실천해 나가는 데 있어서 타당하고 올바른 보조활동이 되어야 함을 의미한다. 본래 교육행정은 그 자체의 목적을 가지고 있다기보다는 교육활동을 위하여 봉사하는 수단적 활동이며 바람직한 학습을 이루게 하고 학습지도의 성과를 얻게 하는 데 그 목적이 있다. 교육행정은 항상 올바른 교육목표를 세우고 그 목표달성에 필요하고 충분한 조건을 정비, 확립하여야 한다는 것이 곧 타당성의 원리이다. 타당성의 원리란 합목적성의 원리라고도 할 수 있는데, 목적에 맞고 목적에 비추어 타당한 행정활동이 되어야 한다는 것이다.

• **민주성의 원리**: 민주성의 원리는 교육행정 실천면에서는 주로 독단과 편견을 배제하고, 교육정책의 수립에 있어서 광범한 참여를 통하여 공정한 민의를 반영케 하며 결정된 정책의 집행 과정에 있어서 권한의 위양을 통하여 독단을 막는 것을 의미한다.

• **능률성의 원리**: 능률성의 원리는 모든 합리적인 활동에 있어서 공통적으로 강조되는 하나의 경제적 원리라 할 수 있다. 능률이란 말은 보통 최소한의 경비로 최대한의 효과를 얻는 것을 의미한다. 교육활동에 있어서도 최소한의 노력과 경비를 투입하고 낭비를 극소화시킴으로써 최대한의 효과 즉, 교육목표 달성도를 극대화하는 것은 교육행정의 주요 임무인 것이다.

• **적응성의 원리**: 적응성의 원리는 사회 변화에 순응하고 변화에 대하여 신축성 있게 대응해 나감으로써 조화적 관계와 능률적 성과를 계속 확보하는 것을 의미한다. 교육행정은 학생, 교사, 학부모 등의 인구학적 · 인적 성향의 변화, 교육과정 및 교육사조의 변화, 교육정책의 변화, 정치 · 경제 · 사회 · 문화 등의 사회 전반적 변화 등 교육계 내외의 환경 변화를 이해하고 대처하여 교육을 유지 · 발전시키는 노력을 기울여야 한다.

• **안정성의 원리**: 안정성의 원리는 국민적 합의과정을 거쳐 수립 · 시행되는 교육정책이나 프로그램은 장기적인 안목에서 계속성과 일관성을 유지해야 한다는 것이다. 교육은 본질적으로 장기적인 성격을 띠고 있기 때문에 국가의 교육정책은 안정적 기조를 유지하고 일관성 잇는 집행과정을 통해 지속적으로 유지, 발전되어야 한다. 안정성의 원리는 적응성의 원리에 대하여 반작용한다. 교육활동에 대하여 지속성과 안정성을 주기 위하여 전통성을 계승하는 한편, 절대불변의 원칙을 가정하고 그것을 고정하는 것이 아니라 끊임없이 변하는 가운데도 변치 않고 이어져 나가는 그 무엇을 찾아야 함을 의미한다.

• **균형성의 원리**: 균형성의 균형적 판단의 원리라고도 불러도 좋다. 교육행정에 있어서 중요한 것은 정책의 수립과 집행 과정에 있어서 우

선순위를 밝히고, 노력과 경비의 공정한 분배를 기하여야 한다는 것이다. 또한 행정의 실제에 있어서는 동일한 상황에 양립하기 힘든 원리들이 동시적으로 적용되는 경우가 많은데, 이런 경우 여러 원리간의 상충을 조절하여 양극화를 배제함으로써 조화와 균형의 적정선을 유지해야 한다.

3) 조직적 측면의 원리

행정의 능률성과 합리성을 제고하기 위하여 조직에 공통적으로 적용 가능한 조직의 일반 원리로는 분업화 또는 전문화 원리, 계층제의 원리, 통솔범위 제한의 원리, 명령일원화의 원리 등이 있다.

• **전문화의 원리**: 분업, 전문화의 원리란 조직의 과업이나 기능을 작은 단위로 세분화하여 개인이나 집단의 소양이나 기능에 따라 특정 업무만을 전담케 하는 것이다. 동일 업무를 반복적으로 수행함으로써 전문화가 촉진될 수 있다는 장점이 있는 반면, 동일 업무의 반복에서 오는 권태로움과 능력개발의 제한, 부서간 또는 계층간의 불화나 갈등의 야기라는 역기능을 수반하기도 한다.

• **계층제의 원리**: 계층제의 원리란 권한과 책임의 정도에 따라 과업을 등급화함으로써 상하계층간의 과업의 지휘와 감독이 이루어지게 하는 것이다. 이는 전통사회의 신분에 의한 상하관계가 아니라 업무상의 관계를 의미하며, 권한과 책임의 위임통로, 의사소통의 통로, 질서유지의 통로로 기능한다.

• **통솔범위 제한의 원리**: 통솔범위란 한 사람의 상사가 효과적으로 직접 감독, 통솔할 수 있을 정도의 부하의 수, 혹은 한 상사에게 보고하는 제한된 부하의 수를 말한다. 통솔의 범위가 축소되면 조직은 고층화되어 직급이 많아지고, 넓으면 단층화된다. 통솔의 범위는 과업의 성격과 과업을 수행하는 상사와 부하의 능력에 따라 다르기 때문에 정확

한 수는 논자에 따라 다르다.

• **명령일원화의 원리**: 명령일원화의 원리는 조직의 성원은 자기의 업무에 대해 오직 한 사람만의 상사에게 보고하고 책임을 지며, 그에게서 명령을 받는다는 것이다. 이 원리가 지켜지지 않으면 권한이 손상되어 질서가 파괴되고 책임소재가 불분명해질 뿐만 아니라 조직의 안정성이 위협받게 된다.

4. 교육행정의 성격

교육행정의 성격은 교육행정을 어떻게 정의하고 어떤 관점에서 보느냐에 따라 달라질 수 있다. 교육행정을 교육정책 실현을 위한 권력적 작용이라고 보면 감독적 성격이 강해지고, 조건 정비를 위한 봉사적 활동이라고 보면 조장적·수단적 성격이 강해지는 것이다(배종근 외, 1986; 윤정일 외, 2008: 20에서 재인용).

교육행정의 특수한 성격은 교육행정이 교육을 위한 행정이어야 한다는 논리에서 연유하는 특수성이다. Campbell(1968) 등은 교육행정이 공공행정 및 기타 다른 조직의 행정과 공통점을 지니고 있으면서도 나름의 특수성을 지니고 있다고 전제하고, 다음의 네 측면에서 교육행정의 특수성을 여섯 가지로 제시하였다(윤정일 외, 2008: 23-25).

• 조직이 제공하는 서비스 → 중요성(cruciality), 공개성(visibility)
• 조직이 서비스를 제공하기 위해 수행하는 활동의 특성 → 복잡성(complexity), 친밀성(intimacy)
• 조직에서 일하는 사람들의 특성 → 전문성(professionalization)
• 조직의 활동에 대한 평가 → 평가의 난이성(difficulty of appraisal)

첫째, 교육조직은 여타의 조직에 비해 사회에 대단히 중요한 역할을 수행한다. 교육조직은 우리 사회의 새로운 구성원을 사회화 · 정치화하며, 문화적 적응을 담당하는 가장 핵심적 기관인 것이다.

둘째, 교육, 특히 공교육은 언제나 공공에 대하여 민감해야 한다는 것이다. 공장의 경우에는 대부분 사적으로 운영되므로 학교에 비하여 공개성이 약하며, 공장 운영은 상품에 관한 의견을 제외하면 대중의 의견에 민감해야 할 필요가 없다. 그러나 대부분의 학교는 사적 기관이 아니라 공적 기관이기 때문에 공개성이 요청된다.

셋째, 교수-학습을 주된 기능으로 하는 학교는 기능상 매우 복잡한 활동을 수행하고 있다는 것이다. 예를 들면, 교수-학습에 있어서 그 과정을 안내하는 책임을 가지고 있는 교사는 그것을 완전히 통제하고 과업을 수행하지 못한다. 왜냐하면 학습자는 제공하는 자극에 대하여 반응할 수도 있고 반응하지 않을 수도 있기 때문이다.

넷째, 조직의 목표를 달성하기 위해 필요한 인간관계의 친밀성이 강하다는 것이다. 학교조직의 인간관계는 교사와 학생, 학생과 학생, 교사와 교사, 교사와 학부모, 학생과 학부모의 관계 등을 말하는데, 이들의 관계는 강한 친밀성을 특징으로 하고 있다.

다섯째, 학교조직은 교사라는 전문가 집단으로 구성되어 있다는 것이다. 전문직은 자율과 책임을 특징으로 하기 때문에 학교는 전문가인 교원을 중심으로 고도의 지식과 가치를 바탕으로 분권화된 구조 속에서 운영되고 있다.

여섯째, 학교조직의 성과는 쉽게 인지할 수 없다는 것이다. 학교의 성과는 학생 행동의 변화며, 이는 지식 · 기술 또는 태도의 변화를 포함하기 때문에 명확하게 측정할 수 없고, 일정한 기간이 지나 여러 가지 입증자료가 축적되어야 평가할 수 있다는 것이다.

교육조직의 이러한 특성이 바로 교육행정의 독자적인 성격이라 할 수 있을 것이다. 이외에도 교육행정은 지향하는 목적이 장기적이다. 교육의 목적은 미래지향적이며 장기적인 활동이고, 교육의 성과는 단시일에 이루어지는 것도 아니며 하루 이틀 교육기능을 정지한다 하더라도 국민생활이나 국가에 당장 영향을 미치는 긴급한 것도 아니다. 그러나 이러한 장기적 성격이나 비긴급성을 이유로 그 중요성이 상쇄되거나 국가정책의 우선순위에서 낙후되어서는 안 된다(남정걸, 2006; 39).

참고문헌

김종철(1982). 『교육행정의 이론과 실제』. 서울: 교육과학사
김종철 · 이종재(1994). 『교육행정의 이론과 실제』. 서울: 교육과학사
남정걸(2006). 『교육행정 및 교육경영』. 서울: 교육과학사
박병량 · 주철안(2005). 『학교학급경영(개정판)』. 서울: 학지사
박세훈 외(2008). 『교육행정 및 교육경영』. 서울: 학지사
배종근 · 정태범(편)(1986). 『교육행정 · 교육경영』. 서울: 정민사
서정화 외(2002). 『교장학의 이론과 실제』. 서울: 교육과학사
오영재 외(역)(2007). 『교육행정-이론, 연구, 실제(7판)』. 서울: 아카데미 프레스
윤정일, 송기창, 조동섭, 김병주(2008). 『교육행정학원론(5판)』. 서울: 학지사
Campbell, R. F. et al. (1965). *Introduction to Educational Administration(3rd).* Boston: Allen & Bacon.
Campbell, R. F., Corbally, J. E., & Nystand, R. O. (1983). *Introduction to Educational Administration.* Boston: Allen & Bacon.
Moehlman, A. B. (1951). *School Administration.* New York: Houghton Mifflin Co.
Simon, Herbert A. (1976). *Administrative Behavior: A Study of Decision-Making Process in Administrative Organization, 3rd.* New York: Free Press.

제 2 장

교육제도 및 교육행정체제

유엔교육과학문화기구(UNESCO)와 세계경제개발협력기구(OECD)는 세계 각국의 교육제도를 합리적으로 비교하기 위하여 1997년부터 새로운 세계학제표준분류체계(ISCED: international standard classification of education)를 만들어 적용하고 있다. 이는 학제를 유치원(level 1), 초등교육(level 2), 전기중등교육(level 3), 후속중등교육(level 4), 초등고등교육(level 5), 정규고등교육(level 6)의 6단계로 공통 구분하고, 각 단계별로 인문교육과 직업교육으로 세분화하였다. 그런데 이러한 분류체계는 그 명칭이나 개념이 각국마다 상이하여 통일된 기준을 마련하기 어려운 실정이다. 한 나라의 교육제도는 역사적·사회적 배경과 밀접하게 연결되어 있다. 교육제도란 무엇이며, 교육제도의 기초가 되는 교육법의 내용은 어떠한지, 실질적인 교육행정 활동을 담당하는 기구는 어떠한지 다음에서 살펴본다.

1. 교육제도

1) 교육제도의 개념

교육제도는 다양하게 정의된다. 교육제도는 교육적 목적을 달성하기 위해 특별히 조직된 사회제도(박병량 외, 2005; 61)이며, 국민의 교육 전반에 관한 조직·기관·기구와 그 기능이나 작용이 법제화 된 것(남정걸, 2006; 358)이다. 또한 한 국가의 교육 이념 및 목적을 달성하기 위한 기본적인 틀로서 각 나라에서는 그 나라의 교육이념과 전통, 역사 속에서 교육제도를 발전시키며, 교육제도를 통해서 학교교육의 각 단계를 설정하고 단계별 교육목표, 교육기간, 교육내용을 규정하게 된다(손영환 외, 2009; 83). 교육제도는 교육 전반에 걸친 조직, 기관, 기구가 법제화된 것이므로 학교교육제도, 사회교육제도, 교육행정제도 등을 다 포함하게 되며, 교육제도는 일반적으로 학교제도로 이해된다(남정걸, 2006; 358).

2) 학교제도

(1) 학교제도의 의의

학교제도란 교육제도 가운데서 학교교육에 관한 제도를 지칭하며, 학제라고 약칭되고 있다.

학교제도는 국가의 교육이념을 실현하는 제도적인 장치로서 학교교육을 단계별로 구분하고, 각 단계의 교육목적, 교육기관, 교육내용을 설정한다. 또한 학제는 수직적으로는 교육단계간의 접속관계, 수평적으로는 학교 교육과 학교 외 교육 간의 연결 관계를 규정함으로써 국가의 교육운영을 제도적으로 규정한다. 학제는 국가와 사회가 표방하는 교육이념을 구현하는 교육적 수단이기 때문에 학제의 운영은 국가와 사회의 이념을 반영하고 실천한다. 교육의 이념은 교육을 받는 대상에 따라 소수 엘리트로 제한하는 경우와 일반 대중을 대상으로 하는 경우가 있고 교육 내용에 따라 일반적인 교육과 전문교육으로 구분될 수 있다(김영식 · 최희선, 1988, 박병량 · 주철안, 2005: 62에서 재인용).

첫째, 귀족주의 사회에서는 소수 귀족계급 출신을 대상으로 사회 지도자로서의 역할을 수행하기 위한 소수 정예 일반교육을 시킨다.

둘째, 선발주의 사회에서는 사회의 지도자 역할을 수행할 개인들은 전문가로 양성시키고자 소수정예지향 전문교육을 실시한다.

셋째, 공리주의 사회에서는 일반시민의 자녀들을 사회의 여러 직종에 적합한 사람으로 기르기 위한 대중지향 전문교육을 실시한다.

넷째, 민주주의 사회에서는 사회적 지위에 관계없이 사회의 모든 구성원들을 대상으로 민주사회시민으로서의 기본적인 소양을 갖출 수 있도록 일반시민교육을 실시한다.

이와 같은 교육이념은 학제를 설계하고 개선하는 데 많은 시사점을 제공해 준다. 실제로 각국의 학제는 크게 보아 엘리트 양성을 추구하는 복선형과 교육의 기회균등을 추구하는 단선형으로 구분된다.

(2) 학제의 구조

학제의 구조는 학교의 단계(level)와 학교 계통(school stream)으로 구성된다.

• **학교 단계**: 학교 단계란 여러 유형의 학교를 횡적 · 수평적으로 구분한 학교의 단계, 즉 학교 급별(school ladder)을 의미한다. 이는 학교에 다니는 연령층을 대상으로 하거나 교육단계에 따라 구분한다. 교육단계는 일반적으로 취학전 교육, 초등교육, 중등교육, 고등교육 등으로 분류된다.

• **학교 계통**: 학교 계통이란 학교제도에서 계열별로 구성된 수직적

인 학교 종별, 즉 각종 학교 계열을 의미한다. 일반적으로 인문계 학교와 전문계 학교로 구별하거나 단선형 학제와 복선형 학제로 구분하는 것은 학교 계통을 말하는 것이다(남정걸, 2006: 358-359).

(3) 학제의 유형

학제의 유형은 계통성을 중심으로 하는 복선형과 단계성을 중심으로 하는 단선형으로 나눌 수 있으며, 복선형과 단선형의 중간적 형태로 분기형이 있다. 역사적으로 볼 때 학교제도는 복선형 → 분기형 → 단선형의 형태로 발달해 왔는데, 이는 교육의 기회균등 원칙의 발달과 밀접한 관련을 갖는다(윤정일 외, 2008: 246, 박세훈 외, 2008: 240-241).

- **복선형**: 복선형 학제는 상호 관련을 가지지 않는 두 가지 이상의 학교 계통이 복수로 설치되어 있으며 원칙적으로 학교 계통 간의 이행이 불가능한 학교제도를 말한다. 여기서는 단계성보다 계통성이 중시되며, 사회계급·계층을 재생산하는 기능을 담당한다. 일반적으로 유럽에서 발달해 왔다.
- **단선형**: 학교계통이 하나뿐인 단일의 학교제도다. 현실적으로 순수한 단선형은 존재하지 않으며, 공통의 기초학교 위에 수업연한이나 수료자격에 있어서 동등한 복수의 학교나 코스로 분화되는 형태를 취하는 경우가 많다. 단일학교제도(one track school system)를 말하며, 단 하나의 사다리를 올라가는 것 같은 학제이다. 단선형 학제는 모든 국민에게 개방된 단일학교체계를 제동한다는 점에서 민주적이고 기회 평등적인 학제라고 일컬어지기도 하는데, 주로 북미에서 발달해 왔다.
- **분기형**: 이는 복선형과 단선형의 중간적 형태로서 각국의 현실적인 학교제도를 설명하기 위하여 독일의 비교교육학자 Hilker에 의해 분류된 학교제도의 한 유형이다. 대체로 이는 복선형의 기초학교 부분이 통일되고 그 위에 동격이 아닌 복수의 학교계통이 병존하는 학교제도이다. 분기형은 복선형에서 단선형으로 학제를 변혁할 것을 목적으로 제1, 2차세계대전 시기 유럽의 여러 나라에서 '통일학교운동'을 거쳐 나

타났다. 독일, 영국을 비롯한 서구 여러 나라의 최근 학제에서 볼 수 있다.

• **기간학제와 방계학제**: 학제를 설명할 때 무엇이 주요 골격이냐를 중심으로 기간학제와 방계학제로 구분할 수 있다. 기간학제란 학교제도의 주축을 이루고 있는 중심적인 학교형태를 말한다. 우리나라의 경우는 현행 6-3-3-4제를 기간으로 하는 정규 학교를 뜻한다. 그러므로 여기에는 초등학교, 중학교, 고등학교, 대학교가 포함된다. 한편, 방계학제란 기간학제의 보완적 기능을 수행하거나 사회교육의 성격을 띤 정규 학교의 교육과정에 준하는 학교체제를 말한다. 예를 들면, 공민학교, 고등공민학교, 고등기술학교, 방통통신고교 및 대학, 각종 학교 등이 이에 속한다.

(4) 현행 학제의 문제

현행 학제는 1950년대 6-3-3-4제의 골간을 갖춘 이후 기본 구조의 변화 없이 유지되어 왔다. 그러나 여러 차례에 걸쳐 지금까지 지속되고 있는 재수생, 과열과외 및 입시 문제 등 만흥 사회문제를 유발하면서도 교육의 근본적인 해결책을 찾지 못하고 있는 것이 사실이다. 현행 학제의 주요 문제는 경직성, 비효율성, 지체성, 청소년 발달에의 부적합성이라는 네 가지로 요약할 수 있다(김영철, 2006; 22-23, 윤정일 외, 2008; 254-255에서 재인용).

• **경직성**

- 교육체제의 탄력성 결여: 기본학제와 특별학제의 기능적 연계성이 부족하며, 상급학교 입시제도가 하급학교 교육과정에 미치는 영향력이 크다.
- 학교학년제의 고정: 학교학년제의 고정화로 농촌의 과소학교나 도시의 과대학교에 효율적으로 대처하지 못하고 있다.
- 학교제도가 넓은 의미의 교육제도로 확장되고 있고, 유아교육을 공교육체제로 흡수하자는 주장이 제기되지만, 이를 실현하지 못하고

있다.

• 비효율성

- 교육연한의 적절성 결여: 교육연한이 경직되어 있어 사회의 교육적 요구에 부응하지 못하고 있다.
- 교육비 부담의 과중: 과열 입시경쟁에 따른 학부형의 부담을 과중시키고 있다.
- 단선형 학제로서 과도한 진학수요를 유발하고 있다.
- 교육 기간의 장기화로 사회진출 시기가 지연되고 있다.

• 지체성

- 산업구조 변화에의 적합성 미흡: 중등교육의 정체성이 모호하고 산업사회의 교육적 요구를 수용하지 못하고 있다.
- 멀티미디어의 확산과 새로운 정보통신기술의 교육적 활용 요구가 증대되지만, 그에 부응하는 교육체제의 개편이 이루어지지 않고 있다.

• 청소년 발달에의 부적합성

청소년의 성장, 발달이 급격히 향상되고, 사춘기나 2차 성징의 연령이 낮아지는 추세에 비하여 학제의 연령 구분은 변하기 않음으로써 부적합한 요인이 발생한다.

2. 교육행정체제

교육행정체제는 교육행정이 어떠한 조직구조를 가지고 실시되며, 어떠한 권한과 성격을 가지고 있는가를 고찰하는 것이다. 대부분의 국가는 중앙정부와 지방정부로 나누어 교육행정을 실시하고 있어 교육행정체제는 중앙교육행정조직과 지방교육행정조직으로 구분된다. 일반적으로 중앙교육행정조직은 교육관계 법규의 입안, 제반 교육정책과 예산의 결정, 교육과정과 교과서의 행정, 고등교육기관의 관장, 교육에 관한 전국적 최저기준의 설정, 재정확보와 지원, 교육에 관한 조사·통계·분석 및 연구 등의 업무를 맡는다. 지방교육행정조직은 교육감의 책임하에 시·도의 교육 및 학예 사무와 교육장의 업무 조정 및 고등학교를 관장하게 되며, 교육장은 유치원과 초·중학교를 관장하고 있다(남정걸, 2006; 118).

1) 중앙교육행정조직

중앙교육행정조직이란 중앙정부에서 교육행정을 담당하는 기관의 조직이다. 중앙의 교육행정조직은 교육과학기술부가 중심이지만 대통령, 국무회의 및 국무총리도 포함시켜야 한다. 행정기구적 측면에서 교육과학기술부는 헌법과 정부조직법에서 규정한 국가행정 조직체제의 한 하위체제이기 때문이다. 따라서 교육행정에 관한 행정권은 대통령 → 국무총리 → 국무회의 → 교육과학기술부장관의 체계를 통하여 행사되고 있다(남정걸, 2006; 119-121).

(1) 대통령

대통령은 정부의 수반으로서 교육행정을 포함한 모든 국가 행정권의 정점에 위치하고 있다. 교육행정에 관한 대통령의 주요 권한으로는 교육에 관한 대통령령을 발포하고, 주요 교육공무원을 임면하며, 중앙교육행정기관의 장을 지휘·감독하고, 국무회의의 의장으로서 교육정책 수립과정에 영향력을 행사한다.

(2) 국무총리와 국무회의

국무총리는 국무회의의 부의장으로서 국무회의를 통하여 교육과학기술부에 중대한 결정권과 영향력을 행사할 뿐만 아니라(「헌법」 제88조 3항), 대통령을 보좌하고 행정에 관하여 대통령의 명을 받아 행정 각부를 통할한다(「헌법」 제68조 3항 및 동법 제86조 2항).

교육에 관한 중요 계획이나 정책은 국무회의에 상정되기에 앞서 관련 부처의 합의를 거쳐야 한다. 예컨대 법령안의 경우라면 그것이 조직과 관련되면 행정자치부와, 예산과 관련되면 기획예산처와 합의를 거쳐 법제처의 심사를 받아야 한다. 법제처의 심사를 거친 법령안은 행정자치부에 접수되어 차관회의의 심사를 거쳐 국무회의에 상정한다. 따라서 중앙의 교육행정에 영향을 주는 것은 관련 부처도 해당된다는 것을 간과해서는 안 된다.

(3) 교육과학기술부와 소속기관 및 단체

중앙교육행정조직의 핵심은 교육과학기술부다. 교육과학기술부는 교육행정의 중추적 기능을 담당하고 교육관계 법령과 대통령령의 지시·명령 및 국무회의의 결정에 따라 국가의 교육에 관한 정책을 입안하고 집행하는 교육행정기관이다. 교육과학기술부 장관은 집행기관으로서 정무직 공무원이고, 교육과학기술부에 설치되어 있는 각종 심의회나 위원회는 자문기관의 성격을 가진다. 교육과학기술부의 직제는 다음의 [그림 2-1]과 같이 4실 5국 13관 1단 60과 체제로 구성되어 있다(2010. 1. 31. 기준).

교육과학기술부 장관의 업무를 지원하기 위한 기관으로는 대한민국학술원 사무국, 국사편찬위원회, 국제교육진흥원, 국립특수교육원 및 교육과학기술연수원을 두고 있다. 그리고 각급 학교 교원의 징계처분, 기타 그 의사에 반하는 불리한 처분에 대한 재심 청구 사건의 심사·결정과 교육공무원의 고충심사에 관한 사무를 관장하는 교원소청심사위원회가 있다.

교육과학기술부에 소속된 주요 단체로는 한국교직원공제회, 사립학교교직원연금관리공단, 유네스코한국위원회, 한국교육방송원, 한국교육학술정보원, 한국대학교육협의회, 한국전문대학협의회, 한국사학진흥재단, 한국정신문화연구원, 한국학술진흥재단 등이 있다.

교육과학기술부

조직			정원
실	국·관·단	과(담당관)·팀·단	
4	5·13·1	60·9·1	801명

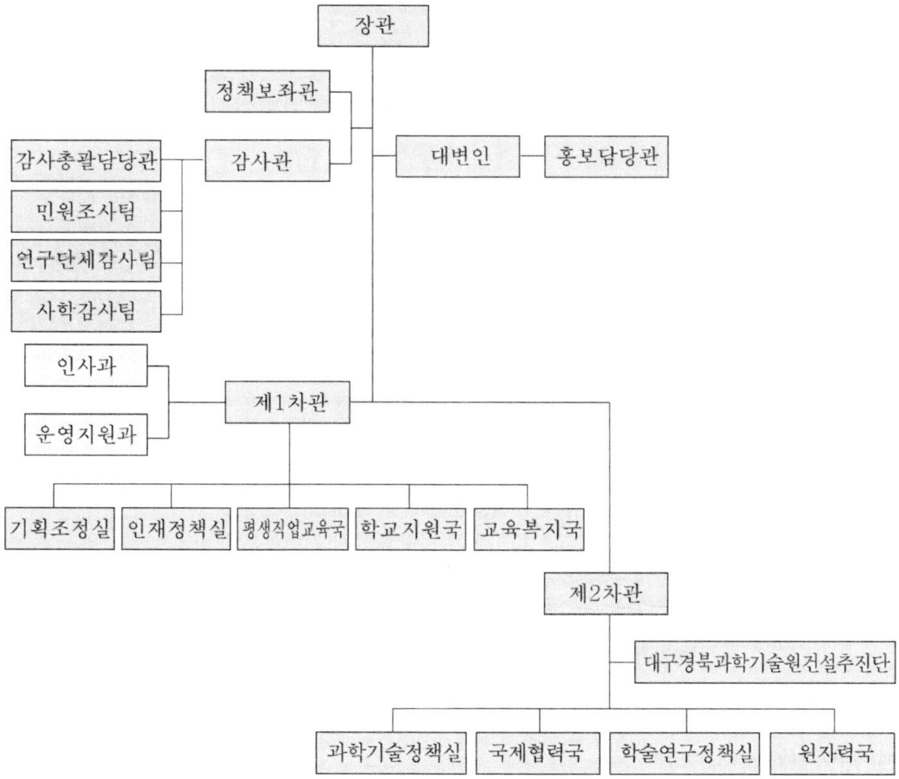

[그림 2-1] 교육과학기술부 기구표(2010. 1. 31. 기준)

또한 교과부의 주요 유관단체로 산학협동재단, 한국교원단체총연합회, 전국교직원노동조합, 한국교원노동조합, 한국교육개발원, 한국교육과정평가원, 한국직업능력개발원, 한국교육방송공사, 한국학원총연합회 등이 있다.

이들 교육과학기술부 소속 기관이나 단체는 교육과학기술부가 설립, 폐지 및 육성, 관리의 업무를 맡거나 교육과학기술부의 육성·지원을 받는 기관이다. 따라서 교육과학기술부의 영향력 하에 있지만 교육행정이나 정책결정에 전문적인 지도와 조언, 자문을 하고 경우에 따라서는 압력단체로서 상당한 영향력을 행사하기도 한다(남정걸, 2006; 123).

우리나라 중앙교육행정조직이 가지는 문제점을 살펴보면 다음과 같다(윤정일 외, 2008; 263).

- 교육과학기술부 기구 개편이 너무 빈번하여 업무 부담의 혼선과 정책 집행 및 문서 관리의 일관성이 결여된다.
- 특정 사항을 취급하는 담당관제를 도입함으로써 전문적 기능이 강화되어 온 것은 사실이지만 아직도 장학, 기획, 조정, 연구의 기능이 미약하다.
- 그동안 직제 개편과 함께 교육과학기술부의 소관 업무를 대폭적으로 하부 이양하였으나 교육행정 업무는 여전히 중앙집권화 경향이 있다.
- 중앙교육행정조직은 행정조직의 원리상 지휘·감독과 공권력의 지배가 강조된다고 하겠지만, 교육의 독자성과 특수성에 비추어 볼 때 교육활동을 조장·지원하는 교육행정 조직의 독특한 모습이 부각되지 못하고 있다.

2) 지방교육행정조직

지방의 교육행정은 교육의 자주성과 중립성을 확보하고 교육행정의 민주화와 지방 분권화를 보장하기 위하여 교육 자치제를 기본으로 하고 있다. 교육 자치란 교육에 관한 지방자치이므로 지방자치를 전제로 성립되는 개념이며 지방자치와의 연계 속에서 실현된다(남정걸, 2006; 130-136).

(1) 지방교육자치제도

지방교육자치는 지방의 주민이 주체가 되어 대표자를 선출하고 이들이 자주적으로 지방의 교육사업을 경영해 나가는 것이다. 교육자치를 행함에 있어서 목표로 삼고 지향해야 할 가치로는 지방분권의 원리, 교육의 자주성 존중, 주민통제의 원리, 전문적 관리 등이 있다.

• **지방분권의 원리**: 주민자치의 실효를 거두려면 지방의 교육행정은 중앙의 획일적·집권적인 통제에서 벗어나야 하므로 중앙정부로부터 권한을 위양 받아 지방교육행정기관이 독자적, 창의적, 자율적 의사결정권을 가지고 지역의 특수성과 실정에 맞는 교육을 해야 한다는 것이다.

• **교육의 자주성 존중**: 교육은 무엇보다도 개인의 존엄성과 가치를 인정하여 그 능력을 최대한으로 신장시키는 기능을 담당하고 이를 지원하고 조장하려면 교육행정이 일반행정으로부터 분리 독립해야 하고 정치적 중립성을 견지해야 한다는 것을 의미한다.

• **주민통제의 원리**: 지역의 주민이 그들의 대표자를 선출하여 교육정책을 수립하고 시행해 나가도록 한다. 주민들은 대표자의 교육에 대한 경영책임을 선거과정을 통해 지게 함으로써 통제한다.

• **전문적 관리**: 교육행정은 전문가가 해야 한다는 것으로, 교육의 본질을 이해하고 교육조직의 특수성과 그 운영에 대한 고도의 전문적 식견과 기능을 갖춘 이사가 교육행정을 맡아야 한다는 것으로 이에 대한 구체적 표현이 교육감 및 교육의원 제도인 것이다.

현행 우리나라의 지방자치는 종합행정으로서의 일반자치와 교육·과학·기술·체육 기타 학예에 관한 사무만을 별도로 맡는 교육자치로 구성되어 있다. 교육의 자주성 및 전문성과 지방 교육의 특수성을 살리기 위하여 지방자치단체의 사무 중 교육·학예 사무만을 분리시켜 교육위원회와 교육감으로 하여금 각각 심의·의결과 집행을 맡도록 하고 있다. 따라서 현행 지방자치조직의 구조는 [그림 2-2]와 같이 나타낼 수 있다.

기관 / 자치구	의결기관		집행기관	
	전체사무	교육·학예사무	교육행정	일반행정
광역구	시·도의회 : 교육 및 학예에 관한 중요사무 일부 포함	교육위원회 : 교육 및 학예에 관한 사무의 심의·의결	교육감 : 교육 및 학예에 관한 사무의 집행	시·도지사 : 교육 및 학예에 관한 지원 및 협조 사무 집행
기초구	시·군·구 의회		교육장	시장·군수·구청장
		〈지방교육자치제〉		
〈지방자치제〉				

※ 출처: 남정걸(2006), p. 131

[그림 2-2] 지방 자치의 구조

(2) 교육감

시·도의 교육감은 교육 및 학예에 관한 사무를 집행하는 집행기관으로 교육 및 학예에 관하여 당해 지방자치단체를 대표하고 통할한다. 또한 국가행정 사무 중 시·도에 위임하여 시행하는 사무로서 교육 및 학예에 관한 사무는 교육감에게 위임하여 행한다.

- **임기**: 교육감의 임기는 4년으로 하며, 계속 재임은 3기에 한한다.
- **선출**: 교육감 후보자가 되고자 하는 자는 당해 시·도지사의 피선거권이 잇는 자로서 후보자 등록 신청 개시일로부터 과거 2년 동안 정당의 당원이 아닌 자이어야 하며, 후보자 등록 신청 개시일을 기준으로 교육 경력 또는 교육행정 경력이 5년 이상이거나 양 경력을 합하여 5년 이상인 자이어야 한다. 또한 교육감은 주민의 보통, 평등, 직접, 비밀선거에 따라 선출하며, 정당은 교육감 선거에 후보자를 추천할 수 없다.
- **관장사무**: 교육감은 교육·학예에 관한 다음 각 호의 사항에 관한 사무를 관장한다. 조례안의 작성 및 제출에 관한 사항, 예산안의 편성 및 제출에 관한 사항, 학교와 그 밖의 교육기관의 설치, 이전 및 폐지에 관한 사항, 교육과정의 운영에 관한 사항, 과학·기술교육의 진흥에

관한 사항, 평생교육, 그 밖의 교육·학예 진흥에 관한 사항, 학교 체육·보건 및 학교 환경 정화에 관한 사항, 재산의 취득과 처분에 관한 사항, 특별부과금·사용료·수료·분담금 및 가입금에 관한 사항, 기채·차입금 또는 예산 외의 의무 부담에 관한 사항, 기금의 설치와 운용에 관한 사항, 소속 국가공무원 및 지방공무원의 인사관리에 관한 사항, 그 밖에 당해 시·도 교육 및 학예에 관한 사항과 위임된 사항을 집행한다.

(3) 교육위원회

교육위원회는 시·도의회에 교육 및 학예에 관한 의안과 청원 등을 심사·의결하기 위하여 상임위원회로 둔다. 교육위원회는 시·도의회 의원과 「지방교육자치에 관한 법률」 제10조 2항의 규정에 따른 교육경력 또는 교육행정 경력을 가진 자로서 제8조의 규정에 따라 별도로 선출된 의원으로 구성하되 교육의원이 과반수가 되도록 구성한다.

• **교육의원**: 교육의원은 시·도 의회 의원의 지위와 권한을 가진다. 교육의원의 임기는 4년이며, 주민의 보통, 평등, 직접, 비밀선거에 따라 선출한다. 교육의원 후보자가 되고자 하는 자는 시·도의회 의원의 피선거권이 있는 자로서 후보자 등록 신청 개시일로부터 과거 2년 동안 정당의 당원이 아닌 자이어야 하며, 후보자 등록 신청 개시일을 기준으로 교육 경력 또는 교육행정 경력이 10년 이상이거나 양 경력을 합하여 10년 이상인 자이어야 한다.

• **권한**: 교육위원회는 당해 시·도의 교육 및 학예에 관한 사항 중 조례안, 예산 및 결산, 특별부과금·사용료·수수료·분담금 및 가입금의 부과와 징수에 관한 사항, 기채안, 기금의 설치와 운용에 관한 사항, 대통령령으로 정하는 중요 재산의 취득과 처분에 관한 사항, 대통령령으로 정하는 공공시설의 설치·관리 및 처분에 관한 사항, 법령과 조례에 규정한 내용을 제외한 예산 외의 의무부담이나 권리의 포기에 관한 사항, 청원의 수리와 처리, 외국 지방자치단체와의 교류 및 협력에 관

한 사항, 그 밖에 법령과 시 · 도 조례에 따라 그 권한에 속하는 사항을 심사 · 의결한다.

(4) 지방교육행정조직

지방교육행정조직은 광역자치기관인 시 · 도 교육청과 시 · 군 · 구 단위교육청으로 구분된다. 시 · 도 교육청은 교육감을 정점으로 부교육감, 국장, 과장, 계장으로 이어지며, 당해 지방자치단체의 교육 및 학예에 관한 사무를 관장한다. 교육감 소속하에 국가공무원으로 보하는 부교육감은 대통령령이 정하는 바에 따라 고위공무원단에 속하는 일반직 공무원 또는 장학관으로 보한다.

지방교육행정조직의 광역자치기관인 시 · 도 교육청의 조직 구조를 예시하면 다음의 [그림 2-3]과 같다.

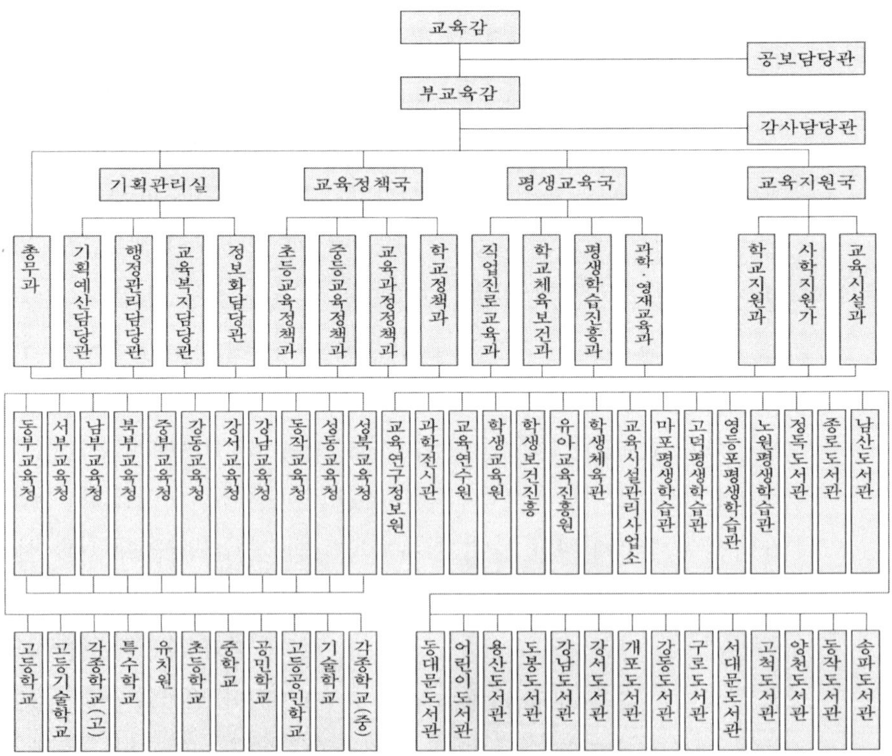

[그림 2-3] 지방교육행정조직: 서울특별시 교육청 기구표(2010. 1. 31. 기준)

시·도의 교육 및 학예에 관한 사무를 분장하기 위하여 시·군 및 자치구를 관할구역으로 하는 교육행정기관으로 지역교육청을 둔다. 지역교육청에는 교육장을 두되, 장학관으로 보하며, 교육장은 시·도의 교육 및 학예에 관한 사무 중 공·사립 유치원, 초등학교, 중학교 및 이에 준하는 각종 학교의 운영·관리에 관한 지도, 조언, 감독과 조례로 정한 사무를 위임받아 분장한다.

시·군·구의 자치구를 관할구역으로 하는 지역교육청의 조직 구조를 예시하면 다음의 [그림 2-4]와 같다.

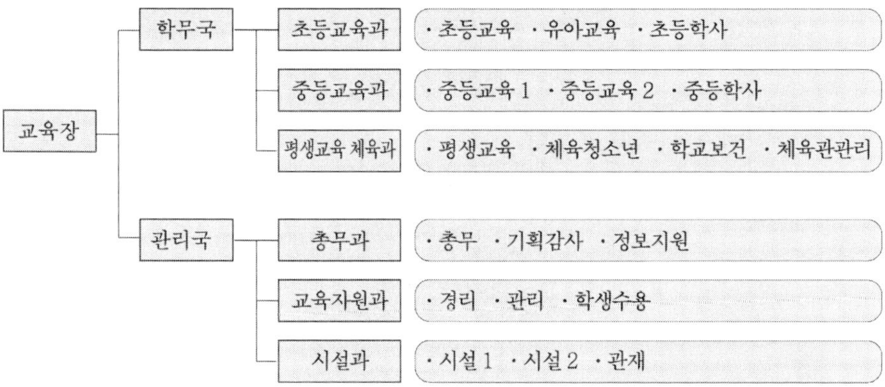

[그림 2-4] 지방교육행정조직: 부산광역시 해운대교육청 기구표(2010. 1. 31. 기준)

우리나라 지방교육행정조직이 가지는 문제점을 살펴보면 다음과 같다(윤정일 외, 2008: 264, 박세훈 외, 2008: 254-255).

- 교육행정과 일반행정의 집행기관인 교육감과 시·도 지사는 분리되어 있지만 의결기관인 교육위원회가 지방의회의 상임위원회로 되어 있어 독립적이지 못하다.
- 지방교육재정의 독립이 이루어지지 못하여 일반행정으로부터 교육행정의 분리·독립이 확립되지 못하고 있다. 지방교육비의 대부분을 국고에 의존하고 있으며, 교육예산의 심의·의결과정에서도 권한의 대부분을 지방의회가 가지고 있다.

- 교육에 관한 많은 업무가 교육과학기술부에서 시 · 도 교육청으로 이관되었지만 아직도 교육정책의 수립과 교육과정, 교육시설, 교육재정 등 중요 사항이 교육과학기술부 주준에서 결정되고 있어 지방교육자치기관의 결정권은 제한적인 수준에 머물 수밖에 없다.
- 전문적 관리를 수행해야 할 교육감의 자격기준이 명확하지 않다. 교육자치제가 실효를 거두기 위해서는 교육행정을 담당하는 행정가가 교육에 대한 전문적 지식과 안목을 가지고 있어야 한다. 그러나 교육감은 단순히 교육 또는 교육공무원으로서의 교육행정 경력이 5년 이상인 자로 규정되어 있다.
- 일반행정과 긴밀한 협조 · 유대체제가 미흡하다. 교육의 지방자치를 실현하는 과정에서 자치행정과의 균형 및 협조 등이 제대로 이루어지지 못하고 있다.
- 현행 교육자치는 시 · 도의 광역자치구에서만 실시되고 있지만 자치의 본질이 주민 참여라는 점에서 보면 시 · 군 · 구의 기초단위 지방교육자치도 모색되어야 한다.

3) 단위학교 교육행정조직

단위학교의 행정조직에는 학교 운영의 계선적 기구인 교무분장조직과 참모기구인 각종 위원회를 들 수 있다. 특히, 단위학교의 교육자치를 활성화하고 지역의 실정과 특성에 맞는 다양한 교육을 창의적으로 실시할 수 있도록 국공립의 초등학교, 중학교, 고등학교에는 학교운영위원회를 구성 · 운영하고 사립의 각급 학교에도 학교운영위원회를 둘 수 있도록 규정하고 있다. 이에 관해서는 제12장 제4절 학교경영 조직에서 상세히 살펴본다.

3. 교육법

현대와 같이 공교육이 모든 국가에서 자리 잡고 있는 상황에서는 국가가 설정한 교육목적을 위하여 국가규모로 관리·집행·운영되는 교육은 기능적으로 분화된 분업체제에 의해서 진행되고, 그 기능의 분화에 따른 지위와 역할의 분담은 필연적으로 그 행동의 표준으로서 규칙이나 규범을 제정·설정하기 않으면 안 되게 하였다. 거대한 국가적 교육목표가 보다 효율적으로 집행·달성되고 또 이질적인 성향의 사람들을 동원하여 목표달성의 기능을 수행하는 데 있어서 필요한 신뢰를 확보하기 위하여 행동의 표준으로서의 규칙, 법이 없어서는 안 되기 때문이다. 뿐만 아니라 교육에서의 자의적 지배와 부당한 지배를 배제하고 교육기회를 차별 없이 평등하게 제공하기 위해서도 교육에 있어서의 모든 관행이 법의 형식으로 존재해야 할 필요가 있다(안기성, 1994; 4). 이와 같이 교육 목표 달성에 있어서의 신뢰 확보와 행동의 표준이 되는 교육법의 개념과 특성, 교육법에 내재된 기본 원리, 교육법의 구조에 대하여 살펴본다.

1) 교육법의 개념과 특성

(1) 교육법의 개념

교육법은 교육에 관한 법 규범 또는 교육행정에 관한 법규를 통칭한 개념이다. 넓은 의미에서 교육법의 개념을 구체적으로 제시하면 다음과 같다(표시열, 2002; 59, 박세훈 외, 2008; 259-260에서 재인용).

• 교육법은 「헌법」상의 교육에 관한 기본 원리와 그 기본 원리를 구

현하기 위한 제반 교육 관계 법령을 말한다. 「교육기본법」에 그러한 원리가 가장 많이 규정되어 있다.

- 교육법은 「헌법」에 보장된 교육을 받을 권리와 관련되는 교육당사자들의 교육에 관한 권리와 의무에 관한 법령이다. 학생의 학습권, 교사의 교육의 자유, 학부모의 교육권, 학교 설치자의 관리 권한, 국가 및 지방자치단체의 감독 권한 등에 관해 규정하고 있는 법령이다.
- 교육법은 학교교육 및 평생교육을 포함한 교육제도와 그 운영에 관한 사항을 규정한 법령이다. 이는 교육제도와 교육행정에 관한 법령으로 지방교육차지제도, 학교제도, 학교 및 교육행정 조직, 교직원의 지위 및 인사, 교육재정 및 시설, 교육정보, 교육목표와 교육과정의 선정을 포함한 학사관리 및 교육 평가에 관한 법령들이 포함된다. 교육제도와 그 운영에 관한 사항에는 이와 같은 교육행정뿐 아니라 교육에 관한 입법과정과 권리구제도 포함된다.

(2) 교육법의 특성

교육법은 교육 또는 교육정책이나 교육제도 및 그 운영에 관한 사항을 규정하는 법규로서 다른 법규와는 달리 조장적 성격, 특별법이면서 일반법적인 성격, 특수법적인 성격, 윤리적 성격을 갖는다(윤정일 외, 2008; 234-235).

- **조장적 성격**: 교육법은 비권력적이고 지도・육성의 성격이 강하며 점차고 전문성・기술성이 강화되어 가고 있다. 교육법은 교육에 관한 법률인 만큼 공권력을 행사하는 지휘・복종의 관계보다는 지도・조언・육성・이해의 전문적 기술성을 요하는 조장적 성격을 지닌다.
- **특별법이면서 일반법적인 성격**: 교육법은 교육에 관한 한 다른 법률에 대하여 특별법인 동시에 일반법의 성격을 갖는다. 즉, 교육법은 교육에 관한 한 다른 모든 일반법에 대하여 특별법의 지위를 가지며,

교육에 관하여 다른 일반법이 교육법에 저촉될 경우에는 교육법이 우선한다. 반면에 상위의 교육법은 다른 하위의 교육 관계 법률에 대하여는 일반법의 성격을 갖는다. 이는 다른 일반 법률에 대하여 교육법이 갖는 성격과 반대되는 개념이다.

• **특수법적인 성격**: 일반적으로 법은 공법과 사법으로 이분된다. 공법은 국가와 국민 사이를 규율하는 법으로 이에 따르면 교육법은 교육행정에 관한 법률이므로 공법에 속하는 것이 마땅하다. 그러나 교육법은 복잡다단하고 광범위하여 반드시 공법으로만 볼 수 없는 많은 법 내용을 가지고 있다. 특히, 국민교육의 사회보장적 경향과 교육개방 및 평생교육 등의 등장은 교육법의 특수법적 성격을 더욱 뚜렷하게 해 준다.

• **윤리적 성격**: 교육법은 윤리적인 면이 특히 강조되는 특성을 지닌다. 교육법에서 공・사립의 교육기관을 불문하고, 국가와 민족에 대한 의무와 책임이 다른 법률에 비하여 현저하게 강조되고 있음은 이 윤리적 성격 때문이다.

2) 교육법의 기본원리

교육법의 기본원리란 인권이 보장되는 공정한 사회 속에서 지켜져야 할 교육에 있어서의 주요한 법적 준거다(김윤섭, 2000: 17). 교육법에는 그 자체에 내재하고 있는 기본 정신이 있다. 「교육기본법」에는 학습권, 교육의 기회균등, 교육의 자주성・전문성・중립성, 의무교육 등에 관한 기본적인 방향을 설정하고 있는데, 이는 교육법의 주요한 준거이다. 이와 같이 교육법에 일관하는 근본이념이나 가치를 규명하는 일은 교육법을 제정・해석・운영・평가하는 데 기준이 되는 동시에 타당성 규명의 척도가 되므로 중요하다. 교육법의 기본 원리를 교육제도 법정주의, 교육 자주성의 원리, 교육권 보장의 원리, 교육 전문성의 원리, 교육 기회균등의 원리, 교육 중립성의 원리라는 여섯 가지로 요약하여 살펴본다(윤정일 외, 2008: 237).

• **교육제도 법정주의**: 교육제도는 법으로 정해져야 한다는 것으로 교육 입법상의 법률주의 또는 법률에 의한 교육행정의 원리라고도 한다. 「헌법」 제31조 6항에는 "학교교육 및 평생교육을 포함한 교육제도와 그 운영, 교육재정 및 교원의 지위에 관한 기본적인 사항은 법률로 정한다."라고 규정하여 교육에 관한 주요 사항은 반드시 법률로 정하도록 하는 원칙을 제시하고 있다. 교육제도 법정주의는 국민 주권을 기조로 하는 민주국가 행정에서 가장 중요한 위치를 차지하는 행정상의 원리다. 교육법과 모든 교육 관계 법률은 교육의 근간이 되는 사항을 규정함과 동시에 대통령령 이하의 모든 관계 법령에서는 그 시행상 필요한 세부 사항을 규정한다. 다만, 교육제도의 법정주의에서 법규 만능이나 법의 홍수 등은 경계되어야 한다. 이는 교육에 대한 지나친 국가 개입으로 교육의 자주성, 전문성, 중립성의 보장에 저해가 될 수도 있기 때문이다.

• **교육 자주성의 원리**: 민주교육의 원리 또는 지방자치의 원리라고도 한다. 이의 실현을 위하여 시·도교육위원회제도 등을 통한 지방교육자치제도가 실시되고, 지방교육재정의 독립을 위해 지방교육재정 교부금제도, 지방교육양여금제도 등이 시행되고 있다.

• **교육권 보장의 원리**: 대부분의 나라에서 '교육받을 권리'를 보장하기 위한 규정은 헌법상 국가의 정치적 의무로 강력하고 명시적으로 규정되어 있다. 우리나라도 「헌법」 제31조와 「초·중등교육법」에서는 교육권을 보장하기 위하여 모든 아동의 보호자에 대하여 그 자녀의 교육을 받게 할 의무를 지우고 있으며, 무상 의무교육을 실시하고 있다.

• **교육 전문성의 원리**: 우리의 교육 관계법은 교육의 전문성을 보장하기 위해서 교육 및 학문의 자유를 명시하고 있다. 이는 모두 헌법에서 규정하고 있는 '학문의 자유'와 관련되어 있다.

• **교육 기회균등의 원리**: 국가가 국민에게 가능한 한 평등한 교육의 기회를 주도록 힘써야 할 의무가 「헌법」 제31조 1항에 "모든 국민은 능력에 따라 균등하게 교육을 받을 권리를 가진다."라고 규정하고 있다.

여기에는 사회적 신분에 의한 차별 금지, 의무교육의 무상 원칙, 단선형 학교체계의 확립 등이 포함된다.

• **교육 중립성의 원리**: 공교육체제는 교육의 기회균등을 실현하는 외적 조건의 보장뿐 아니라, 교육의 중립성이라는 내적 사항의 보장을 본질로 하고 있다. 이에 따라 학생은 중립적인 교육을 받을 권리를 지닌다. 교육의 중립성은 종교적 중립성과 정치적 중립성을 포함한다.

3) 교육법의 구조

교육법은 다양한 내용을 다루고 있는 동시에 존재하는 형식에 따라 어떤 구조를 이루고 있다. 즉, 교육법규가 존재하는 형식에 따라 헌법, 법률, 대통령령, 교육부 훈령, 교육부 예규 순의 형태로 존재한다(박세훈 외, 2008; 261-262).

(1) 헌법

헌법은 모든 법 규범의 최상위에 있는 최고의 법 규범으로 교육법의 궁극적인 법원이 된다. 우리나라의 헌법은 교육에 대하여 다른 어느 나라보다 상세한 규정을 두어 교육의 중요성을 강조하고 있다. 「헌법」의 교육에 관한 직접적인 조항은 제31조 1항에서 6항으로 규정되어 있다.

• 모든 국민은 능력에 따라서 균등하게 교육을 받을 권리를 가진다.
• 모든 국민은 그 보호하는 자녀에게 적어도 초등교육과 법률이 정하는 교육을 받게 할 의무를 진다.
• 의무교육은 무상으로 한다.
• 교육의 자주성, 전문성, 정치적 중립성 및 대학의 자율성은 법률이 정하는 바에 의하여 보장된다.
• 국가는 평생교육을 진흥하여야 한다.
• 학교교육 및 평생교육을 포함한 교육제도와 그 운영, 교육재정 및 교원의 지위에 관한 기본적인 사항은 법률로 정한다.

(2) 법률

법률의 형식으로 존재하는 교육법규에는 여러 가지가 있다. 특히, 교육에 관한 국민의 권리·의무와 국가 및 지방자치단체의 책임을 정하고 교육제도와 그 운영에 관한 기본적 사항을 규정함을 목적으로 한 「교육기본법」, 「지방교육자치에 관한 법률」, 「인적자원개발기본법」, 「유아교육법」, 「초·중등교육법」, 「고등교육법」, 「평생교육법」, 「사립학교법」, 「교육공무원법」 등은 법률의 형식으로 존재하는 대표적인 교육법률이다.

(3) 대통령령

법률의 형식보다 한 차원 낮은 대통령령의 형식으로 존재하는 교육법규를 말한다. 「국립학교설치령」, 「학교시설·설비기준령」, 「교육공무원임용령」, 「교육공무원 승진규정」, 「교원자격검정령」, 「대학설치기준령」 등이 대표적인 대통령령이다.

(4) 교육부령과 교육부 훈령

법률의 형식보다 한 단계 낮으며 비교적 교육부 장·차관에게 법령 제정의 권한이 있는 교육부령에 속하는 것으로는 각종 시행령의 시행규칙 등이 있다. 그리고 교육부 훈령에 속하는 것으로 「대학원 규정」이나 「교육공무원 인사관리 규정」 등이 있다. 이러한 법규의 구조를 이해할 때는 상위법 우선의 원칙을 생각해야 한다. 즉, 헌법 조항을 중심으로 하여 법령은 명령에 우선하고, 명령 중 대통령령은 부령에 우선한다.

참고문헌

곽영우 외(1995). 『교육행정 및 교육경영』. 서울: 삼광출판사
김영철(2006). "학제 개편의 필요성 및 주요 쟁점". 『교육체제 변화전망과 학제』. 서울: 한국교육개발원.
김윤섭(2000). 『교육법 원리』. 서울: 영진서관
남정걸(2006). 『교육행정 및 교육경영』. 서울: 교육과학사
박병량·주철안(2005). 『학교학급경영』. 서울: 학지사
박세훈 외(2008). 『교육행정 및 교육경영』. 서울: 학지사
손영환·신수균(2009). 『교육행정 및 교육경영』. 서울: 문음사
안기성(1994). 『교육법학연구』. 서울: 고려대학교 출판부
윤정일 외(2008). 『교육행정 및 교육경영』. 서울: 학지사
국가법령정보센터 http://www.law.go.kr
교육과학기술부 http://www.mest.go.kr
부산광역시 해운대 교육청 http://heaundae.pen.go.kr
서울시 교육청 http://www.sen.go.kr

제 3 장

교육행정이론의 변천 과정

이론은 행동을 체계적으로 설명하고 서술하는 상호 관련된 일련의 개념, 가정 또는 일반화 등이 체계화되고 경험적으로 증명된 것이다. 교육행정학에 관한 이론은 그 이론 없이는 이해하기 힘든 지식이나 정보를 보다 쉽게 그리고 보다 논리적으로 이해할 수 있게 해주는 개념적 틀을 제공해 준다(이군현, 1992; 23). 학문은 시대적 변천에 따라 그 시대의 영향이나 관점의 변화에 의해 흐름이 달라지는 경향이 있다. 이러한 경향성, 즉 시대의 사상적 흐름을 사조(思潮)라고 한다. 교육행정의 학문적 사조는 행정 및 경영 이론이 발달된 20세기 초를 기점으로 오늘날에 이르기까지 다양하게 변화되었다. 본 장에서는 고전적 조직이론(1900-1930), 인간관계론(1930-1950), 행동과학적 이론(1950년대), 체제이론(1960년대), 대안적 관점(1970년대 이후)으로 변화되어 온 각 이론의 주요 내용을 살펴보고자 한다.

1. 고전이론

18세기부터 시작된 산업혁명은 인류에게 엄청난 에너지와 가능성을 가져다주었다. 그러나 19세기 말과 20세기 초 세계는 제국주의 전쟁과 노동자들의 파업으로 에너지를 효율화하지 못하고 심각한 위기상황에 빠졌다. 이러한 사회적·시대적 상황하에서 일반 행정이나 기업경영의 주요 관심은 그 에너지의 가능성을 현실화할 수 있는 효율적인 조직체제와 절차, 그리고 합리적인 관리기술의 개발에 집중되어 있었다. 그러한 시대적 여망에 부응하여 19세기 후반부터 1920년대까지 발달한 이론이 고전이론(Classical theory)이다. 고전이론은 능률중심주의로 행정을 자연과학처럼 실증적인 방법으로 연구하려고 했던 것으로 현대적 의미에서 행정학의 출발기점이 되었다(이군현, 1992; 52) 이 이론은 성악설적 인간 관리 철학에 기초하여 조직 및 인간 관리의 과학화·합리화·능률화를 추구하였는데, 그 대표적인 이론은 과학적 관리론, 행정관리론, 관료제론 등이다.

1) 과학적 관리론

(1) Taylor의 과학적 관리론

1880년대 공장제도의 본격적 보급과 대량생산으로 분업화가 이루어지고 인간이 기계에 예속되는 사태에 이르자 임금제도와 관리방법에 반발하는 노동자들의 조직적 태업이 자주 발생하게 되었다. 이와 같은 문제를 해결하기 위해 능률증진운동(efficiency movement)이 전개되었다. 능률의 증진은 생산방법의 합리화에 더해 효과적인 관리가 이루어질 때 가능해지므로 결국 능률증진운동은 과학적 관리의 발달에 의해

결실을 맺게 되며, 그 중심이 되는 것이 Taylor의 과학적 관리론이다(오석홍 외, 2000; 117). 이와 같이 과학적 관리론(Scientific management) 운동의 아버지인 Frederick Taylor는 공장관리론, 시간·동작연구, 과학적 관리 원리 등을 발표하면서 조직 관리의 과학화와 합리화에 큰 공헌을 하게 된다.

Taylor는 근로자, 사무원, 기계 기사, 감독자, 기획부장 등을 거쳐 최고의 엔지니어가 되었는데 이와 같은 실제 경험을 바탕으로 1911년 「과학적 관리의 원리 Principles of Scientific Management」를 출간하였다. 생산 공정에서 개개의 작업을 요소 동작으로 분리하고, 각각의 형태·순서·소요기간을 분석한 시간동작 연구를 통해 ① 최대의 1일 작업량 ② 표준화된 작업 조건 ③ 성공에 대한 높은 보상 ④ 실패에 대한 책임 ⑤ 과업의 전문화라는 과학적 관리 원리를 발표하였다.

Taylor(1911)의 과학적 관리의 원리를 살펴보면 다음의 네 가지로 요약할 수 있다(박세훈 외, 2008; 30).

- **과학적 직무분석(Scientific job analysis)** : 경영자는 관찰, 자료수집, 신중한 측정을 통해 직무를 분석하고, 각자의 일을 수행하는 최선을 방법을 결정하여 인습적인 작업방식을 대치할 수 있다.
- **직원의 선발(Selection of personnel)** : 직무가 분석되면 근로자를 과학적으로 선발하여 훈련·교육·발전시킨다.
- **관리 협동(Management cooperation)** : 관리자는 모든 작업이 과학적 관리의 원칙대로 이루어질 수 있도록 근로자와 협동하지 않으면 안 된다.
- **기능적 감동(Functional supervision)** : 관리자와 근로자 사이에는 거의 동등한 과업과 책임의 분화가 이루어져 있다. 관리자는 기획·조직·의사결정의 행위를, 근로자는 개개인의 직무를 수행한다.

이러한 네 가지를 기본 원리로 삼고 Taylor는 관리의 과학화를 기하기 위하여 구체적으로 과학적인 방법을 동원하여 작업능률을 높이고 관리를 혁신하고자 하였다. Taylor의 과학적 관리법의 핵심 기법들은 다음과 같다(오석홍 외, 2000: 119).

• **시간동작 연구**(Time and motion study) : 연구하고자 하는 과업에 특히 숙련된 10~15명 정도를 찾아내어 작업을 시킨 다음 각각의 기본적인 동작을 행하는 데 요하는 시간을 스톱워치로 측정하는 방법이다. 이때 잘못된 동작, 느린 동작 및 쓸모없는 동작을 모두 제거하여 가장 빠르고 좋은 작업방법을 골라내고 이를 기준으로 표준 시간·동작을 정한다.

• **공구의 표준화**(Standardization of tools) : 주먹구구식으로 만들어진 다양한 공구를 상세히 조사하고 각 공구를 사용해서 낼 수 있는 속도에 대한 시간연구를 행하여 그 중 좋은 점들만 발췌해 하나의 표준화된 공구를 만들어 낸다. 이를 사용하면 보다 빠르고 편안하게 일을 할 수 있게 된다.

• **과업 관리법**(Task management) : 시간동작 연구를 통해서 각 근로자에게 매일의 과업을 정밀하게 계산하여 부여한다. 근로자에게는 부여한 하루분의 과업을 충분히 행할 것을 요구하고, 실행한 근로자에 대해서는 충분한 할증 또는 보너스를 지급한다.

• **차별적 성과급제도**(Differential-piece-rate system) : 최고의 근로자들이 양호한 작업조건하에서 달성할 수 있는 표준작업량을 정한다. 표준에 도달할 때까지는 낮은 비율의 성과급을 표준을 넘어서면 보다 높은 비율의 성과급을 지급하는 제도로, 신속한 동기부여가 가능하다.

• **기능적 직장 제도**(Functional foreman system) : 각기 다른 임무를 담당하는 계획부의 대표자로 항상 작업장 안에서 근로자를 돌보고 지휘하는 다수의 전문가를 상시 배치한다. 숙련된 전문가인 이들은 지휘와 직접적 시범 등이 가능하여 우수하고 빠른 과업 방법을 제시할 수 있다.

이처럼 과학적 관리론은 조직과 인간 관리의 과학화를 주장함으로써 능률을 극대화하는데 기여하였다. 특히 생산 공정에서 인간의 활용을 극대화하는 기술과 지식을 체계화하는 데 기초를 확립하고, 시간동작 연구를 통해 인간의 생산 활동을 정확히 측정·분석하여 그에 입각한 관리가 가능하다는 것을 입증하였다는 점에서 행정학 발전에 큰 공헌을 하였다. 그러나 인간을 단순히 기계적·합리적·비인간적 도구로 취급하였다는 점에서 Taylor 시대에서부터 혹평을 받아왔다.

(2) 과학적 관리론과 교육행정

1910년경 미국에서는 대도시에 있는 학교들이 국민들의 세금을 가지고 비능률적으로 운영해온 전형적인 기관으로 비난의 표적이 되었고, 이에 교육행정에서도 경비 절감을 위해 과학적 관리론의 주요 원리를 적용하고자 시도하였다. 특히, Spaulding과 Bobbitt은 과학적 관리 방법을 학교 관리에 적용할 수 있는 구체적인 방안으로 제시하였다.

Spaulding(1910)은 미국교육학교수협의회 연차대회에서 교육의 큰 취약점은 교육행정의 비능률이라고 보고 기업경영의 원리에 입각한 교육행정을 주장하였고, 1913년 미국교육연합회에서 '과학적 관리를 통한 학교체제의개선'이라는 강연을 통해 교육행정에 과학적 관리를 적용할 것을 강조하였다. Bobbitt은 1912년 발표한 「교육에서의 낭비 제거」라는 논문을 통해 교육에 과학적 관리론을 적용할 것을 주장하였고, 1913년 「도시학교 관리를 위한 일반 원리의 적용」이라는 논문을 통해 의사결정, 과업 및 급여 결정, 교수방법 결정, 교사 선발 및 훈련, 시설 선정 등 학교관리와 장학행정에 과학적 관리 원칙을 따라야 한다고 주장하였다. 그러나 그 시기에도 Gruenberg와 같이 교육 과정은 인간의 인성 계발을 목적으로 하는 것으로 공장에서 규격화된 제품을 생산하는 과정과는 비교될 수 없기에 과학적 관리론의 교육 영역에의 적용은 교육의 특성을 무시하고, 교육의 발전을 저해하는 것이라고 비판하는 목소리도 있었다(한국교육행정학회, 2002: 27-29, 윤정일 외, 2008: 39).

2) 행정 관리론

과학적 관리론이 개별 근로자의 직무 과학화에 초점을 두었다면 행정관리론은 전체 조직에 대한 거시적 행정원리에 대한 접근이다. Fayol의 산업관리론, Gulick과 Urwick의 행정관리론 등이 대표적이다.

(1) Fayol의 산업관리론

미국에서 Taylor의 과학적 관리론이 큰 반향을 일으키고 있을 무렵 프랑스에서는 Henri Fayol이 산업조직의 능률 향상을 위해 행정에 대한 과학적 연구를 시도·발전시켰다. Fayol은 광산 기사, 관리책임자, 행정학 교수로서의 다양한 경험을 토대로 1916년 「산업 및 일반 관리론 Administration industrielle et generale」을 통해 체계화된 행정 과정과 관리 원리 등을 제시하였다

Taylor와 Fayol은 기본적으로 산업 조직의 능률 향상이라는 동일 문제를 다루었지만 접근방법은 상이했다. Taylor는 산업 조직의 하위체계로부터 거슬러 올라가는 방법을 취하며 관리를 직무분석·시간동작 연구·근로자의 대우문제 등으로 풀어 나갔으나, Fayol은 경영자로부터 하위로 내려오는 방법을 취하며 관리의 기능을 활동과 계획수립·조직화·명령·조정·통제 등으로 파악하였다. Fayol은 '관리란 무엇이고 그것은 확인가능하고 독립적인 기반을 가지고 있는가?'라는 물음에 대한 답으로 과학적 관리 과정을 다섯 가지 요소로 정리하였다(Fayol, 1949; 오석홍 외, 2000; 101-106, 한국교육행정학회 2002; 9-11).

- 기획(Planning) : 미래를 예측하고 행동계획을 수립하는 것
- 조직(Organizing) : 인적·물적 자원을 조직하고 체계화하는 것
- 명령(Commanding) : 구성원으로 하여금 과업을 수행하도록 하는 것
- 조정(Coordinating) : 모든 활동을 통합하고 상호 조정하는 것

- 통제(Controlling) : 정해진 규칙과 명령에 따라 일이 이루어지고 있는가를 확인하는 것

또한 그는 자신의 경험에서 얻은 교훈을 바탕으로 14개의 관리 원리로 제시하였으며, 이는 현대 조직 관리에 있어서도 중요한 것으로 인정되고 있다.

- 분업의 원리, 권한과 책임의 원리, 규율의 원리, 명령 통일의 원리, 지휘 통일의 원리, 전체 이익 우선의 원리, 보상의 원리, 집권화의 원리, 책임 계층의 원리, 질서의 원리, 공평성의 원리, 직원 신분보장의 원리, 솔선수범의 원리, 단체정신(단결)의 원리

Fayol의 과학적 관리에 대한 공헌은 관리 방법에 대한 원리를 제시한 것 때문이 아니라 행정에 대한 과정적 정의를 내린데 있다. 그는 관리 활동에 대한 이론적 분석을 최초로 옹호하고 행정 관리의 과정을 체계화 하여 정교한 이론적 분석을 수행하였다. 이러한 노력으로 그의 산업관리론은 현대 행정이론의 반석이 되었으며, 특히 그가 제시한 행정 과정의 다섯 가지 요소는 경영자들이 수행해야 할 일이 무엇인가에 대한 개념체계를 제공해 주었다(한국교육행정학회 2002; 12, 윤정일 외, 2008; 41).

(2) Gulick과 Urwick의 행정관리론

Taylor와 Fayol이 산업 조직에 대한 과학적 관리 원리들을 정립해 나갈 때 Gulick과 Urwick은 공공행정의 과학화를 주장하였다. 이들은 1937년 「행정학 논총」에 Fayol의 산업체에서 도출한 관리요소를 공공행정 영역에 적용하여 '최고 행정 집행자의 직무는 무엇이며, 무슨 일을 하는가?'라는 질문에 대한 답으로 POSDCoRB라는 약어로 표현되는 행정 과정을 제시하였다. POSDCoRB는 Fayol의 행정 과정 요소를 확장 · 발전시킨 것으로 조직관리 과정에 관심을 가진 학자들에게 개념적

틀을 제공하였고, 공공행정이나 기업 관리에 관심을 가진 학자들에 의해 수정·보충되어 오늘날까지 널리 활용되고 있다. 또한 Gulick과 Urwick은 행정관리론을 조직 이론으로 발전시켜 조직에서 인간 관리의 중요성을 확인하고 명령 통일과 통솔 범위의 제한, 참모 조직의 활용, 권한과 책임의 위임 등의 필요성을 제시하여 행정 이론의 발전에 기여하였다. POSDCoRB로 나타낸 최고 행정 집행자의 행정 활동 과정은 다음과 같다(한국교육행정학회 2002; 13, 윤정일 외, 2008; 41-42).

- 기획(Planning) : 조직의 목적을 달성하기 위하여 행동의 대상과 방법을 개괄적으로 확정하는 것
- 조직(Organizing) : 공동의 목적을 달성하기 위하여 공식적 권한 구조를 설정하고 직무 내용을 배분·규정하는 것
- 인사(Staffing) : 설정된 구조와 직위에 적격한 직원을 채용·배치하고 작업에 적합한 근무조건을 유지해 주는 것
- 지휘(Directing) : 조직의 장이 의사를 결정하고 그것을 각 부서에 대한 명령과 지시 등의 형태로 구체화 하는 것
- 조정(Coordinating) : 각 부서별 업무 수행의 관계를 상호 관련시키고 원만하게 통합·조절하는 것
- 보고(Reporting) : 작업 진척 상황에 대한 기록, 조사, 연구, 감독 등을 통해 조직의 장이 자신과 하위 직원들에게 정보를 제공하는 것
- 예산편성(Budgeting) : 조직의 목표 달성에 소요되는 제반 예산을 편성하고 회계, 재정 통제, 결산 등을 하는 것

3) 관료제론

(1) Weber의 관료제론

관료제(Bureaucracy)의 개념은 특정 조직 구조나 현대의 정부 그 자체를 지칭하기도 하고, 특정한 조직 형태에 수반되는 병폐를 지적하기

위한 용어, 또는 국민의 자유와 권리를 침해하는 해독이라는 용어 등으로 다양하게 쓰이고 있다(오석홍, 1990; 530, 이군현, 1992; 155에서 재인용).

관료제론을 체계화한 독일의 사회학자 Max Weber[1]는 관료제를 특정한 조직의 형태 또는 구조로 보았다. 즉, Weber는 비능률과 권위주의적 병폐 등으로 요약되는 사회통념상의 관료제와는 달리, 기존 조직에서 보다 특징적인 관료제적 측면을 추상하여 만든 순수한 이상적 조직형태로 관료제를 개념화하였다(Max Weber, 1946, 윤정일 외, 2008; 44).

그는 이상형 관료제의 특징을 다음과 같이 다양하게 망라하고 있다(Max Weber, 1947; 330-340, 한국교육행정학회, 2002; 5-6에서 재인용).

- 조직의 목적에 필요한 정규 활동은 일정한 방식에 의해 공식상의 직무로 배분된다.
- 직무의 조직은 계서제의 원리에 따른다.
- 직원은 직무수행에서 엄격하고 체계적인 규칙에 의해 통제를 받으며, 그 적용은 일률적 · 비개인적이다.
- 직원은 개인적인 감정을 드러냄 없이 형식주의적이고 비개인적인 정신에 입각하여 직무를 수행한다.
- 직원은 전문적인 기술 자격에 의하여 선발, 임명되며 선출되지는 않는다. 따라서 이들의 자격은 시험이나 자격증에 의해 증명된다.
- 고용당국은 규정된 조건하에서만 직원을 해직시킬 수 있는 반면, 모든 직원은 언제나 사임할 수 있는 자유를 갖는다.
- 직원의 보수는 계서제의 직위에 따라 책정 · 지급되며, 승진은 상위

1) 관료제의 기원을 Max Weber와 관련시켜 생각하는 사람들이 많으나, 사실상 관료제는 Weber의 창안물도 아니고 그가 처음 발견한 것도 아니다(Monahan, W. G, 1975). 그러나 당시까지는 Weber만큼 관료제를 기술 · 분석 · 설명 · 예측한 학자가 드물었고, 그 뒤 여러 세대의 학자들도 Weber의 관료제 이론에 약간씩 수정을 가했을 뿐 크게 첨가한 것이 없다는 점에 의견의 일치를 보인다(한국교육행정학회, 2002; 3).

자의 판단에 의하되 선임순서(경력)나 실적에 따라 결정된다.

이상과 같은 여러 특징을 지닌 이상형 관료제는 순수한 기술적 관점에서 볼 때 최고의 능률을 올릴 수 있는 가장 합리적 조직이라 할 수 있다.

(2) 관료제의 특징과 학교조직

Hoy와 Miskel(2007)은 Weber의 관료제가 교육 조직의 구조 분석과 이해에 매우 의미 있는 시발점이 된다고 하면서, 주요 특징을 다음과 같이 요약 · 제시하였다(오영재 외, 2007, 96-98).

- **분업과 전문화**(Division of labor and specialization) : 분업과 전문화는 관료적으로 운영되는 조직의 목적 달성을 위한 과업이 공식적인 의무로서 고정된 형태로 배분된다.
- **몰인정성**(Impersonal orientation) : 조직의 작업 분위기가 감정과 정의에 지배되지 않고 공식적인 비정성의 정신에 의해 지배된다. 구성원은 감정이 아닌 사실에 근거하여 결정을 내리도록 기대된다.
- **권위의 위계**(Hierarchy of authority) : 부서와 직책은 수직으로 배열되고, 하위직은 상위직의 통제와 감독을 받는다. 조직의 다양한 업무와 기능의 원활한 수행을 위해 명령-수행 체제를 확실히 하고, 상 · 하위직의 관계 체계를 명확히 규정한다.
- **규정과 규칙**(Rule and regulation) : 모든 관료 조직은 의도적으로 확립된 규정과 규칙체제를 통해 활동의 일관성을 유지한다. 규칙과 규정은 작업자들의 업무 수행 행동에 관한 안정성과 동질성을 확보해 준다.
- **경력 지향성**(Career orientation) : 관료 조직은 전문적인 자격 및 기준을 토대로 직원을 채용하므로 구성원들은 자신들의 업무를 경력으로 생각하며, 연공과 업적 등을 통한 승진제도를 갖추고 있다.

이와 같은 관료제는 합리적인 의사결정 및 행정의 효율성을 극대화시킨다. 분업과 전문화를 통해 전문가가 배출되고, 몰인정성을 가진 전문가는 사실에 근거하여 정확하고 합리적인 결정을 내린다. 합리적 의사결정이 이루어지면 권위의 위계를 통한 지시와 그에 대한 복종, 규칙·규정을 통한 운영의 안정성 및 일관성이 확보된다. 또한 경력지향성은 피고용인들을 조직에 충성하도록 유인하여 조직에 헌신하는 전문가들의 보다 많은 노력을 이끌어낸다.

이와 같이 Weber의 관료제 모형은 그 원리를 적용할 때 효율성 및 목표 달성도를 높일 수 있다는 순기능을 가지고 있다. 그러나 Weber가 거의 관심을 두지 않았던 역기능 또는 부정적 결과를 가져올 가능성도 있다. 관료제의 특성과 원리를 순기능과 역기능의 측면에서 분석하여 〈표 3-1〉과 같이 제시하였다(Hoy와 Miske, 2007; 87).

〈표 3-1〉 Weber 관료제 모형의 순기능과 역기능

관료제의 특징	순기능	역기능
분업과 전문화	전문성 향상	권태감 누적
몰인정성	합리성 증진	사기 저하
권위의 위계	순응과 원활한 조정	의사소통 장애
규칙과 규정	안정성 및 일관성 확보	경직과 목표전도
경력 지향성	동기 유발 및 유인책	연공과 업적 간의 갈등

(3) 관료제론과 교육행정

관료제가 피고용인들의 만족을 높여주고(Michaels 외, 1988), 조직의 혁신을 가져오며(Damanpour, 1991; Craig, 1995), 역할 갈등을 줄여주고(Senatra, 1980), 소외감을 줄여줄 수 있다(Jackson과 Schuler, 1985)는 연구 결과들이 있다. 사실, 조직 관련 연구들은 관료제의 인간 관련 결과들에 대해 상반된 관점을 제시한다. 긍정적인 관점에서 관료제는 필요한 방향을 제시하고, 책임 사항을 명확히 하며, 역할에 따른 긴장을 완화시키고, 스스로 효과적이라고 느끼고 그렇게 행동 할 수 있도록

도움을 제공한다. 반면, 부정적인 관점에서 관료제는 구성원들을 소외시키고, 불만을 가져오며, 창의성을 말살하고 동기를 잃게 한다. 학교에 관한 다양한 연구 결과에 따르면, 학교의 구조는 학교에 따라 상당한 차이를 가지고 있으며, 강제적 관료제 보다는 권한 부여형의 관료제가 순기능적 역할을 하는 것으로 나타났다(Hoy와 Miskel, 2007; 102-105, 오영재 외, 117-121에서 재인용).

〈표 3-2〉 두 가지 유형의 학교 구조 : 권한 부여형과 강제형

	권한 부여형	강제형
공식화	융통성 있는 규칙과 절차 문제를 학습 기회로 파악 가치의 차이를 인정 주도적 참여 신뢰 조장	엄격한 규칙과 절차 문제는 방해 요인으로 파악 합의 요구 실수 처벌 의혹 조장
집권화	문제해결 촉진 협동 촉진 개방성 촉진 교사 보호 혁신 촉진 협동 추구	복종 강요 통제 수용 불신 확대 교사 처벌 변화 방해 전체적인 규칙
과정	참여적 의사결정 문제해결	일방적 의사결정 강제

※출처 : Hoy and Miskel(2007). p.105.

2. 인간관계론

인간관계론(Human relation)은 고전적 조직이론에 대한 반작용로 출발하였다. 고전적 조직이론은 1930년대 초까지 행정에 많은 영향을 주었으나 1930년대 경제공황이 심화되면서 고전이론은 한계를 드러내게 되었다. 과학적 관리론에서는 생산성과 기계적 효율성을 강조하면서 합

리적·경제적·물질적인 동기만이 인간의 행동을 유발하는 것으로 전제하고 생산과정을 담당하는 개인의 사회적·심리적·정서적 차원을 간과하였다. 즉, 과학적 관리론에서는 개인의 인성, 욕구, 직무만족, 동기유발, 사기증진, 자유, 권한의 위임과 같은 가치가 소홀히 되었던 것이다. 그러나 사회가 변화되고 노동자의 교육수준과 생활수준이 높아져 민주적인 의식이 발달됨에 따라 인간의 사회·심리적 측면에 대한 관심을 가지도록 자극하게 되었고, 이러한 흐름에 따라 인본중심적 접근인 인간관계론이 대두되었다.

1) Mary P. Follett의 행정에 대한 심리적 접근

행정에서 인간적인 측면을 다룬 뛰어난 논문들을 연이어 발표하면서 모든 조직의 근본 문제는 역동적이고 조화로운 인간관계를 발전시키고 유지시키는 데 있다고 주장한 Mary P. Follett은 인간관계론 운동의 선구자였다. 특히, 행정의 심리적인 측면을 중시하여 경직된 과학적 관리원리와 조직 원리에 창의적인 민주정신을 도입하였다. 또한 조직 관리에 사회적인 측면을 강조하여 조직을 하나의 사회체제로 보고 권위의 수용, 수평적 조정의 중시, 조직 구성원의 통합, 역동적인 행정 과정의 필요성을 역설하였다(김윤태, 1984, 89; 윤정일 외, 2008, 48에서 재인용). Follett의 핵심적인 공헌은 민주사회에서 행정관리의 일차적 과업은 노동자가 자발적으로 협동할 수 있도록 작업 상황을 마련하는 것이라고 주장하면서, 개인과 사회적 작업집단 간의 조화(협력)의 개념을 파악하는 데 주력하였다. 이러한 사상적 기초는 호손실험에 영향을 주었다(한국교육행정학회, 2002; 15).

2) Mayo와 Roethlisberger의 호손실험

흔히 인간관계론은 Mayo와 Roethlisberger, W. J. Dickson 등이 수행한 호손연구(Hawthorne studies)를 계기로 삼는다. 이 연구는 비공식 집단에 관한 연구물의 기초가 되었으며, 비공식 집단 연구는 학교조직을 분석하는 기초가 되었다(오영재 외, 2007:15). 이 실험은 1923년에서 1932년 사이에 미국 시카고 근교의 서부 전력회사 호손공장에서 이루어졌다. 3만여 명의 사원을 가진 서부 전기회사는 연금제도, 후생시설 등을 잘 갖추고 있었기 때문에 크게 발전・번영할 것으로 기대되었으나 회사 내에는 항상 불평・불만, 긴장・갈등이 심하였고 생산량도 낮았다. 그래서 그 원인을 규명해 보려는 일련의 연구에서 호손실험이 시작된 것이다(한국교육행정학회, 2002; 15-16).

호손실험의 주요 내용은 다음과 같다(오석홍 외, 2000; 237-240, 윤정일 외, 2008; 51-52).

• **조명실험(1924-1927)** : 최초의 연구는 조명의 질과 양이 생산수준에 미치는 영향을 살펴보기 위해 세 개의 실험으로 시작되었다. Mayo 연구팀이 개입하기 이전 공장의 기술자들은 조명이 작업자와 작업결과에 미치는 영향을 여러 차례 연구하였다. 그러나 조명에 어떠한 변화를 주어도 집단 간의 생산성 차이를 발견할 수 없다는 결과를 검토해 달라는 요청을 받고 Mayo는 연구에 착수하게 된다.

- 1단계 : 3개부서의 조도 수준을 일정 간격으로 높이면서 생산량의 차이를 조사한 결과, 조도의 증가와 생산량의 증가 사이에 의미 있는 상관이 없었다.
- 2단계 : 여성근로자를 통제집단과 실험집단으로 나누어 통제집단에서는 일정 조도를 유지하고, 실험집단에서는 조도를 점차적으로 높였다. 그 결과도 두 집단의 생산량이 모두 같은 수준으로 증가하

여 조명에 의한 차이는 나타나지 않은 것으로 밝혀졌다.

- 3단계 : 실험집단의 조도는 낮추고 통제집단의 조도는 일정하게 유지되었다. 그 결과 여전히 두 집단의 생산량이 모두 증가하였고, 특히 실험집단에서는 일하기 어려울 정도까지 조도를 낮추었음에도 불구하고 생산량은 오히려 증가하는 결과가 나왔다.

이와 같은 조명실험의 결과는 연구 가설을 부정하는 것으로 나타나, 생산량은 작업장의 조도와 아무런 상관이 없으며, 조도 이외의 어떤 다른 요인에 의해 좌우되고 있음이 밝혀졌다.

- **전화계전기 조립 실험**(1927-1929) : 2차에 걸쳐 실시된 전화계전기 조립 실험은 작업조건의 변화가 사기와 생산성에 미치는 효과를 관찰하기 위한 것이었다. 1차 실험에서는 서로 사이가 좋은 2명의 여공으로 하여금 4명의 여공을 선정케 하여 별도의 작업팀을 만들어 일반 여공들이 일하는 작업현장 옆 별실에서 작업하게 하였고, 2차 실험에서는 5명의 여공을 선발하여 집단 임금제도의 영향을 관찰하였다. 관찰효과를 방지하기 위하여 연구팀은 연구대상 집단들과 실험에 대한 토론과정을 거쳤고, 실험 기간 동안 수많은 작업조건의 변화(휴식시간의 길이와 빈도, 간식, 감독방법, 근무시간 및 주간근무일수, 상여금 등)가 시도되었다. 각각의 변화가 주어질 때마다 생산성은 예외 없이 향상되었다.

이와 같은 전화계전기 조립 실험에서도 실험적으로 실시된 각종의 변화를 생산성의 향상 원인으로 볼 수 없다는 결론을 얻었다. 또한 작업능률에 영향을 미치는 것은 물리적 작업조건이 아니라 심리적 만족감, 집단에의 소속감과 참여, 자신의 역할이 중시되고 있다는 자각에서 기인한 협동의식 등 인간적·사회적 측면에 따른 것이라고 분석하였다.

- **면접 프로그램**(1928-1930) : 실험기간 중에 나타난 지속적인 생산성의 증가가 의문으로 남아 공장전체의 작업조건을 재검토하는 과정에서 연구팀은 면접조사를 하게 되었다. 면접 실험에서는 근로자들은 자

신의 신변상의 문제와 근무환경에 대한 불평불만, 기타 의견 등을 개진하여 연구팀에게 많은 정보를 제공하였다. 특히 작업자와 관리자 사이에 존재하는 문제점들이 객관적인 작업조건의 어려움 때문이 아니라 상당부분 근로자들의 감정에 기초한 작업태도 때문에 생겨난 것이라는 것이 밝혀졌다.

면접 프로그램을 통해 연구팀은 관리자들은 비용과 능률의 원리를 중시하는 데 반해 근로자들은 감정의 원리에 따라 행동한다고 생각하기에 이르렀고, 이러한 차이에 대한 이해가 다르고 해결방안이 모색되지 않는 한 갈등은 불가피하게 존재할 수밖에 없다고 분석하였다.

• **건반배선 조립 관찰 실험(1931–1932)** : 이 단계는 자연스러운 상황에서 연구를 진행한 비실험적 상황으로 이루어졌다. 건반배선 조립이 이루어지는 작업장의 많은 직공들에 대한 계속적인 관찰과 생산성 기록이 이어졌는데, 그들은 나름대로의 생산기준을 가지고 있었으며 어느 누구도 정해진 기준을 초과하지 않는다는 결과가 나타났다. 비공식적 작업 기준을 어기는 경우(작업 목표의 초과달성의 경우 규칙위반으로, 실적이 나쁘면 잔꾀부리는 행위로 간주) 보이지 않는 사회적 제재가 가해졌는데, 비공식적으로 설정된 작업 목표와 조직이 공식적으로 규정한 역할 기대와의 불일치가 발견되었다. 집단을 중심으로 결정된 행동규범이 공식적 경영방침과 일치하지 않을 경우 조직이 공식적으로 부여한 역할은 중시되지 않았고, 생산성 향상을 위해 회사에서 마련한 상여보상제도에 대하여 근로자들은 무심한 태도를 보였다.

이와 같이, 비공식적 행동규범이 공식적 경영방침에 우선되는 사실은 생산수준을 결정함에 있어서 비공식적 사회관계의 중요성을 보여 주는 것으로 해석되었다. 이러한 일련의 연구를 통하여 Mayo 연구팀은 작업상황의 인간적 요인의 중요성을 인식·이해하여야 한다는 것을 일관되게 주장하였다.

3) 호손실험의 의의와 한계점

호손실험을 통해 연구팀은 개개인의 행태를 연구하는 것이 조직연구의 핵심이고, 구성원의 협력을 확보하는 것이 조직의 중심적 과제라는 것을 제시하였다. 또한 호손실험은 공식적 체계와 구조로만 파악하였던 조직을 구성원과 그들의 상호작용, 비공식 조직 등으로 이루어지는 다원적 사회체제로 인식하게 만드는 계기를 마련하였고, 기계적 합리성보다는 인간적 요인을 중시하는 방향으로 행정 관리의 관심을 전환시키는 전기를 마련하였다.

Mayo의 인간관계론이 조직의 인간화 현상, 의사소통의 중요성, 민주적 리더십, 비공식집단의 중요성을 인정하였다는 측면에서 긍정적인 기여를 하였다는 평가와 함께 Mayo의 철학적 가치관과 연구방법론에 대한 비판도 많다. 인간관계론에 대한 비판론을 요약하면 다음과 같다(오석홍 외, 2000; 241-244, 윤정일 외, 2008; 53).

- 경영자와 근로자 간의 갈등 문제를 정확하게 파악하지 못하고, 추상적이고 사소한 문제에 치중하여 조직운영과 관련된 주요 문제점을 제대로 파악하지 못하였다.
- 조직 내의 인간적 측면에만 지나치게 집착하여 조직의 구조적 측면과 생산성 문제를 등한시하였다.
- 호손실험은 처음부터 경영자의 입장에서 연구되었고, 결론을 도출하는 과정에서 임상적 편견이 작용하는 등 엄밀한 연구라고 볼 수 없는 측면을 가지고 있다.
- 조직을 개방체제보다는 폐쇄체제로 간주하여 연구하였고, 조직과 환경 간의 상호작용 관계를 명백히 다루지 못하였다.
- 지나치게 인간적 가치만을 중시하여 조직의 생산성이나 효과성 문제를 도외시하였다.

- 인간의 행복과 안정은 조직의 공통목표에 복종하는 데 있다고 믿고 있는 것처럼 보여 경영 정책상의 오류가 있을 가능성은 부정되고 개인의 잘못 가능성이 부각되어 인간관계라는 명분 아래 경영자의 권위가 감추어져 있다.

4) 인간관계론과 교육행정

인간관계론은 교육행정에 민주적 원리를 제시해 주는 등 교육행정의 민주화에 크게 공헌하였다. 특히 학교경영에 있어서 교장과 교사, 교사 상호간의 원만한 인간관계를 수립하여 자발적 협동과 자유로운 창의력을 발휘케 하는 것은 학교경영의 민주화에 크게 기여하게 된다. 교육행정에서 인간관계론적 접근은 민주적 교육행정, 민주적 장학, 민주적 의사결정 등 여러 이름으로 적용되었다. 인간관계론이 교육행정에 영향을 준 것은 1938년 K. Lewin 등에 의해 실시되었던 지도성에 대한 실험연구이며, Dewey의 아동중심 교육론, 생활적응 교육사상 등과 접목되어 2차 대전 후인 1950년대 크게 지지를 받았다.

인간관계론적 관점으로 교육행정이론을 체계화하려는 시도는 Koopman, Youch, Katz, Moehlman, Griffiths 등에 의해서 이루어졌다. Koopman은 「학교행정의 민주화 Democracy in School Administration」라는 저서에서 학교장은 인간관계를 적용하여 학교행정을 민주화해야 한다고 주장하면서 교육행정의 민주화를 위한 이론적 기초를 마련하였다. Youch는 「학교행정에서의 인간관계 개선 Improving Human Relations in School Administration」이라는 연구를 통해 교육행정에 있어서의 인간관계를 강조하면서 민주적인 교육행정의 원리를 제시하였다. 특히, 학교장은 교사와 원만한 관계를 유지하도록 노력해야 하며, 교사는 민주적 활동의 중심단위이므로 교사들이 최대의 만족을 누릴 수 있도록 학교를 운영해야 한다고 주장하였다. Moehlman은 「학교행정(*School Administration*)」이라는 저서를 통해 교육행정에서의 인간관계에 관한 여러 연구를 종합하여 교육행정에서의 인간관계를 크게 발전시켰다. 그는 학교장과 상호작용하는 교사들은 인간적 욕구에 민감한 사회적 인간이라고 주중하고 인간관계는 상호존중, 호의, 인간의 권위와 가치에 대한 굳은 신념을 바탕으로 성립되는 것이라고 주장하였다(한국교육행정학회, 2002: 29-30, 윤정일 외, 2008: 54).

이와 같이 인간관계론은 교사의 만족감 중시, 민주적 행정관리의 요청, 의사소통의 중시, 행정기능의 수단화 강조, 비공식 집단의 중요성 강조 등을 통해 교육행정에 있어서 민주적·참여적 행정을 발전시켰다는 점에서 크게 기여하였다.

3. 행동과학론

교육행정에 있어서 고전이론이나 인간관계론은 행정의 실제 문제를 해결하고 개선하는 데 목적이 있었다. 직무분석에 의한 합리적 과업수행을 강조한 고전이론, 인간관계의 원활한 조성을 강조한 인간관계론은 모두 조직의 생산성 향상이 목적이었다. 생산성 향상을 위해 양자는 당위성이나 가치 지향성을 전제로 하여 행정을 설명하려 했기 때문에, 변인간의 관련성이나 역동적 작용성을 이해·설명·일반화할 수 있는 이론을 생산하지 못하고 있었다. 그리하여 행동과학적 도구, 행동의 개념과 이론, 연구 설계, 통계적 측정 기법 등을 이용하여 개념을 조작하고 이론적 가설을 실증적 자료에 의해 검증하여 일반화할 수 있는 이론을 수립하려는 운동이 일어난 것이다(남정걸, 2006: 66).

행동과학론(Behavioral science theory)은 인간의 행동을 과학적으로 연구하기 위한 학문으로 사회적 현상을 연구함에 있어서 개인이나 집단의 행동에 초점을 둔 연구방법이다. 행동과학은 심리학 본연의 연구가 인간의 내면적 의식에 치우쳐 사변적으로 흐르는 데 반대하여 객관적으로 관찰 가능한 외면적 행동을 연구의 중심으로 삼아야 한다는 데서 출발하였다.

행동과학적 접근을 하는 일단의 사회과학자들이 학제적 연구를 바탕으로 도출된 개념, 원리, 모형, 연구 설계를 이용하여 행정관리에 대한 학문적 발전을 주도한 덕분에 이 시기에 이르러 교육행정학도 이론다운 이론을 갖춘 종합학문으로 발전할 수 있게 되었다. 대표적인 학자로는 Barnard, Simon 등이 있다.

1) Barnard와 Simon의 행정이론

Barnard는 행정에 대한 행동과학적 접근을 최초로 시도하였다. 그는 「관리자의 기능 *The Function of the Executive*」을 저술하여 조직과 관리의 일반이론을 정립·발전시키는 데 공헌하였다. 그는 저서를 통해 실무 행정가들을 교육시키기 위한 이론적 기초를 제공하고 다양한 조직에 적용될 수 있는 보편적·일반적 조직이론을 세시하려 노력하면서 조직 관리를 위해 환경적 변수, 공식조직과 비공식조직, 조직구성원 등과 관련된 주제들을 다루었다(정철현, 2005; 82). Barnard의 이론은 조직발전을 위해서 개인의 발전을 우선해야 한다는 조직발전 이론, 조직성원의 자아실현이라는 측면에서의 직무확충이론, 동기부여 이론, 보수와 사기진작 이론, 행정이론의 리더십, 갈등, 의시소통, 의사결정 등의 분야에 많은 영향을 미쳤다.

Barnard는 주로 공식조직의 구조와 기능을 다루었지만, 모든 공식조직 속에서 자생적으로 발생되는 비공식조직이 있다는 점도 지적하고, 비공식 조직은 의사소통의 원활, 집단 결속의 유지, 개인 인격의 통합이라는 중요한 기능을 한다는 점을 지적하였다(한국교육행정학회, 2002; 22) 그가 특히 행정이론에 공헌한 것은 최고관리자의 의사결정에 관한 것이다. 그는 조직을 하나의 의사결정체계라고 보고 최고관리자의 중요한 기능이 의사결정이며 조직적 행위는 세심한 계산을 토대로 행해져야 한다고 주장하였다. 또한 의사결정 과정에 있어서 의사소통의 중요성을 강조하였다. 전통적 조직이론에서 간과하였던 의사소통의 중요성을 사회과학의 장으로 이끌어 낸 장본인으로, 이를 조직의 3대 요소(목적, 협동, 의사소통)로 제시하였다(정철현, 2005; 94).

Simon은 행정학 연구가 정치와 연결되어 지나치게 사회문제에 대한 해결을 강조하는 가치지향적 성향을 가진다고 비판하면서 행정학 영역을 가치영역과 사실영역으로 나누어 가치와 사실에 대한 경험적 연구를 통해 행정학에 과학성을 부여할 것을 주장하였다(정철현, 2005; 151). 또한 행정에 대한 학제적 접근을 시도하여 행정학의 발전에 크게 공헌하였다. 그는 행정의 심리적·사회적 측면을 깊이 분석하였고, 그의 대표적 저서 「행정행위론 *The Administrative Behavior*」을 통해 Barnard의 균형론, 의사결정, 의사소통, 권한 등을 더욱 발전시켰다. 무엇보다 Simon은 행정적 현상에 대한 개념을 조작적으로 정의하고, 그 개념들 간의 규칙적인 관계의 성립에 주목하여 체계적인 행정이론을 발전시켰다는 점에서 큰 공헌을 하였다. 그의 주요 관심은 의사결정이 어떻게 이루어지고, 어떤 방법으로 더욱 유효하게 결정할 수 있는가 하는 문제를 분석하는 것이었으며, 행정이론의 궁극적 목적이 의사결정에 있어서의 합리성을 증가시키는 것이라고 하였다. Simon은 개인이 의사결정을 하는 데 조직목표의 합리성에 가까이 접근할 수 있도록 조직환경을 설계하는 것이 행정이론의 과제라고 주장하면서 만족스러운 범위 내에서 제한된 합리성을 추구하는 행정적 인간(Administrative man) 모형을 제시하였다. 이는 의사결정 과정에서 최적의 합리성만을 추구하는 전통적 경제이론 모형인 경제적 인간(Economic man)과 구분되는 개념이다(한국교육행정학회, 2002; 24-25). 또한 Simon은 제한된 합리성과 이를 이용한 제약된 조건하에서의 최선의 선택을 추구하는 의사결정 이론의 만족모형(Satisfying model)을 주장하여 정책학 발전에도 영향을 주었다.

2) 행동과학론과 교육행정

행동과학자들은 교육행정도 사회체제 속에서 일어나는 사회과정이면서, 교육기관이라는 조직의 목표를 효과적으로 달성하기 위한 구성원들의 협동적 행위라고 보고, 행동과학적 접근을 통해 교육행정의 고유 개념과 이론을 수립하기 위한 과학적·체계적인 연구를 촉진하였다. 교육행정에서는 이를 이론화 운동(Theory movement) 또는 신 운동(New movement)이라고 하는데, 실제적 처방 중심의 교육행정학을 다른 사회과학처럼 이론 중심의 학문으로 발전시키기 위한 노력이었다(남정걸, 2006; 68). 교육행정에서 이론화를 강조했던 학자들은 다음의 사항을 공통적으로 강조하면서 사회과학적 접근을 활용한 수많은 연구를 촉발시키고 이를 통해 유용한 교육행정 이론들을 산출하는 성과를 거두었다(한국교육행정학회, 2002; 31-32).

- 교육행정을 연구하는 데 있어 이론의 역할이 중요함을 인정하고, 이론에 근거한 가설-연역적 연구방법을 적용하는 것이 필요하다.
- 교육행정을 일반 행정과 다르게 보려는 편협한 관점을 버리고, 행정을 그 자체로서 과학적인 연구주제로 파악하여야 한다.
- 교육기관은 사회체제로서 가장 잘 이해될 수 있고, 교육행정 연구는 행동과학적 접근방법에 크게 의존할 수밖에 없다.

4. 체제이론

1960년대 초 교육행정이론에서는 체제이론(System theory)이 대두되었다. 조직과 외부환경과의 관계성을 무시하거나 조직 혹은 개인의 어느 한 측면만을 강조하였다는 비판을 받게 된 기존 이론의 한계성에 대한 반응으로 나타난 체제이론은 조직이 주위환경의 영향을 받을 뿐만 아니라 환경에 의존한다는 사실을 강조하기 시작했다. 체제이론에서는 조직을 전체적이고 종합적 관점에서 연구하고, 조직 구성요소 간의 상호관계, 조직과 외부환경과의 상호관계 연구에 초점을 두었다.

체제이론은 체제의 개념은 생물학자인 Ludwig Von Bertalanffy가 생물체를 개방체제로 파악한 것을 계기로 자연과학에서 발달된 개념으로, 이를 사회과학에 도입한 것이 일반체제이론(General systems theory)이다. 체제이론에서는 모든 사회체제의 조직도 생물체제와 같이 투입-전환-산출 과정이 있으며, 평가의 반송과 순환과정을 이루는 개방체제로서의 역동적인 구조를 가지고 있다고 보았다(Katz와 Kahn; 1978; 8, 한국교육행정학회, 2002; 39에서 재인용). 생물체를 이해하기 위해서 생물체를 구성하는 부분과 그 부분 사이의 관계를 파악해 내듯이 교육현상을 이해하기 위해서는 이를 구성하는 요소의 구조와 기능을 종합적인 관점에서 연구함으로써 교육현상을 체계적으로 이해할 수 있다는 이론이 체제이론인 것이다.

1) 체제의 개념과 기본모형

체제(system)란 단어는 라틴어 Systema에서 유래되었고, 어원은 그리스어의 Synistanai(결합한다)에서 찾을 수 있는데, '여러 부분들로 복합된 전체 혹은 여러 요소의 총체'를 말한다.

체제의 정의를 살펴보면, Flagle(1960)은 체제를 '하나의 예정된 기능을 협동적으로 수행하기 위하여 마련된 상호작용하는 요소들의 통합된 집합'으로 정의하였고, Griffiths(1964)는 체제를 '상호 반응하는 요소들의 복합체'라고 하였다. Turner(1972)는 체제를 '경계선에 의해 둘러쌓인 상호 관련된 부분들의 복합체로서 어떤 환경 속에 존재하는 것'으로 정의하였으며, Kaufman(1972)은 '정해진 목표를 달성하기 위하여 개별적으로나 상호관련적으로 작용하는 개개 요소들의 결합체'라고 정의하였다. 이와 같이, 체제란 정해진 기능을 수행하는 상호작용하는 요소들의 결합체라고 할 수 있다(박병량·주철안, 2005; 42, 남정걸, 2006; 92).

이러한 체제들은 다음과 같은 공통적 속성을 가지고 있다(이형행, 1989; 195, Immegart와 Pilecki, 1973; 34-39, 한국교육행정학회, 41-42에서 재인용).

- 체제는 여러 하위체제(subsystem)들로 구성되며, 이것들은 상호의존 관계에 있다.
- 체제는 환경으로부터 투입(input)을 받아들이고, 이를 전환(transformation) 또는 처리과정(process)을 통해 산출로 변화시켜서 환경으로 내보낸다. 산출에 관한 정보는 투입 또는 처리과정으로 환류(feedback)되어 평가적 정보로 활용된다.
- 하나의 체제는 경계(boundaries)라는 개념에 의해 다른 체제와 구별되며, 경계 밖은 그 체제의 환경(environment)이 된다.
- 모든 체제는 그 성질이나 규모 또는 형태와 관계없이 두서없고 무질서하며 무력하게 되어 궁극적으로 소멸하려는 경향성이 있다.
- 모든 체제는 시간과 공간 속에서 존재한다.
- 모든 체제는 구조와 기능에 영향을 주는 요소를 가지고 있는데, 체제 안의 요소를 변인(variables)이라 하고, 체제 밖의 환경에 속하는 요소를 매개변수(parameters)라 한다.

이러한 체제의 속성은 투입-산출 모형으로 개념화된다. 이는 투입, 과정, 산출 및 환경이라는 개념으로 구성된 체제이론의 기본 모형으로, 그림으로 나타내면 [그림 3-1]과 같다(윤정일 외, 2008; 62-63).

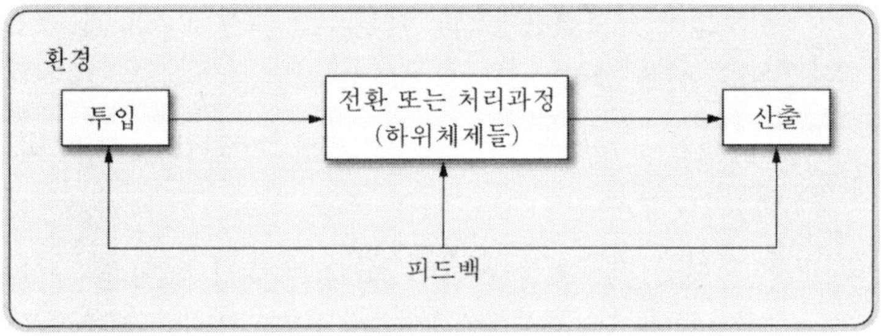

[그림 3-1] 체제의 기본 모형

• **투입** : 상호작용하는 요소들이 체제의 목적을 달성할 수 있도록 체제의 밖에서 안으로 들어가는 모든 요소를 말한다. 체제에 투입되는 자원과 정보 등 체제 내의 작용을 통해 체제의 유지나 산출을 가능하게 하는 요소들이다.

• **과정** : 체제가 목적 달성을 위해 여러 자원과 정보를 활용하여 산출로 만들고 가치를 창조하는 과정이다. 일반적으로 기본 모형에서 과정은 암흑상자(black box)와 같이 그 내용이 알려지지 않은 상태에서 투입과 산출의 변환 과정을 기술하는 도구로 사용되기도 하고, 과정 내의 구조와 방법 및 절차 등을 기술하고 평가하는 개념으로 사용되기도 한다.

• **산출** : 체제가 환경이나 인접한 체제로 내보내는 자원과 정보로서, 체제가 의도적·무의도적으로 생산해내는 모든 것을 말한다. 이는 체제에 투입된 것이나 체제가 처리한 것을 체제가 내부의 작용을 통해 변화시켜 내보내는 것들이다.

• **환경** : 체제와 일정한 접촉을 유지하고 그것에 일정한 영향을 주는 경계 밖의 주변 조건이나 상태를 말한다. 이는 대체로 체제 외의 모든 다른 체제를 통칭하는 말인데, 체제의 투입과 산출에 관계되어 있고 환류를 통해 체제와 영향을 주고받는 인접체제들이다.

2) 개방체제와 폐쇄체제

체제는 생존을 위하여 다양한 형태로 환경과 상호작용하는데, 이처럼 어떤 체제가 환경과 비교적 자유로운 상호작용을 할 때 개방체제(open system)라 하고, 상호작용 관계가 없는 체제를 폐쇄체제(close system)라 한다.

그런데 어느 조직이나 전적으로 폐쇄체제이거나 개방체제일 수는 없다. 전적인 폐쇄체제라 하더라도 외부로부터 인적, 물적 자원을 획득하지 못하면 기능을 수행하지 못하므로 살아남을 수 없게 된다. 완전한 개방체제라 하더라도 외부로부터의 무제한적으로 원료나 자료를 받아들인다면 제대로 기능을 수행할 수 없게 되므로 필요한 것만을 선별하는 절차가 반드시 필요하다. 그러므로 어느 조직이든 직면하는 특정 사안에 따라 어느 정도의 개방성과 폐쇄성을 유지하여야 하고, 개방성과 폐쇄성이라는 연속선상의 어느 한 편으로 더 치우친 것으로 파악하는 것이 좋다(남정걸, 2006: 93)

개방체제의 속성을 Immegart와 Pilecki(1973)은 다음과 같이 정리하였다(박병량 · 주철안, 2005: 44-45).

• **투입과 산출** : 개방체제는 투입과 산출로 환경과 상호작용한다. 개방체제는 투입과 산출 과정을 통해서 스스로를 유지함과 동시에 환경에 공헌한다.

• **안정된 상태(Steady state)** : 개방체제는 안정된 상태로 자기 자신을 유지하려 한다. 불균형상태에서는 질서를 찾아 안전성을 추구하며, 불균형은 체제로 하여금 생존과 성장을 위해 적응하고 진화하도록 자극한다.

• **자기 규제(Self-regulating)** : 개방체제는 스스로 명령하고 체제에 영향을 주는 힘을 통제하는 자기규제를 특징으로 한다. 자기 규제력으

로 인해 개방체제는 비록 적대적인 환경에 직면하더라도 역동적인 생존 상태를 유지할 수 있다.

• **이인동과성(異因同果性, Equifinality)** : 개방체제들은 각기 다른 조건에서 출발하거나 각기 다른 과정을 밟더라도 결국에는 동일한 결과에 도달할 수 있는 능력을 가진다. 이는 목적이 분명하면 도달할 수 있는 여러 방법을 강구할 수 있다는 것을 시사한다. 따라서 조직을 구성함에 있어 유일한 최선의 방식이란 있을 수 없고, 동일한 결과에 도달하는 데도 한 가지 방법만 있는 것은 아니다.

• **역동적 상호작용** : 개방체제는 기능적 하위체제의 역동적 상호작용에 의해 스스로 유지된다. 체제의 효과는 하위체제들의 기능적 상호작용 결과에 의존하므로 하위체제의 개념은 중요하다. 아무리 많은 자원이 체제에 투입되더라도 체제 내의 하위체제들이 제대로 기능을 수행하지 못하거나 그들의 활동이 목적달성과의 관련성이 낮아지게 되면 체제의 효과는 약화된다.

• **피드백** : 개방체제는 부분적으로 피드백 과정을 통해서 안정적인 상태를 유지한다. 피드백은 개방체제가 그들의 산출과 과정을 평가하는 평가과정 또는 점검과정이다. 체제는 과거 행동에 대한 정보를 받고, 이 정보는 평가에 이용하고, 미래 행동을 위해 체제구조와 과정을 수정하는 데 사용함으로써 안정적인 상태를 유지한다.

• **점진적 분화(Progressive segregation)** : 모든 개방체제는 점진적으로 분화한다. 이것은 하위체제가 기능적·위계적인 순서로 분화되는 과정이다. 체제의 규모가 확장되면 새로운 기능적 하위체제를 계층적으로 만드는 점진적 분화가 이루어진다.

• **점진적 장치화(Progressive mechanization)** : 개방체제는 체제의 효율화를 위해 그 과정과 절차를 체계적으로 단순화하는 규칙화하는 점진적 기제를 가진다. 이러한 규칙적인 절차와 실제를 적용하고 사용함으로써 일처리를 효율적으로 수행한다.

• **역소멸지향성(Negentrophy)** : 체제의 특성으로 소멸지향성은 체제

가 해체 또는 소멸되어 가는 경향성을 말한다. 체제가 무질서해지려는 경향이 보편화될 때, 생존하기 위해서 소멸경향성을 없애기 위한 역소멸지향성이 나타난다.

3) 사회과정이론

사회과정이론은 교육행정의 개념을 사회체제로 기술한 대표적인 이론모형으로, 사회체제 와 개인의 사회적 행동과의 관계를 분석·연구하기 위하여 Getzels와 Guba가 제안하였다.

이들은 행정을 사회과정(social process)으로 보고 인간의 행동은 사회체제에 있어서 규범적(normative) 차원과 인간적(personal) 차원의 양 기능으로 인식되어야 한다고 보았다. 즉, 인간의 사회적 행위는 규범적 차원의 역할 기대와 인간적 차원의 욕구성향인 개성 간의 상호작용으로 이루어진다고 보고 인간행동의 기본 모형을 [그림 3-2]와 같이 제시하였다.

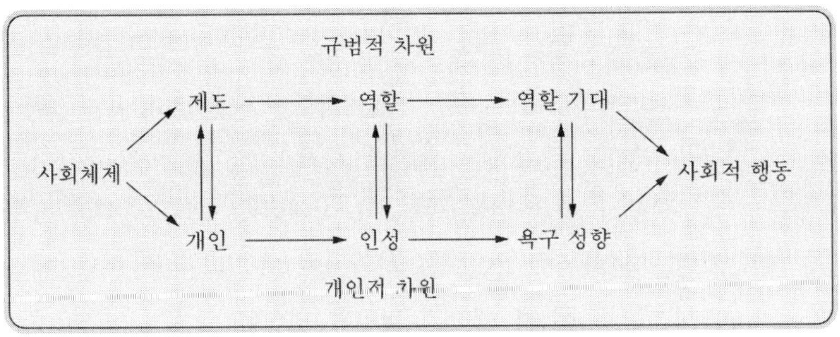

[그림 3-2] Getzels와 Guba의 사회과정모형

한 측면은 사회체제의 목표를 달성하기 위하여 규정된 역할과 역할기대가 있는 제도이며, 다른 측면은 체제 안에서 생활하는 특정한 인성과 욕구성향을 지닌 개인으로 구성된다. 사회적 행위는 규범적 또는 조직적 차원을 형성하는 제도·역할·기대라는 요소와 인간적 차원을 형

성하는 개인 · 성격 · 욕구성향이라는 요소간의 상호작용의 결과이다(남정걸, 2006; 102). 각각의 요소가 의미하는 바는 다음과 같다(한국교육행정학회, 2002; 54-56).

- 제도 : 사회체제가 목적하는 바를 달성하기 위해 사람들로 하여금 분화된 과업을 수행하기에 적합하도록 조직화한 기관이다.
- 역할 : 제도 속에서 권리와 의무를 수반하는 직위와 지위로 역할기대에 의해 규정 된다.
- 역할기대 : 사회체제 속에서 특정한 역할을 담당하는 개인에게 주어지는 일반적인 기대이다.
- 개인 : 제도와 대비되는 사회체제의 구성요소로, 독특한 감정과 욕구, 사고를 가진 사람을 말한다.
- 인성 : 환경에 대한 개인의 독특한 반응을 결정하는 내적 동기체제로 욕구성향이 인성을 구성하는 중심적 요소이다.
- 욕구성향 : 어떤 대상에 대하여 독특한 방법으로 지향하고 행동하려는 개인적 경향, 그 행동으로부터 어떤 결과를 기대하려는 성향을 말한다.

이와 같이, 사회체제에는 제도적으로 규정된 특수한 역할이 있고, 이러한 역할을 수행하는 개인의 사회적 행동을 이해하려면 역할기대와 욕구성향의 양 측면을 다 같이 이해해야 한다. 인성의 욕구와 조직의 기대는 사회적 행동을 유발하는 동기가 되기 때문이다. 따라서 사회체제 속에서 개인의 행동은 역할과 인성의 상호작용으로 볼 수 있는데, 이때의 공식행동을 Getzels와 Guba는 B=f(P · R)로 제시하였다. 또한 이들은 사회체제 속에서 사회적 행동을 결정하는 역할과 인성의 비율은 특정한 역할과 인성에 따라 다양하게 나타날 수 있으며, 제도적으로 규정된 역할과 개인의 인성과의 상호작용 관계를 나타내는 비중을 [그림 3-3]과 같이 제시하였다(남정걸, 2006; 57-58).

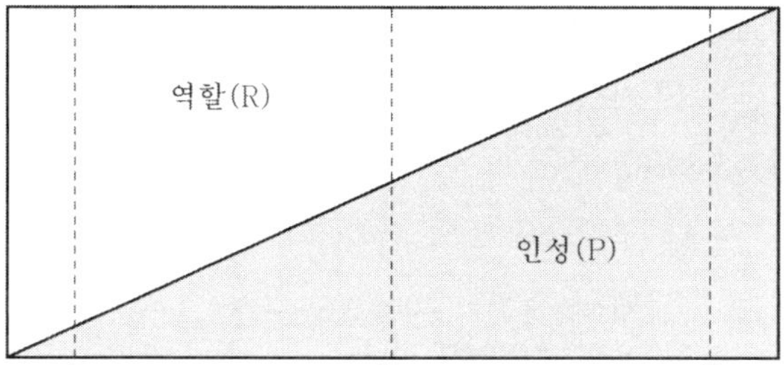

[그림 3-3] 역할과 인성의 상호작용 모형

[그림 3-3]에서와 같이 왼쪽 선(A)의 행동은 역할기대가 인성에 비하여 훨씬 지배적인 반면, 오른쪽 선(C)의 행동은 인성이 역할기대에 비하여 훨씬 지배적임을 알 수 있다. 이런 관점에서 볼 때 군대 조직에서는 제도적으로 규정된 역할과 역할기대가 더 지배적일 것이기 때문에 군인 개인의 인성적 요인은 사회적 행동에 비교적 적은 영향을 주는 A선으로 볼 수 있고, 역할기대보다는 개인의 욕구성향이 더 지배적이라고 생각되는 예술가의 행위는 C선으로 볼 수 있다. 이와 같은 극단적인 두 조직의 중간쯤에 위치하는 조직으로 학교조직을 상정할 수 있다. 그러나 학교조직이라고 해서 반드시 중간에 위치하는 것은 아니다. Hoy와 Miskel(1987)은 자유와 개방을 표방하는 학교와 종교계 학교는 예술가조직에 가까울 것으로 보았다. 또 학교가 위기에 처해 있을 때는 A선 쪽으로, 안정기에 있게 되면 C선 쪽으로 가까워질 가능성을 상정해 볼 수 있을 것이다.

Getzels와 Guba의 모형은 규범적 차원과 개인적 차원만을 고려하였기 때문에 인간의 사회적 행동을 기술하고 설명하는 데는 미흡한 것이었다. 따라서 Getzels와 Thelen은 Getzels와 Guba 모형을 보완하여 새로운 모형을 발전시켰다. 인간의 행위는 단순히 조직과 개인의 차원에서만 이루어지는 것이 아니라 전체 사회, 문화, 집단심리 등 보다 복잡한 차원과 관련된 사회적 상호작용에 의해 이루어진다. 따라서 Getzels와 Thelen(1960)은 [그림 3-4]와 같이 인류학적, 조직풍토적, 생물학적 차원을 추가하여 보다 다양한 사회적 행동을 설명하였다(윤정일 외, 2008; 66-67).

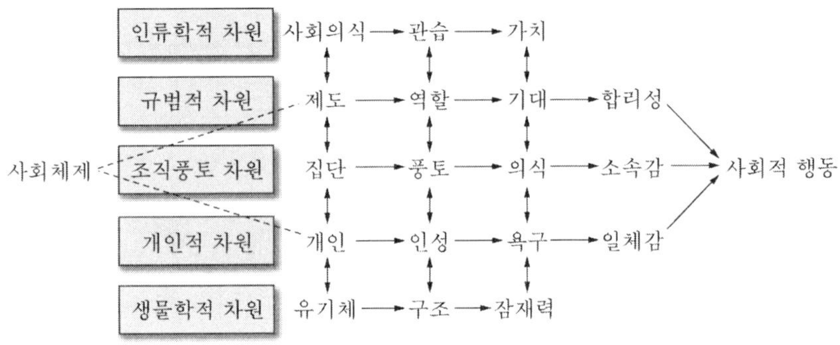

[그림 3-4] Getzels와 Thelen의 사회체제모형

- 인류학적 차원 : 사회는 여러 제도로 구성되며, 한 제도에 소속한 개인의 행동은 더 큰 차원에서의 사회의식에 의해 영향을 받는다.
- 생물학적 차원 : 유기체로서 한 개인의 신체구조와 내적 잠재력이 개인의 인성과 욕구에 영향을 주고 사회적 행동에까지 영향을 미친다.
- 조직풍토 차원 : 어떠한 조직이든 특수한 조직 풍토 또는 집단의식이 있으며, 이들에 의해 개인의 사회적 행위는 아주 다르게 나타난다.

[그림 3-4]는 이와 같이 다양한 개인의 사회적 행위를 설명하고 있다. 개인의 행위가 목표로 하는 사회적 행동으로 나타나려면 목표 행위에 역할 기대가 논리적으로 부합되도록 하여야 하며(일치성), 제도적 목표에 자신의 욕구 성향을 만족시켜야 하며(합리성), 집단의 제도적 목표 달성에 의식적으로 참여함으로써 공동체 의식(소속감)을 가져야 한다.

4) 학교의 사회체제 모형

학교는 외부와 상호작용하는 개방체제이다. 학교의 사회체제 모형은 피드백 기제와 조직 활동을 구성하는 요소들을 통해 학교를 파악하는 역동적 관점을 제공해 준다. 공식적 학교구조와 비공식적 집단은 개인 행동에 영향을 주고, 피드백은 관료적 구조와 비공식적 조직이 개인의 행동을 어떻게 보고 있는지를 알려준다. 공식적 학교조직은 지위를 공식적으로 규정해 주고, 위계상의 등급을 마련해 주며, 지위에 수반되는 기대행동을 알려준다.

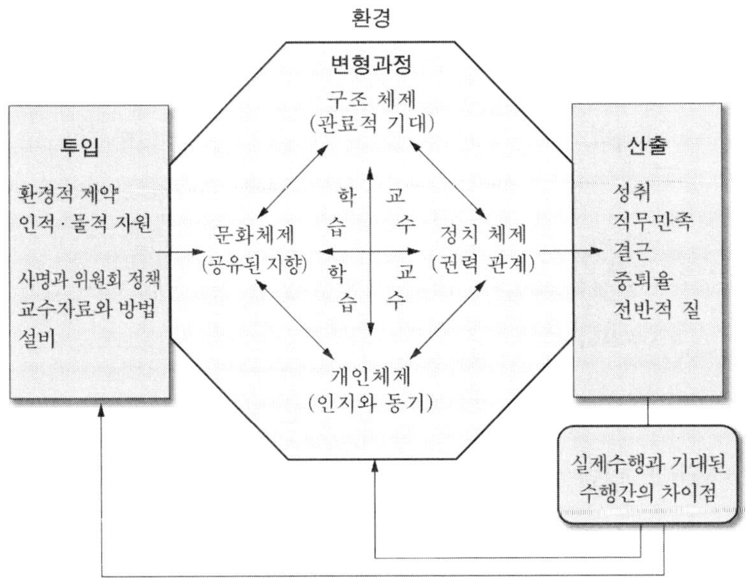

※출처: Hoy & Miskel(2007), 오영재 외(2007: 34)

[그림 3-5] 학교의 사회체제 모형

학교에서의 행동은 외부 피드백을 통해서도 모니터 되는데, 지역사회의 문화는 조직의 관료적 기대, 집단규범, 조직목적 등에 직접적 영향을 주게 되어 개인적 수준의 욕구에도 간접 영향을 미치는 결과를 초래한다. 이와 같이 학교의 사회적 행동은 구조, 개인, 문화, 정치의 직접적 영향을 받고, 내부와 외부 피드백은 조직에 적합한 행동을 강화시켜 준다. [그림 3-5]에서는 체제 요소와 요소 간 상호작용, 환경으로부터의 요구와 제약조건 그리고 행위와 관련된 각종 산출물들이 잘 나타나 있다(Hoy & Miskel, 2007, 오영재 외, 2007; 34-26에서 재인용).

5) 체제이론과 교육행정

체제이론은 행정현상을 체계적으로 분석·설명할 수 있게 해 주는 틀을 마련함으로써, 교육행정가가 체계적 안목에서 문제를 분석하고, 계획을 입안하고, 문제해결 방법을 모색하는 데 유용한 도구가 되었다.

그러나 체제론적 접근은 인간에 대한 기계론적 견해에 입각해 있고, 인간이나 사회현상을 자연현상과 동일시함으로써 인간적 요인에 의한 변화과정을 포착할 수 없는 한계를 가지고 있다. 즉, 균형이론에 치중하여 정태적이고 현상유지적 성격을 띠고 있고 변화나 발전에 대하여 충분히 설명할 수 없고 전체로서의 국면을 중요시한 나머지 구체적 행정현상인 리더십, 권력, 개성, 능률성 등을 다루는데 미약하다는 한계점도 지니고 있다(손영화·신수균, 2009; 53)

5. 대안적 관점

앞에서 논의된 이론들은 전통적인 사회과학적 방법에 기초를 두고 있다. 이들은 대체로 조직의 효율성이나 생산성을 추구하기 위하여 구조, 과정, 조직 구성원, 또는 양자 간의 상호작용, 그리고 구조, 조직 구성원과 환경 간의 상호작용을 강조하는 측면에서 발달하였다(정일환, 2003, 61; 박세훈 외, 2008; 54에서 재인용). 그러나 교육행정의 이론발달은 경험적 증거를 중요시 하는 전통적 실증 연구이외에도 현상학·해석학의 영향을 받은 주관주의, Habermas의 사회철학에 영향을 받은 비판주의, 역사적 상황성을 강조하는 포스터모더니즘 등의 다양한 관점들에 입각하여 이루어지고 있다(박선형, 2002; 134). 이들 대안적 관점에서는 전통적 사회과학의 방법과 합리성에 대해 의문을 제기하고 주관성, 불확정성, 비합리성 등을 교육행정 현상의 분석을 위한 주요 개념으로 설정한다(윤정일 외, 2008; 68).

1) 해석적 관점

해석학적 관점 또는 해석론(Interpretive theory)은 현상학과 해석학을 철학적 배경으로 하여 사회과학의 학문 연구에 통용되고 있는 접근법으로 구조기능적 관점에 대응하는 하나의 연구 패러다임이다(김천기, 2001; 38, 박세훈 외, 2008; 55에서 재인용).

1970년대 들어 논리실증주의에 근거한 전통적 교육행징의 이론은 대안적 견해들에 의해 도전받게 되는데, 대안적 시각을 제안한 선구적 학자는 Greenfield이다. 그는 실증적 검증에 관한 가설 연역적 모델에 의하여 정당화되는 연구나 이론의 객관성을 부정하였다. 사회과학과 자연과학의 명료한 경계선을 부정하고, 사회과학은 통계적 숫자나 자료로 환원될 수 없는 주관적 성격을 가진다고 주장하였다. 또한 행정이론의 선택이나 조직에서의 구체적인 의사결정은 결국 개인의 가치판단과 선호라는 주관성을 반영한다는 사실에 근거하여 인간의 다양한 의미와 가치의 우선적 중요성을 고려하는 주관주의가 교육행정학에 정착되어야 한다고 보았다(박선형, 2002; 141).

Alfred Schutz는 해석적 이해의 방법론적 기초를 정립하였다. 그는 연구의 초점을 사람들의 구체적인 일상생활에 두었다. Schutz는 사람들은 일상생활 가운데 타인의 행위가 갖는 '의미'를 해석적으로 이해하려고 노력하게 되며, 일상생활 속에서 사람들의 삶에 어떤 '의미'를 부여하는가를 밝혀내는 일이 사회과학의 본질이라고 하였다(김천기, 2001; 박세훈 외, 2008; 55에서 재인용). 이와 같이 해석학적 관점에서 중요한 것은 외부로 표현된 행동 자체라기보다는 행동이 담고 있는 배후의 의미를 그 행동이 발생한 상황에서 간주관적(inter-subjective)으로 어떻게 해석하느냐이다(박세훈 외, 2008; 55). 또한 해석적 관점에 따르면 탐구의 목적은 질적 연구 방법을 통해 특수한 상황을 해석하고 이해하는 것이며, 과학적 방법을 통해 법칙을 정립하기보다는 합리적 사고와 간주관적 해석을 통해 현상을 이해하는 데 있다. 교육행정에서는 기본적으로 가치의 문제를 다루고 있고, 정책과 의사결정 등 주요 행정 과업이 엄밀한 과학적 방법에 의해서는 설명될 수 없다는 점을 고려할 때 해석적 접근은 교육행정 현상을 설명하는 중요한 대안적 접근이라고 볼 수 있다(윤정일 외, 2008; 69).

1960년대 말부터 활발히 전개된 상징적 상호작용론, 현상학, 민속방법론 등의 흐름에 기초하여 자연과학의 대상과는 달리 개별성과 특수성에 의해 이해하고 파악해야 한다는 현상학적 접근은 Griffiths와 Hill을 중심으로 하는 전통적 연구자들의 반발을 불러일으켰다. 그리하여 Greenfield-Griffiths 논쟁을 시작으로 1980년대 교육행정학의 학문적 성격에 관한 이론 논쟁을 이끌어 왔다. 이를 통해 연구 영역의 확대와 교육현상의 실제에 보다 상보적으로 접근할 수 있는 계기가 마련되었다(조남두 외, 2006; 31-32, 박세훈 외, 2008; 56에서 재인용).

2) 급진적 관점

네오마르크스시즘의 영향 아래에서 조직의 비합리적이고 특수한 특면, 주변적이고 소외된 측면에 초점을 맞추어 조직 문제를 탐구하는 또 다른 대안적 관점으로 급진적 관점이 있다. 이 관점은 해석적 관점과 유사하지만 좀더 객관적인 탐구를 추구하며, 대표적인 이론으로는 비판이론, 포스트모더니즘, 페미니즘 등이 있다(Hoy & Miskel, 1996;

17-20, 윤정일 외, 2008; 70에서 재인용).

(1) 비판이론

비판이론(Critical theory)은 독일의 프랑크푸르트 학자들에 의해서 제시된 비판철학의 관점에서 사회현장을 분석하는 접근방법으로, 1970년대 말부터 교육행정에 대두되었다.

비판이론에서는 인간의 행동을 행위자 자신의 관점에서 이해하고, 의도나 목적을 밝히는 데 초점을 둔다. 또한 사회의 제도나 상황이 인간 행동을 결정하는 데 중요한 역할을 한다고 보기 때문에 인간의 행동을 그 행동이 일어난 상황 속에서 그 행동이 일어나게 된 사회 구조와 요인과 연결해서 밝히려 한다. 따라서 인간의 의식을 억압하거나 그릇되게 하는 정치, 경제, 사회, 문화의 구조에 민감하다. 비판이론은 사회구성원의 행위와 행위의 의미를 이해하는 데 목적을 두는 현상학을 넘어, 의미의 이해를 통해서 인간의 왜곡된 의식을 깨우쳐 삶을 스스로 결정하고 통제하여 영위할 수 있는 지식과 능력을 가지게 하는 데 목적을 둔다(shin, 1988; 곽영우 외, 1995; 박세훈 외, 2008; 57에서 재인용). 또한 인간의 소외와 억압, 불평등을 야기하는 사회구조 및 조직을 변혁하려 한다(윤정일 외, 2008; 70).

교육행정에 있어서 비판이론은 Bates 등이 주도하였는데, 그는 학교교육은 점차적으로 사회통제를 위한 기제로써 이용되고 있으며, 교육행정이론은 이를 위한 도구적 수단으로 이용되었다는 것이다. 특히 교육행정에 대한 행동과학적 접근은 학교에서 가르쳐지고 있는 지식이 어떻게 지배계급의 주된 이익을 보존하는데 이용되고 있는지, 사회적 불평등이 어떻게 교육에 의하여 영속화되었는지에 대한 진지한 고려와 성찰이 결여되었다고 보았다. 따라서 억압된 사회로부터의 인간해방과 보다 나은 사회 건설에 관심을 가지는 적절한 접근이 교육행정에 필요한데, 이러한 시각이 비판이론에서 제시될 수 있다고 보았다(박선형, 2002; 143).

이와 같이 비판적 패러다임은 학교경영의 권력관계 또는 지배 구조를 분석하고 이를 변화시키는 데 유용한 시사점을 제공하였으나 체계적인 연구방법론의 결여, 연구의 객관성 부족, 실제적인 대안 제시의 부족 등이 한계점으로 지적되었다(박세훈 외, 2008: 58).

(2) 포스트모더니즘

포스트모더니즘(postmodernism) 이론은 현대 사회과학의 기본적인 가정들을 반박하고 기존의 조직론을 거부하며, 문화적 비판의 지향, 논리적 경험의 단호한 반대, 고도의 개인주의적 성향, 비일반화, 지식의 정서적 형태 등을 특징으로 한다(Hoy & Miskel, 1996, 송화섭, 1999: 46 재인용). 포스트모더니즘은 기초주의적 인식론을 부정함으로써 절대적 진리와 가치, 존재론적 확실성을 거부하고 상대적 관점에서 다원적인 문맥의 해석을 강조하며, Spencer Maxcy에 의하여 교육행정연구의 이론적 틀로서 제기되었다(박선형, 2002: 147).

통합, 집중화, 전체성, 획일화, 질서, 보편주의로 대별되는 모더니즘에 대비하여, 포스트모더니즘은 분열, 분산화, 파편성, 다원화, 무질서, 상대주의 등으로 특징된다. 이에 따라 포스트모더니즘적 접근은 현대 사회과학의 기본 가정에 이의를 제기하고 기존의 과학적 합리성에 입학한 이론적 지식을 거부하고, 문화적인 비판을 띠며 논리적인 경험주의에 대항하여 고도로 지식에 대한 개인적, 비일반화, 잠정적 형태를 지닌다. 또한 해체와 해석을 도구로 하여 모든 설명을 풀어가는 것이 그들의 목적이다. 해체는 본문 내용의 모순과 비일관성을 밝혀냄으로써 조각을 내는 것이지만 이를 통해서 수정이나 개선 또는 보다 나은 비전을 제시하는 것이 목적은 아니다. 포스트모더니스트들은 세계는 복수의 설명과 다양한 실재로 구성되며, 사실 · 정확성 · 타당성의 문제를 제기할 수 없고, 과학에 의해 해답이 주어질 수도 없다고 주장한다. 포스트모더니즘적인 교육행정의 관점에서는 다양하고 급변하는 교육행정현상을 체계적으로 설명하고 예측하는 데 있어서 기존의 연구방법은 한계가 있다고 보았으며, 현대 사회과학지식을 해체하는 것을 목표로 하였다(박병량 · 주철안, 2005: 51, 박세훈 외, 2008: 60).

(3) 페미니즘

페미니즘은 19세기 말에서 20세기 초까지 유럽과 미국에서 전개된 투표권에 대한 투쟁을 중심으로 남녀평등사상을 주장한 자유주의 페미니즘을 제1세대로, 1960년대 미국 민권운동 전개시기에 자유주의 페미니즘의 한계를 비판하고 여성의 억압문제를 제기한 급진주의 페미니즘을 제2세대로 나눌 수 있다. 페미니즘에서는 기존 남성 중심의 사회체제에서 여성상을 정립하고 정치, 경제, 문화 등 모든 사회 분야에서 여성의 집결을 공고하게 하는 것이 목적이었다. 자유주의적 페미니스트는 기존의 조직 사회를 주어진 것으로 보고 여성을 이 사회로 통합시켜 관료적인 구조 안에서 작용하는 전략을 채택하는 것을 옹호하였다. 반면, 급진적 페미니스트는 관료적인 조직을 대체할 수 있는 새로운 형태의 조직을 창출하여 사회를 변화시키고자 하였다. 이러한 페미니즘은 여성의 사회진출 확산, 교육계의 여성 진출과 여성 관리직 진출에 대한 여건 개선, 교사의 불균등한 성 비율에 의해 야기되는 제반 문제점 등을 논의하면서 관심을 끌고 있다(박세훈 외, 2008: 60-61).

참고문헌

김인수(2003). 『거시조직이론』. 서울: 무역경영사

김천기(2001). 『교육의 사회학적 이해』. 서울: 학지사

박병량 · 주철안(2005). 『학교학급경영(개정판)』. 서울 : 학지사

박선형(2002). "교육행정 이론발달의 철학적 연원에 대한 고찰". 『교육행정학연구』 20(4). 133-157.

박세훈 외(2008). 『교육행정 및 교육경영』. 서울: 학지사

송화섭(역) (1999). 『최신교육행정의 이론과 탐색』. 서울: 학문사

오석홍(1990). 『조직이론』. 서울 : 박영사.

오석홍 · 손태원 · 하태권(2000). 『조직학의 주요이론 제2판』. 서울: 법문사

오영재 외(역)(2007). 『교육행정-이론, 연구, 실제(7판)』. 서울 : 아카데미 프레스

유영옥(1997). 『행정조직론』. 서울: 학문사

윤정일 · 송기창 · 조동섭 · 김병주(2008). 『교육행정학원론(5판)』. 서울: 학지사

이군현(1992). 『교육행정학』. 대전: 과학과 예술

이형행(1989). 『교육행정: 이론적 접근』. 서울: 문음사

정일환(2003). 『교육행정학의 탐구』. 서울: 원미사

정진환 · 김재영(1997). 『행정학원론』. 서울: 학문사

정철현(2005). 『행정이론의 발전-베버에서 오스본까지-』 서울: 다산출판사

조남두 외(2006). 『교육행정론』. 서울: 원미사

Barnard, C. I. (1938). *The Function of the Executive*. Cambridg, Mass. : Harvard University Press.

Bobbitt, J. F. (1912). "The Elimination of Waste in Education," *The Elementary School Teacher*, 7(6). 260-269.

Bobbitt, J. F. (1913). "Some General Principles of Management Applied to the Problems of City-School Systems," In *The Supervision of City Schools*, ed. by S. Chester Parker, The 12th Yearbook of the National Society for the Study of Education, Part Ⅰ. Chicago : Univ. of Chicago Press.

Fayol, H. (1930). *Industrial and General Administration*. Translated by J. A. Coubrough. Genev a: International Management Institute.

Fayol, H. (1949). *General and Industrial Management*, Translated by Constance Storrs. London : Sir Isaac Pitman & Sons.

Flagle, C. D. et al. (1960). *Motivating Humans: Goals, emotions, and social agency belief*. Newbury Park. CA : Sage.

Getzels, J. W. & Guba, E. G. (1957). "Social Behavior and the Administrative

Process", *The School Review*, 65(4).

Getzels, J. W. & Thelen, H. A. (1960). "The Classroom Group As A Unique Social System", In N. B. Henry(ed.), *The Dynamics of Instructional Group*, The 59th Yearbook of NSSE. Chicago : University of Chicago Press.

Griffiths, D. E. (1964). "The Nature and Meaning of Theory", *Behavior Science and Educational Administration*. by D. E. Griffiths, 63rd Yearbook of NSSE, part Ⅱ. New York : Macmillan.

Gulick, L. & Urwick, L. (ed.), (1937). *Papers on the Science of Administration*. New York : Institute of Public Administration, Columbia University.

Hoy, Wayne K. & Miskel Cecil G. (1987), *Educational Administration-Theory, Reserch, and Practice*, 3rd. New York : Random House.

Hoy, Wayne K. & Miskel Cecil G. (1996), *Educational Administration-Theory, Reserch, and Practice*, 5th. Mcgraw-Hill.

Hoy, Wayne K. & Miskel Cecil G. (2007), *Educational Administration-Theory, Reserch, and Practice*, 7th. Mcgraw-Hill.

Immegart G. L. & Pilecki F. J. (1973). *An Introduction to Systems for the Educational Administrator*. Reading, Mass : Addison- Wesley Publishing Co.

Katz, D. & Kahn, R. L. (1978). *The Social Psychology of Organizations*. 2nd. New York : John Wiley and Sons, Inc.

Kaufman, R. A. (1972). *Educational system planning*. Englewood Cliffs. New Jersey : Prentice-Hall.

Mayo, E. (1933). *The Human Problems of An Industrial Civilization*. New York : McMillan Co.

Monahan, W. G. (1975). *Theorectical Dimension of Educational Administration*. New York : Mcmillan Publishing Co., Inc.

Roethlisberger, F. J. & Dickson, W. J. (1939). *Management and Worker*. Cambridge, Mass : Harvard University Press.

Simon, H, A, (1947). *The Administrative Behavior*. New York : Free Press.

Spaulding, F. E., et al. (1910). *The Aims, Scope, and Methods of a University Course in Public School Administration*, Iowa City. Iowa : National Society of College Teachers of Education. 3-26.

Spaulding, F. E. (1913). *Improving School Systems through Scientific Management*. Washington D. C. : NEA. 249-279.

Taylor, F. W. (1911). *The Principles of Scientific Management*. New York : Harper & Brothers.

Turner, J. H. (1972). *Patterns of Social Organization: A Survey of Social Institutions*. New York : Mcgraw-Hill.

Weber, Max. (1946). "Bureaucracy", In Max Weber, *Essay in Sociology*, ed, and trans. by H. H. Gerth & C. W. Mills. New York : Oxford University Press.

Weber, Max. (1947). *The Theory of Social and Economic Organization*, ed. and trans. by A. M. Henderson and Talcott Parsons. New York : Free Press.

제2부

교육조직의 행정적 이해

제 4 장

학교 · 학급의 조직과 구조

'인간은 사회적 동물이다'라는 명제와 같이 인간은 태어나서 죽을 때까지 조직이라는 상황 속에서 생활한다. 우리는 수없이 많은 조직에 소속되어 조직에서 요구하는 다양한 역할과 책임을 수행하게 있다. 교육조직은 우리가 몸담게 되는 대표적인 조직이며, 교육행정은 교육 조직과 교육 현상을 체계적·종합적으로 이해할 때 효과적으로 이루어질 수 있을 것이다. 교육 조직을 이해하기 위해 이 장에서는 조직의 개념과 특성, 조직의 형태와 유형, 대표적 교육 조직인 학교 조직의 구조적인 특성, 학교 조직의 문화와 풍토 등을 살펴본다.

1. 조직의 개념과 특성

1) 조직의 개념

조직이란 무엇인가? 라는 기초적 질문에 대해서도 혼란이 있을 정도로 조직에 대한 다양한 관점이 존재한다. 사회에는 다양한 조직이 존재하며, 그러한 다양함으로 인해 조직에 대한 정의를 내리는 일은 쉽지 않다. 또한 동일한 조직에 대해서도 조직을 보는 관점에 다르기 때문에 조직을 정의하는 것은 더욱 쉽지 않다. 대표적인 몇 가지의 정의를 살펴보면 다음과 같다(박세훈 외, 2008; 131-132, 윤정일 외, 2008; 119-121).

- 두 사람 이상의 활동이나 힘이 의식적으로 조정되는 체제(Barnard, 1938; 73-82)
- 협동집단으로서 계속적이고 의도적인 특수한 종류의 활동체제(Weber, 1947; 136-153)
- 기능과 책임의 분담을 통해 합의된 목적 달성을 효율화하기 위한 인적 배치(Gaus, et al., 1952; 26)
- 상호간의 관계를 규정한 역할체제를 가지고 있는 인간의 집단(Udy, 1963; 678)
- 특정의 목표를 성취하기 위해 의식적으로 구성·재구성되는 사회적 단위(Etzioni, 1964; 3)
- 구성원들이 집단의 과업을 완수하기 위해 책임이 분할되어 있는 특수한 형태의 사회적 집단(Halpin, 1966; 31)
- 업무와 기능의 분담, 권위와 책임의 위계를 통해 공동의 명시적 목적이나 목표를 성취하기 위하여 여러 사람들의 활동이 계획적으로 조정되는 것(Schein, 1980; 15)
- 주어진 상황에서 일정한 목표를 달성하기 위하여 함께 일하는 사람들의 집단(Campbell, et al., 1983; 58-70)
- 공식적으로 진술된 목을 지닌 집단(Hersey, 2001; 319)
- 공동의 목적을 달성하기 위해 비교적 계속적으로 기능하는 두 사람 이상으로 구성된 의식적으로 조정되는 사회적 단위(Robbins, 2003; 2)
- 둘 이상의 사람이 일정한 목표를 추구하기 위하여 의도적으로 구성한 사회체제로서, 목표 달성을 위한 특정한 과업, 역할, 권한, 의사소통, 지원구조 등을 갖는 체제(윤정일, 2008; 121)

이와 같이, 조직은 다양한 개념으로 사용되고 있으므로 일률적으로 정의하는 것은 쉽지 않다. 그러나 조직에 대한 다양한 정의에 포함된 주요 특성은 다음과 같이 요약할 수 있다.

- 조직에는 성취하고자 하는 공동의 목표가 있다.
- 조직은 공동의 목표를 달성하고자 하는 2사람 이상의 구성원으로 이루어진다.
- 조직의 구성원은 각자의 역할과 권한, 책임, 과업 등을 분담하면서 공동의 목표를 달성하기 위해 지속적으로 상호 작용 한다.

2) 조직의 원리

조직의 원리란 조직의 업무를 효과적으로 수행하기 위한 조직 활동의 기본 지침이다. 원활하고 효과적인 행정을 위해 행정가는 조직의 원리를 파악하고 조직의 특싱에 적합한 원리를 적용할 수 있는 능력이 필요하다.

조직 관리에 있어서 모든 조직에 공통적으로 적용할 수 있는 원리로 Fayol은 14개의 관리 원리 - 분업의 원리, 권한과 책임의 원리, 규율의 원리, 명령 통일의 원리, 지휘 통일의 원리, 전체 이익 우선의 원리, 보상의 원리, 집권화의 원리, 책임 계층의 원리, 질서의 원리, 공평성의 원리, 직원 신분보장의 원리, 솔선수범의 원리, 단체정신(단결)의 원리 -를 제시한 바 있고, Mooney와 Reiley는 조정의 원리, 계층의 원리, 기능주의의 원리를 제시하였다. 김종철(1984)은 여러 학자의 견해를 종합하여 행정조직의 기본 원리로 계층의 원리, 기능적 분업의 원리, 조정의 원리, 적도집권의 원리를, 정진환(1993)은 명령 통일의 원리와 통솔한계의 원리 등을 제안하였다(윤정일 외, 2008, 122-125, 박세훈 외, 2008; 132-135).

• **계층의 원리**(Principle of hierarchy) : 계층의 원리는 조직구조의 상하관계와 형태를 조직하는 데 요구되는 원리다. 계층은 조직의 목표를 달성하기 위한 업무를 수행함에 있어 권한과 책임의 정도에 따라 직위가 수직적으로 서열화·등급화되어 있는 것을 의미한다. 조직에서 계층은 ① 지휘의 통로, ② 의사전달의 통로, ③ 권한 위임의 통로, ④ 행정적 결정의 검토 및 행정 책임의 소재 규명 수단, ⑤ 행정 목표의 설정과 업무 분담, ⑥ 조직 내 분쟁의 조정과 해결, ⑦ 영향력과 추종력의 행사 방법 제공, ⑧ 사회 내에서 조성의 기풍의 조직 내 주입, ⑨ 질서와 통일 확보 등의 기능을 가진다.

• **분업의 원리**(Principle of division of work) : 분업의 원리는 조직의 업무를 직능 또는 성질별로 구분하여 한 사람에게 동일한 업무를 분담시키는 것이다. 분업의 목적은 행정조직이 추구해야 할 공동과업을 수행함에 있어서 표준화, 단순화, 전문화를 촉진하는 데 있고, 유사한 업무나 기능을 표준화하여 전문적 지식·기능을 가진 이가 그것을 담당하게 함으로써 업무수행의 효율성을 높이려고 하는 것이다.

• **조정의 원리**(Principle of coordination) : 조정의 원리는 조직의 목표 달성을 위해서 구성원의 노력을 집결시키고 업무를 조정하는 것을 말한다. 업무간·집단 간의 상호관계를 조화 있게 유도하는 것은 조직의 공동목표 달성에 필수불가결하다. 행정가가 조직에서 조정의 묘를 얻기 위해 유의할 사항에 대해 김종철(1984)은 ① 조직의 목표를 분명히 할 것, ② 업무를 효과적으로 분담할 것, ③ 조직상 권한과 책임의 한계를 명확히 할 것, ④ 조직체 운영에서 합리적이고 균형적인 계획을 수립할 것, ⑤ 구성원 간의 원활한 의사소통을 조장할 것, ⑥ 구성원 상호 간의 인화와 자발적 협조의식을 유도할 것, ⑦ 업무 수행상 준거가 될 수 있는 성문화된 규칙을 제정할 것, ⑧ 엄정한 규율을 확립 할 것, ⑨ 효과적인 통제 방법을 강구할 것 등을 제시하였다.

• **적도집권의 원리**(Principle of optimum centralization) : 적도집권의 원리란 중앙집권과 분권 사이에 적정한 균형을 도모하는 것을 말한

다. 중앙부서에 권한을 집중시킴으로써 능률을 가져오는 중앙집권과 지방부서나 하부기관에 권한을 위임 · 분산하는 분권 사이에서 적정한 균형을 도모하는 것을 적도집권 혹은 적도분권이라 한다. 이 균형점은 조직의 목적과 기능, 구성원의 성격, 사회문화적 환경, 역사적 배경 등 여러 요인에 따라 결정된다.

• **지휘 통일의 원리**(Principle of unity of command) : 지휘 통일의 원리는 부하는 한 지도자에게 명령과 지시를 받고 그에게만 보고해야 한다는 원리로 조직 운영의 최종 권한은 이 한사람의 상관에게 있어야 한다는 것이다. Gulick은 여러 상관의 명령을 받는 부하는 혼돈을 일으키고 비능률적이고 무책임한 데 반해, 한 사람의 상관에게 지휘를 받은 부하는 조직적 · 능률적이며 책임 있게 일한다고 하여 명령 통일의 원리를 강조하였다.

• **통솔 한계의 원리**(Principle of span of control) : 통솔 한계의 원리는 한 지도자가 직접 통솔할 수 있는 부하직원의 수에는 한계가 있다는 것이다. 이는 인간의 능력에는 한계가 있기 때문에 과업의 성격이나 통솔자의 능력에 따라 적절하게 유지되어야 할 것이다.

2. 조직의 형태와 유형

조직을 형태별 · 유형별로 분류하는 것은 어떤 조직이 어떠한 기능을 갖는지 보다 잘 이해하는 데 도움이 된다. 조직의 유형이란 조직을 어떤 속성을 기준으로 분류 · 구분하는 것으로, 다양한 조직을 비교 · 연구하게 된다. 교육 조직을 위해 중요한 시사점을 주는 대표적인 조직의 형태와 유형을 소개하면 다음과 같다(이군현, 1992: 93-103, 남정길, 2006: 77-81, 오영재 외, 2007: 104-109, 박세훈 외, 2008: 136-141, 윤정일 외, 2008: 125-132).

1) 조직의 형태

(1) 공식 조직과 비공식 조직

공식 조직(Formal organization)은 그 조직의 공식적인 조직표나 기구표상에 나타나는 조직이다. 어떤 조직이든 그 조직의 목표를 효과적으로 달성하기 위해 조직의 체계(공식화된 분업, 인원 배치, 의사소통의 경로, 권한의 배분, 역할 등)를 세우게 되는데, 이 체계가 공식적 조직이다.

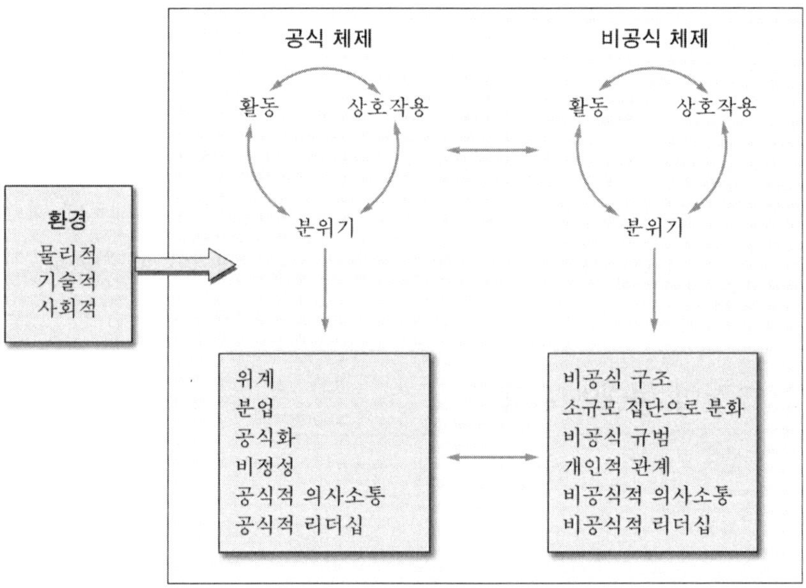

※출처: Hoy & Miskel, 2007; 오영재 외, 2007; 108.

[그림 4-1] 공식조직과 비공식 조직의 구성 요소

비공식 조직(Informal organization)은 공식 조직 속에서 조직 구성원간의 태도, 신념 및 행동양식의 일치 등에 의해 자연 발생적으로 형성되는 집합체다. 비공식 조직은 대인관계를 나타내는 인간성의 구조이지 권한이나 기능의 구조는 아니다. 비공식 조직은 의사소통을 촉진하는 효과적 수단, 조직의 응집력을 키우는 수단, 개인이 지닌 인간적 측면을 보호하는 장치로 중요한 기능을 한다.

이와 같이 공식조직과 비공식 조직은 공식 조직 내에서 나타나며, 공식 조직과 상호 작용한다. 조직의 규범, 소규모 집단으로의 분화, 개인 및 하위 집단의 지위 등은 직접적으로는 공식구조에, 간접적으로는 학교의 환경에 의해 좌우된다. 공식 조직과 비공식 조직을 구성하는 요소를 [그림 4-1]과 같이 제시한다.

(2) 계선조직과 참모조직

모든 조직의 기본 형태는 계선조직(Line organization)과 참모조직(Staff organization)이 혼합되어 이루어진다. 계선조직은 조직체계 속에서 하나의 수직적 라인에 의해 형성된 조직으로, 행정의 수직적인 지휘 명령 계통이 명확히 정립되어 강력한 통솔력이 발휘되는 조직이다. 계선조직은 구성원 상호간의 책임의 한계가 명확하고, 의사결정이 신속하게 이루어지며 경비 절감의 효과를 가져 올 수 있다. 그러나 계선 부분이 지나치게 강조되면 최고 관리자의 업무량이 과중하게 되고, 전문가의 지식이나 경험이 활용되지 못해 독단적 의사결정이 이루어지며, 부서 간의 효과적인 조정이 곤란하므로 조직의 경직성을 초래할 수 있다.

참모조직은 막료조직이라고도 하며, 계선조직의 기능을 원활하게 추진하도록 자문·권고지원·보조해주는 전문적 조직으로 조직의 목적 달성을 위해 간접적으로 기여할 뿐, 명령·집행·결정을 직접 행사할 수 없다.

이와 같이 조직에서의 모든 명령과 감독은 계선조직을 통하여 이루어지고, 참모조직은 계선 조직에 대한 자문·지원의 기능을 담당하고 있어 명령 일원화의 원리가 지켜지고 책임의 일원성이 유지될 수 있다.

(3) 집권화 조직과 분권화 조직

집권화(Centralization)란 권한 및 의사결정이 상부 조직에 집중되어 있는 현상을 말한다. 집권화를 할 경우 정책 결정 및 수행의 통일성과 능률성이 향상되지만 지방민의 교육에 대한 참여 기회가 부족하게 된다. 분권화(Decentralization)란 권한 및 의사결정이 하부 조직에 분산·위임되어 있는 현상을 말한다. 분권화는 지방 주민이 참여하고 민의가 반영되며, 지역사회의 특성에 맞는 내용을 발전시킬 수 있는 반면 일관된 행정과 집행이 곤란하다.

2) 조직의 유형

(1) 조직의 기능에 따른 분류 : Parsons, Katz와 Kahn

Talcott Parsons(1960; 45-56)는 조직이 수행하는 사회적 기능이 무엇인가를 기준으로 조직을 분류하였다. 그는 사회체제 이론을 바탕으로 조직이 수행해야 할 기능을 다음의 네 가지고 보았다.

- 적응(Adaptation) : 충분한 인적·물적 자원의 확보와 환경에의 대처
- 목표성취(Goal achievement) : 목표의 수립과 성취
- 화합(Integration) : 조직 내의 응집력·결속력의 유지
- 조직문화의 창출과 유지(Latency) : 조직 고유의 독특한 가치체계의 창조와 유지

Parsons는 위의 네 가지 사회적 기능 가운데 주로 어느 기능에 기여하는가에 따라 조직의 유형을 생산조직, 정치적 목표지향조직, 통합조직, 유형유지조직의 내 유형으로 구분하였다.

• **생산조직**(Production organization) : 사회의 적응기능에 기여하는 조직이다. 사회가 소비하는 재화, 용역을 생산하는 일반기업 등의 산업체 조직이 여기에 속한다.

• **정치적 목표 지향 조직**(Political goal oriented organization) : 사회의 공동목표를 설정·달성하는 기능에 기여하는 조직이다. 사회 내에서 권력을 창출·분배하며 사회가 바람직한 목표를 달성할 수 있도록 보장하려는 정부기관과 같은 조직이 여기에 속한다.

• **통합조직**(Integrative organization) : 구성원 간의 결속과 통일을 유지하는 사회통합에 기여하는 조직으로, 사회 내의 갈등을 해결하고 사회의 구성부분들이 공존·협동할 수 있게 하며 조직기대의 실현에 기여하도록 구성원들의 동기를 유발하는 기능을 수행하는 조직이다. 사회체제의 내적 활동을 조정·통합하는 법원, 경찰, 사회통제기관 등이 여기에 속한다.

• **유형유지조직**(Pattern maintenance organization) : 조직 문화의 창출과 유지기능에 기여하는 조직으로, 교육·문화를 창조, 보존, 전달하는 활동을 통해 사회의 지속성을 유지하려는 조직이다. 공립학교, 대학, 박물관 등이 여기에 속한다.

Katz와 Kahn(1966; 112-115)은 조직의 본질적 기능을 기준으로 하여 조직을 네 가지로 유형화하였다. 이들은 이 네 가지 기능이 독립적이 아니라 상호 의존적이라 보고 이들을 상호 연관 지으려는 시도를 하였다. 이들이 제시한 기본적 조직유형들은 그 성격이 Parsons가 분류한 조직 유형과 유사하다.

• **생산적 또는 경제적 조직**(Productive or economic organization) : 본질적 기능이 사회 전반 또는 일반 대중을 위해 부를 창출하고 재화를 생산하며 용역을 제공하는 데 있다. 이 조직은 사회의 구성원에 의해 소비되고 생존의 기본 욕구를 충족시켜주는 산출물을 제공한다. 대부분의 공기업이 이에 속한다.

• **유지적 조직**(Maintenance organization) : 다른 조직이나 보다 더 큰 사회에서 맡아야 할 각종 역할을 원활하게 수행해 나갈 수 있는 능력과 기술을 키워주고, 사회화시키는 조직을 말한다. 즉, 본질적 기능이 사회의 안정성 유지와 인간의 사회화이며, 사회가 와해되지 않도록 규범적 통합을 보존하려는 조직으로 학교, 종교단체, 병원 등이 이에 속한다.

• **적응적 조직**(Adaptative organization) : 본질적 기능이 사회 변화에 적응하도록 하는 데 있다. 새로운 지식을 창출하고 이론을 개발·검증하며, 정보를 실제문제에 적용하는 기능을 하는 조직으로, 대학이나 각종 연구소, 조사기관 등이 이에 속한다.

• **관리적 또는 정치적 조직**(Managerial or political organization) : 조직의 본질적 기능이 사회의 통합 및 관리기능이다. 이 조직은 인적·물적 자원 및 하위체제의 통제, 조직, 의사결정 등에 관한 기능을 수행한다. 이러한 조직들의 정점에는 국가가 있고, 행정기관, 정당, 압력단체 등이 이에 속한다.

(2) 조직의 1차적 수혜자에 의한 분류 : Blau와 Scott

Blau와 Scott(1962: 40-58)은 조직 활동의 1차적 수혜자가 누구인가를 기준으로 조직의 유형을 다음과 같이 네 가지로 분류하였다. 여기서 1차적 수혜자라는 것은 단지 그들만이 혜택을 누린다는 의미가 아니라, 조직에 관여하는 다른 집단이나 개인보다 우선적인 혜택을 받는 사람들을 뜻한다.

• **호혜조직**(Mutual-benefit associations) : 조직 구성원이 1차적 수혜자이다. 이러한 유형의 조직에서 주요 관심은 구성원의 참여와 통제를 보장하는 민주적 절차를 조직 내부에 유지시키는 것이다. 정당, 노동조합, 전문단체 등이 있다.

• **사업조직**(Business concerns) : 조직의 소유주가 1차적 수혜자이다. 이 조직의 핵심사항은 이윤 추구를 통한 경제 원리로서 능률을 최

대화하는 것이다. 대표적인 조직으로 산업체, 무역회사, 금융기관, 보험회사 등이 이에 속한다.

• **봉사조직**(Service organization) : 조직과 직접적으로 접촉하는 일반 고객이 1차적 수혜자이다. 이 조직의 중요한 임무는 전문적 봉사를 제공하는 것이며, 고객의 복지가 이 조직의 최대 관심사이다. 학교, 병원, 사회사업기관, 법률상담소 등이 여기에 속한다.

• **공공복리조직**(Commonwealth organization) : 일반 대중 전체가 1차적 수혜자이다. 군대, 경찰, 소방서, 국세청 등의 공공 관공서가 이에 속한다.

(3) 조직의 권력 행사 및 구성원의 참여 형태에 따른 분류 : Etzioni

Etzioni(1961; 12-67)는 조직의 권력 사용과 구성원의 참여 형태를 기준으로 조직을 유형화 하였다. 이를 하급자에게 행사하는 권력과 그 결과에 의한 하급자의 조직에의 참여 수준 간의 관계인 순응(compliance)의 개념으로 파악하기도 한다. 그는 조직 구성원으로 하여금 조직의 지시에 복종하도록 만드는데 사용되는 수단에 기초하여 권력의 종류를 강제적, 보상적, 규범적 권력으로 분류하고, 이 세 종류의 권력에 따라 구성원은 소외적 참여, 타산적 참여, 헌신적 참여를 하게 하게 된다고 보았다.

• **강제적 조직**(Coercive organization) : 물리적 제재나 위협과 같은 강제적 권력을 사용하여 구성원의 활동을 통제하며, 이에 대해 구성원은 개인의 의사와 상관없이 참여하게 되는(소외적 참여) 조직이다. 대표적 조직으로 형무소 등이 있다.

• **공리적 조직**(Utilitarian organization) : 조직이 사용하는 권력은 봉급이나 임금과 같이 물질적·금전적 대가와 같은 보상적 권력이고, 구성원은 그 보상에 대한 실리여부에 따라 참여하게 되는(타산적 참여) 조직이다. 대표적인 조직으로 기업체가 있다.

• **규범적 조직**(Normative organization) : 조직이 사용하는 권력은

당위성과 상징성을 갖는 규범적 권력이고 이데 대해 구성원은 인간으로서 도의적인 윤리의식을 갖고 참여하게 되는(헌신적 참여) 조직이다. 대표적 조직으로는 학교, 종교단체, 전문직 단체 등이 있다.

		참여 수준		
		소외적	타산적	헌신적
행사 권력	강제적	1 강제조직	2	3
	보상적	4	5 공리조직	6
	규범적	7	8	9 규범조직

[그림 4-2] Etzioni의 순응 유형

(4) 고객 선발권에 의한 분류 : Carlson

Carlson(1964; 262-278)은 조직의 유형 중 봉사조직만을 대상으로 조직과 고객의 상호선택 정도에 따라 네 가지 유형으로 분류하였다. 그는 조직의 입장에서 고객을 선발하는 선발권이 있는지, 고객의 입장에서 조직에 참여하는 선택권이 있는지의 두 기준에 의해 조직을 분류하였다.

- 유형Ⅰ : 조직의 고객 선발권과 고객의 참여 선택권이 있는 조직이다. 대표적으로 사립학교, 대학, 병원 등이 이에 속한다. 이 조직은 고객이 참여하지 않으면 조직이 생존할 수 없기 때문에 많은 동일 유형의 조직과 생존 경쟁을 해야 한다. 이 유형을 자유경쟁조직(Wild organization)혹은 야생 조직이라 한다.
- 유형Ⅱ : 조직에는 고객 선발권이 없고, 고객에게만 참여 선택권이 있는 조직이다. 그러므로 고객이 선택할 경우 조직은 무조건적으로 받아들여야 한다. 대표적인 조직으로 미국의 주립대학이나 지역사

회 대학 등이 있다. 미국의 경우 고등학생들이 자기가 거주하는 주의 주립대학에 입학을 희망할 경우 의무적으로 학생의 입학을 허락해야 한다.

- 유형Ⅲ : 고객에게는 참여 선택권이 없고, 조직이 고객 선택권을 가지고 있는 조직이다. 이 유형은 이론적으로 구분되지만 실제적으로는 그 예를 찾기 힘들다.
- 유형Ⅳ : 조직의 고객 선발권도 없고, 고객의 참여 선택권도 없는 조직이다. 이 조직은 법에 의하여 조직이 고객을 받아들여야 하고, 고객도 의무적으로 참여해야 한다. Carlson은 이 유형을 법적 보호조직(Domesticated organization)이라 명명하였고, 온상 조직이라고도 한다.

조직의 고객선택권 \ 고객의 참여결정권	유	무
유	유형 Ⅰ 야생조직(사립학교, 개인 병원, 공공복시기관 능)	유형 Ⅲ (이론적으로는 가능하나 실제는 없음)
무	유형 Ⅱ (주립대학)	유형 Ⅳ 사육조직(공립학교, 정신 병원, 형무소 등)

[그림 4-3] Carlson의 봉사조직 유형

3. 조직의 문화와 풍토

'조직에서 구성원의 행위는 각 구성원들의 인성을 이해하는 것만으로는 예측할 수 없다. 다양한 사회적 과정이 개입하며, 집단은 하나의 "분위기"를 형성해 나간다.'라는 Minzberg의 말처럼, 조직에서 구성원의 행위는 개인의 인성과 조직에서 부여한 역할 그리고 환경의 역동적 관계 속에서 이루어진다. 조직에 참여하는 구성원은 다양한 가치와 욕구, 목적, 신념을 가지고 있고, 조직 역시 나름의 이념, 환경, 목적, 성격, 분위기 등에 따라 다양한 형태로 구성원의 행위와 과업에 영향력을 행사한다. 이와 같이, 그 집단, 그 조직에서만이 가지게 되는 독특한 분위기, 성격, 느낌, 규범, 가치, 신념, 전통 등에서 연유되는 조직의 풍토, 문화를 분석하는 것은 조직을 이해할 수 있는 가치로운 방법이다.

1) 조직문화

문화는 개념적으로 매우 복잡하다. 문화는 구성원들의 전통적 신념, 기대, 가치, 규범, 행동양식, 생활습관 등이 오랫동안 내재되어 형성되는 것이다. 조직문화는 한 조직에 대한 느낌, 기분, 분위기, 성격, 혹은 이미지를 파악하려는 시도이며, 조직문화에는 비공식조직, 규범, 가치, 이념, 자발적 체제 등과 같은 종전부터 있어 왔던 많은 개념들이 포함된다. 조직문화라는 용어가 널리 사용된 것은 1980년대 성공한 기업을 분석한 기본틀에 조직문화가 이용된 것과도 부분적인 관계가 있다. 조직문화는 다음과 같이 정의되고 있다(Hoy & Miskel, 2007, 오영재 외, 2007 ; 189-190에서 재인용).

- 조직의 내재적인 가치와 신념을 그 구성원들에게 전달하는 상징, 의식 및 신화(William Ouchi, 1981 : 41)
- 한 조직을 다른 조직과 구별하여 주고, 조직구조의 골격에 어떤 생명을 불어넣는 조직의 전통과 신념(Henry Mintzgerg, 1989 : 98)
- 그 조직을 다른 조직과 구분하여 주는, 구성원들이 공유하고 있는 하나의 의미체제(Stephen Robbins, 1998 : 59)
- 조직이 계속 성공적이게 될 때 공유되고 당연시되는 보다 깊은 수준의 기본가정, 가치, 신념을 위해 보존되어야 할 것(Edgar Schein, 1992, 1999)

이와 같이, 조직문화에 대한 일반적인 정의는 전형적으로 조직을 하나로 묶어주고 조직에 독특한 정체성을 제공해 주는 하나의 공유된 지향성이다. 조직 구성원이 공유하는 지향성으로는 기본가정, 신념, 가치, 행동 규범, 철학, 전망, 기대, 태도, 신화 혹은 의식 등이 있다. 이러한 조직문화는 피상적이고 구체적인 규범에서부터 심층적이고 추상적인 묵시적 기본 가정에 이르기까지 다양한 형태와 내용으로 이루어져 있다. 이를 구체적으로 살펴보면 다음과 같다(Hoy & Miskel, 2007; 166-175, 박세훈 외, 2008; 150).

• **공유된 규범으로서의 문화** : 규범(Norms)은 가장 가시적 · 표면적 · 구체적인 것으로, 조직 구성원의 행위를 직접적으로 규제하는 일반적 · 비공식적인 기대를 말한다. 조직구성원과 조직의 행동 변화에 관심이 있다면, 그 문화의 규범을 알고 이해하는 것이 중요하다. 규범은 조직이 상징하고 있는 것에 대한 가시적이고 설득력 있는 표본들로 제공하는 이야기나 의식을 통해 참여자에게 전달되고, 때로 기본 규범을 강화하기 위해 이야기가 만들어지기도 한다.

• **공유된 가치로서의 문화** : 추상성의 중간 수준에서 문화는 공유된 신념과 가치로 정의된다. 가치(Value)는 무엇이 바람직한 것인지에 대한 개념으로, 구성원이 조직에서 성공하기 위하여 해야 할 것으로 정의된다. 공유된 가치는 조직의 기본 특성을 규정하고, 조직에 정체감을 부여한다. 조직의 구성원은 조직에서 공유하는 가치에 기초하여 행동하게 될 것이다.

• **묵시적 가정으로서의 문화** : 가장 깊은 수준에서 문화는 암묵적 가정의 집단적 표현이다. 암묵적 가정(Tacit assumptions)은 인간관계의 본질, 인간의 본성, 진리, 실재 및 환경에 관한 추상적 전제로, 조직은 이러한 암묵적 가정을 일관성 있게 발전시키고 명확히 표현할 때 강력한 문화를 가지게 된다.

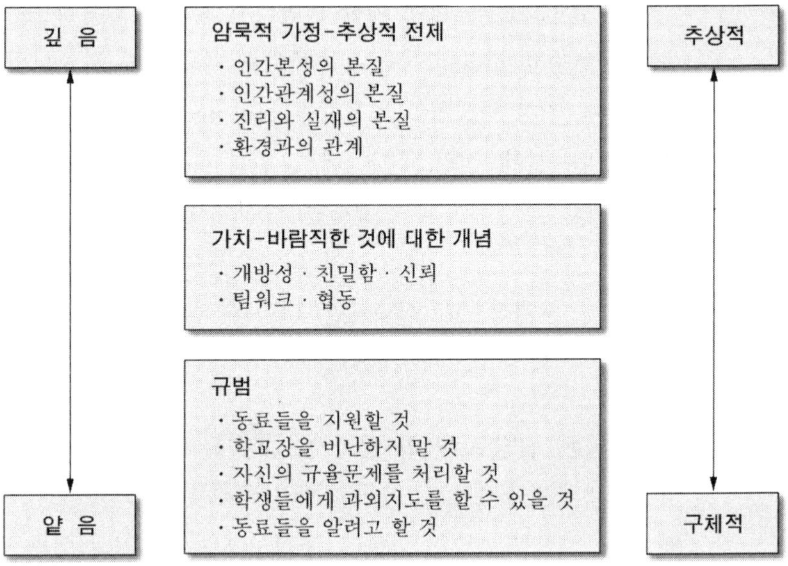

※ 출처: Hoy & Miskel, 2007: 166, 오영재 외, 2007: 191에서 재인용

[그림 4-4] 문화의 수준

조직의 문화를 이러한 피상적이고 구체적인 규범에서부터 심층적이고 추상적인 묵시적 기본 가정에 이르기까지 다양한 형태와 내용으로 파악했을 때, McGregor는 X-Y 이론을 통해 인간 본성에 대한 두 가지의 기본 가정에 기초하여 조직문화와 경영이론을 전개하였고, Ouchi는 Z이론을 통해 공유된 가치를 특징으로 하는 기업문화를 연구하였다. Argyris 역시 대부분의 조직에서 지배적인 관료적 가치체제와 당시 새롭게 부각되던 인간적 가치체제 성숙과 미성숙의 연속선상에서 비교연구하였다. 이와 같이 조직의 문화는 다양한 수준에서 다양한 방법으로 연구될 수 있다.

또한 조직에서 문화는 중요한 기능을 수행한다. 조직문화가 수행하는 기능을 Robbins (1991)는 다음과 같이 요약하고 있다(Hoy & Miskel, 2007; 170).

- 문화는 조직 구성원들의 태도와 행동을 가이드해 주고 형성해 준다.
- 문화는 조직을 구별해 조직 간의 경계를 짓는 기능을 한다.

- 문화는 조직에 정체감을 제공한다.
- 문화는 집단에 대한 헌신을 촉진시킨다.
- 문화는 사회제체의 안정성을 증진시킨다.
- 문화는 조직을 하나로 묶어주는 사회적 접착제로서, 적절한 행동표준을 제공한다.
- 문화는 응집력, 충성, 헌신을 향상시켜 구성원이 조직을 떠나려는 성향을 감소시킨다.

2) 조직풍토

교육행정에서 학교의 조직풍토(Organizational climate)에 주목한 것은 1960년대 초부터이다. 조직문화라는 용어가 널리 사용되고 있지만, 조직풍토의 개념을 사용하여 수행된 연구가 더 많으며, 학교의 일반적인 느낌이나 분위기를 파악하려는 조직이론가들은 최근까지 조직풍토의 개념을 사용하여 연구하였다. 문화와는 달리, 조직풍토는 처음부터 특정도구의 개발과정과 결부되어 있었고, 인류학이나 사회학보다는 사회심리학과 산업심리학에 그 역사적 뿌리를 가지고 있다(Hoy & Miskel, 2007, 오영재 외, 2007; 211에서 재인용)

조직풍토에 관해서는 그 동안 다양한 실증적 연구가 있었으나 개념자체가 상당히 복잡하고 모호하여 합의된 정의에 도달하지는 못하고 있고, 더구나 문화와 풍토 간의 차이에 대해서도 일반적 합의를 얻지 못하고 있는 실정이다. 그러나 일련의 학자들은 문화와 풍토를 다음과 같이 구분하여 정의하고 있다.

- **문화**
- 생각 · 가치 · 규범을 공유하는 것(Ashforth, 1985)
- 모든 개인이 고유한 특성을 가지듯 조직 나름의 특성을 갖는 것 (Hoy & Miskel, 1987)

- 풍토
- 한 조직을 다른 조직과 구별하여 주고 구성원들의 행동에 영향을 미치는 특성(Gilmer, 1966; 56)
- 조직 구성원의 행동에 영향을 주는 각 조직의 내적인 특성(Tagiuri & Litwin, 1968)
- 조직의 구성원이 그 조직의 업무와 관련된 환경에 대하여 공통적으로 갖고 있는 인식(Hoy & Miskel, 1987)

이와 같이, 조직풍토는 한 조직을 다른 조직으로부터 구분해주고, 각 조직의 구성원들의 행동에 영향을 미치는 일련의 내적 특성으로 정의할 수 있다. 또한 학교풍토(school climate)는 참여자들이 경험하고, 그들의 행동에 영향을 주며, 학교 내 행동에 대한 교사들의 집단적 인식에 근거하고 있는 비교적 지속적인 학교환경의 특징으로 정의할 수 있다(Hoy & Miskel, 2007, 오영재 외, 2007; 212에서 재인용). 이처럼 모호하고 복잡한 개념인 조직풍토를 정의하고 기본적 요소를 측정하기 위해 수행된 몇몇의 연구 가운데 Halpin과 Croft의 연구와 Willower의 연구를 검토한다(한국교육행정학회, 2002, 299-307, 오영재 외, 2007; 211-216, 윤정일 외, 2008; 133-140,).

(1) Halpin과 Croft의 학교풍토론 : 조직풍토기술척도(OCDQ)

Halpin과 Croft는 조직풍토기술척도(OCDQ: organizational climate description question)를 이용하여 학교조직의 풍토를 측정하였다. OCDQ는 교사와 교장의 행동특성에 대하여 교사와 행정가가 각각 학교의 풍토에 대하여 느끼는 정도를 측정하고자 하는 것이다. 이 질문지는 4개의 교사 행동 특성과 4개의 교사와 교장 간의 상호작용의 두 차원으로 구성되어 있다. 교사집단의 특성을 측정하는 변인으로 장애, 친밀감, 무관심, 사기가, 교장의 행동특성을 측정하는 변인으로 성과지향성, 무성의, 인화, 추진력이 각각 포함되었다. 이러한 여덟 개의 변인에 대한 교원의 행동 성향을 종합하여 학교의 조직풍토를 하나의 연속선상에 개방적, 자율적, 통제적, 친화적, 간섭적, 폐쇄적 풍토의 여섯 유형으로 분류하였다.

- 개방적 풍토(Open climate) : 목표 달성과 구성원의 사회적 욕구를 동시에 추구하는 매우 활기차고 생기 있는 조직 풍토이다.
- 자율적 풍토(Autonomous climate) : 교장이 교사들 스스로 상호 활동구조를 마련하도록 분위기를 조성하고, 사회적 욕구 만족에 비중을 두는 자유보장적 풍토로, 과업 수행에 대한 강조는 낮은 편이다.
- 통제적 풍토(Controlled climate) : 과업수행을 지나치게 강조하고 교직원들의 사회적 욕구 충족은 소홀히 하는 풍토로 교장의 행위는 위압적·지배적이며, 조직 내에서 융통성은 거의 용납되지 않는다.
- 친화적 풍토(Familiar climate) : 교직원 간에 우호적인 관계가 형성되고, 사회적 욕구가 잘 충족되지만 과업 성취를 위한 통제나 관리는, 집단 활동이 부족한 풍토이다.
- 간섭적 풍토(Paternal climate) : 교장이 공정성을 결여하고, 교직원의 다양한 요구를 억압하며 교사에게 과업만을 강조하여 과업성취와 욕구 충족 모두가 이루어지지 않는 풍토이다.
- 폐쇄적 풍토(Closed climate) : 교장이 일상적인 사소한 일과 불필요한 일을 강조하고, 교직원들은 최소한으로 반응하여 거의 만족감을 느끼지 못하는 비효율적인 풍토이다.

이후, 초기 OCDQ의 대부분 문항들이 측정하고자 하는 내용을 정확하게 보여주지 못하며, 여섯 측면의 조직풍토를 단일의 연속선상에 있다고 보는 데 따른 논리적 약점, 시간 경과에 따른 일부 문항의 타당성 결여 등이 지적되면서 개정이 이루어졌다. 개정판은 초등학교 교원용(OCDQ-RE)와 중등학교 교원용(OCDQ-RS)의 두 형태로 새롭게 제작되었다. 1986년 Hoy와 Clover에 의해 개정된 OCDQ- RE는 6개요인(교사행동특성: 단체성, 친밀성, 일탈성/교장행동특성: 지원적, 지시적, 제한적) 42문항, 1987년 Kottkamp, Mulhen 및 Hoy에 의해 제작된

OCDQ-RS는 5개요인 34문항으로 이루어져 있다. Hoy & Miskel 등은 6개 변인에 대한 하위검사 점수를 가지고 학교풍토를 개방풍토, 몰입풍토, 일탈풍토, 폐쇄풍토로 구분하였다.

(2) Willower의 학교풍토론

Willower 등(1967)은 학교에서 교사가 학생을 통제하는 태도와 행위를 통해서도 조직의 풍토를 규명할 수 있다고 보고, 학교에서의 학생 통제에 따라 학교풍토가 어떻게 조성되는가를 연구하였다. 연구자들은 학교의 학생 통제 방식을 인간적-보호적 방식의 연속선으로 가정하고, 학생 통제 방식을 연구하기 위한 학생 통제이념질문지(PCI: pupil control ideology)를 통해 학교풍토를 인간주의적 학교와 보호 지향적 학교로 구분하였다.

- **인간주의적 학교** : 학생들이 협동적 상호작용과 경험을 통해 배우는 교육공동체의 모습을 보인다. 학습과 행동은 도덕적인 것이라기보다는 심리적 · 사회적인 것으로, 엄격한 교사의 통제보다는 스스로의 자제가 중시되고, 교사들은 민주적인 통제 방식을 추구한다.
- **보호 지향적 학교** : 학교의 질서를 유지하기 위해 엄격하고, 고도로 통제된 상황을 조장하는 전통적인 학교이다. 교사들은 학생을 이해하려는 대신 도덕적 차원에서 판단하고, 학생을 무책임하고 훈련되지 않는 존재로 파악하여 엄격한 규율과 체벌로 통제해야 한다고 인식한다.

3) 조직건강

Hoy, Feldman 등은 조직건강(Organizational health)을 학교의 풍토를 보는 또 하나의 틀로 규정하였다. 조직이 자체의 유지능력을 가지고 환경과 역동적으로 상호작용하여 구성원의 사기를 진작시키고 생산성을 제고할 수 있도록 지원하는 능력을 기술하고자 하는 지표가 조직건강이다.

조직론에서 건강이라는 용어를 처음 사용한 이는 Argyris(1958)로, 그는 조직 구성원을 성숙한 인간으로 보고, 조직 구성원이 성숙한 인간으로서 독립성 · 책임감 · 창의성 등을 추구할 때 건강한 조직이 된다고 하였다. 또한 Bennis(1962)도 조직건강의 개념을 조직 운영의 주요 측면으로 부각시키며 적응력 · 유대감 · 현실진단 능력 등을 조직건강의 개념에 포함하였다(신중식, 1994; 68-69, 윤정일 외, 2008; 136에서 재인용).

Miles(1969)는 조직건강이 조직의 역동성을 방해하는 조건들뿐 아니라 조직의 성장과 발전을 촉진하는 조건들에 대해서 관심을 갖게 해 준다고 보면서 건강한 조직은 효과적으로 기능을 수행하고, 보다 완전하게 기능을 수행할 수 있는 체제로의 발전과 성장을 지속하는 노력을 구비한 조직이라고 하였다.

Miles는 조직건강의 개념을 학교조직에 최초로 도입하여 학교조직건강의 이론적 모형을 제시하였다. Miles가 제시한 학교조직건강의 측정 변인은 크게 과업 수행과 관련된 변인, 조직 유지에 관련된 변인, 성장과 변화에 관련된 변인의 세 가지 요소로 이루어진다.

- 과업 수행과 관련된 변인 : 목표 중심성, 의사소통의 적절성, 권력 배분의 적절성
- 조직 유지에 관련된 변인 : 자원 활용의 정도, 응집력, 사기
- 성장과 변화에 관련된 변인 : 혁신성, 자율성, 적응성, 문제해결의 적정성

한편, Hoy와 Miskel(2007) 등은 학교의 조직건강은 조직건강목록(OHI : organizational health inventory)을 사용하여 측정 할 수 있다고 보고 학교 교사를 대상으로 일곱 가지 하위 척도로 구성된 44개 문항의 기술적 질문지를 개발하였다. OHI에는 제도적 수준(제도적 통합), 관리적 수준(학교장의 영향력, 배려, 구조주도, 자원지원), 기술적 수준(사기, 학문강조)의 세 수준으로 이루어져 있다. OHI를 통한 연구 결과

가운데, 개방적인 학교는 건강하고, 건강한 학교는 개방적인 경향이 있었으며, 건강성은 교사들의 학교에 대한 조직적 헌신과 상관이 있고, 건강한 학교에는 더욱 헌신적인 교사들이 있었으며, 조직건강이 학생들의 성취와도 정적인 관계가 있다는 결과는 학교의 행정가에게 시사하는 바가 크다.

4. 학교조직의 특성

학교조직도 다른 조직과 마찬가지로 공동의 목적을 달성하기 위해 지속적으로 협동하는 사람들의 조직이기 때문에 일반적인 행정 조직 이론을 적용할 수 있다. 이에 따라 조직 유형에 따라서는 유형유지조직이며, 봉사조직인 동시에 규범조직이면서 온상조직으로 분류할 수 있다. 또한 조직의 풍토나 문화를 이해·연구한 일련의 연구물에서도 학교조직을 대상으로 한 연구 결과가 다양하게 제시되었다.

그러나 학교는 다양한 측면에서 여타의 조직과는 구분되는 특성을 지니고 있다. 교육의 특수성, 교직의 전문성, 학교에 대한 일반 대중의 기대 등으로 인해 독특한 측면이 부각되고 있다. 따라서 학교 조직만이 지니는 독특한 측면을 이해하는 하는 일이 필요하다. 학교조직의 특성을 전문적 관료제, 조직화된 무질서 조직, 느슨한 결합체제, 이중 조직, 공동체 조직의 다섯 가지 관점에서 다음과 같이 살펴본다(한국교육행정학회, 2002: 69-78, 박병량·주철안, 2005: 90-94, 오영재 외, 2007: 130-137, 박세훈 외, 2008: 141-144, 윤정일 외, 2008: 160-164).

1) 전문적 관료제

관료제는 현대 행정조직의 일반적인 조직 형태이다. 행정조직의 효과적인 목표 달성을 위한 이상적인 도구로 관료제를 파악하는 학자들이 있으며 학교조직 역시 효과적 목표 달성을 위해 관료제적 특성을 가지고 있다. Hoy와 Miskel(2007)이 제시한 관료제적 특성을 학교조직에 적용하여 설명하면 다음과 같다.

• **분업과 전문화** : 학교조직은 교육의 목적을 효과적으로 달성하기 위해 학교급별, 교과별, 학년별, 업무별로 분업·전문화되어 있다. 학교조직은 단계에 따라, 교과의 내용에 따라, 학생의 학년에 따라, 행정기능에 따라 교수학습활동과 사무 관리를 분업·전문화하여 담당하고 있다.

• **몰인정성** : 학교조직의 핵심적인 영역은 크게 교수학습활동과 학생생활지도활동 그리고 이를 지원하기 위한 여타의 행정활동으로 구분할 수 있다. 학교에서의 행정활동은 사적 감정을 배제하고 원리원칙에 따라 공명정당하게 이루어진다. 몰인정성에 의해 이루어지는 대표적 영역으로 사무 관리나 재정 운영, 평가 등을 들 수 있다.

• **권위의 위계** : 학교조직의 구성원은 공식적 직위를 가지고 있으며, 이는 공식석 명령 계통을 중심으로 위계화 되어 있다. 교장, 교감, 부장교사, 교사, 학생으로의 지휘·보고체제가 확립되어 있고, 교무분장제도 등의 운영에 있어서도 수직적인 권위를 가지고 있다고 할 수 있다.

• **규정과 규칙** : 학교조직은 기본적으로 법령, 시행령, 규칙 등에 기초한 행정활동이 이루어지고 있다. 또한 단위학교에는 학칙, 내규 등의 공식적인 규정과 규칙이 있고, 학급에도 학급의 운영 및 질서 유지에 필요한 방침이나 약속 등이 있다 규정과 규칙은 그 자체로 중요한 의미를 가지기 보다는 조직에서 수행하는 과업의 안정성과 계속성을 유지하도록 하고, 구성원 행위의 통일성을 확보하는 데 의의가 있다고 하겠다.

• **경력지향성** : 학교조직에서 교원의 임용은 전문적 능력에 근거하고 있으며, 이는 임용에서부터 퇴임에 이르는 전 과정에 걸쳐 경력으로 인정받게 된다. 따라서 교원의 승진은 이러한 경력과 업적에 의해 이루어지고 있어, 학교조직에서도 경력지향성이 인정되고 있다고 하겠다.

그러나 교육조직은 관료제 조직과 달리 엄격한 감독을 받지 않고 있고, 구성원인 교원을 고도의 교육의 받은 전문가로 인정하며, 교사들의 의사결정과 참여, 자율성 등을 보장하고 있으므로 단순한 관료제만으로 설명하는 것은 불가능하다. 즉, 학교조직은 조직의 주요 업무인 교수학습 활동, 특히 교수 활동에 대한 관료적인 방식의 통제가 어렵다. 학교 행정가는 교사들의 수업활동에 대한 직접적인 통제 권한을 갖지 못한다. 교사의 주요 업무는 복잡한 지식과 기술을 필요로 하는 교수활동이다. 교사는 직무를 수행함에 있어서 외부의 통제나 간섭보다는 교사 개인의 전문적인 판단과 결정에 따라 행동하고 책임도 스스로 진다. 교사에게 부여된 전문성, 창의성, 자율성은 학교조직의 목표를 달성하는 데 있어서 중요한 요소가 된다. 이와 같이 교사가 지니는 자율성은 고도의 전문성에 의해 보장되며, 교사는 직전 및 현직교육, 자격증 등을 통해 전문가임을 인정받고 있다. 따라서 학교조직은 단순한 관료제 조직이 아닌 관료제와 전문직제가 혼합된 전문적 관료제의 특성으로 설명할 수 있다.

2) 조직화된 무질서 조직

전통적인 구조론자들은 조직 내 의사결정을 고도로 통합된 합리적인 과정으로 간주한다. 그러나 학교조직을 연구한 일단의 학자들은 교육조직은 이러한 합리적인 방식으로 운영되지 않고 오히려 조직화된 무질서의 특징을 보인다고 주장하였다. Cohen과 March, Olsen 등이 학교조직을 조직화된 무질서 조직으로 설명하는 이유로 불분명한 목표, 불확실한 기술, 유동적인 참여라는 세 가지를 제시하였다. 즉, 학교는 하나의 조직으로서 체계를 갖추고는 있으나 그 내부의 목표, 조직에서 사용하는 기술, 구성원의 참여라는 측면에서 매우 혼란스럽고 무질서한 양상을 보인다는 것이다.

• **불분명한 목표** : 교육조직의 목표는 구체적이지도 분명하지도 않다. 교직조직의 목표는 수시로 변하며, 대립적인 목표가 상존하고, 구성원마다 다르게 규정한다.

• **불확실한 기술** : 교육조직의 기술은 불명확하고 구성원에게 잘 알려져 있지 않고 적용하는 사람에 따라 개인차가 있다. 교사와 행정가, 장학담당자 등이 사용하는 기술은 어떠한 방법과 자료를 활용하여 학습자들이 요구하는 목표에 도달시킬 것인지에 대한 합의된 견해도 없고, 그들이 사용하는 기술이 학습자에게 어떠한 영향을 미칠지에 대해서도 분명하게 말할 수 없다.

• **구성원의 유동적 참여** : 교육조직에서의 참여는 유동적이다. 학생들은 입학한 후 일정 기간이 지나면 졸업하고, 교사와 직원들도 이동하며, 학부모와 지역사회 관계자도 필요시에만 참석한다.

이처럼 불안정하고 유동적인 상황인 학교조직에서는 합리적이고 체계적인 의사결정이 어렵다고 보았다. 조직화된 무질서 조직에서는 구조화되어 있지 않고, 문제와 해결책, 결정의 참여자와 선택의 기회가 특정 시점에 우연히 만나서 주먹구구식으로 의사결정이 이루어진다고 보았다. 이러한 의사결정을 쓰레기통 모형(garbage can model)로 설명하였다.

3) 느슨한 결합체제

과거에는 학교조직의 관료적인 특성을 강조하여 학교는 조직의 공식목표를 달성하기 위해 학교장을 중심으로 일관성 있게 피라미드식으로 싸여 있다고 보았다. 그러나 실제적으로 학교조직은 하위체제 간에 구조적으로 느슨하게 결합되어 있다는 점이 지적되었다.

Weick(1982)은 학교조직은 하위체제간의 활동이 서로 연관되어 있지만, 각 하위체제는 자체의 독립성을 보존하고 있는 이완결합체제(loosely coupled systems)라고 묘사하였다. 이는 결합된 체제가 서로 대응되는 동시에 각각 자체의 정체성을 보존하면서 물리적·논리적으로 독립성을 갖는 것을 의미하는데, 학교조직이 이러한 특성을 가지고 있다는 것이다. 학교는 자율성과 자유 재량권을 가지고 있으며, 교사도 학급 내에서는 형식적인 교장의 지시와 통제를 받을 뿐이라는 것이다.

Bidwell(1965)은 학교가 관료제적 특성을 가지고 있는 것은 사실이나 이는 초보적인 형태라고 지적하면서, 학교를 관료제와 구조적 느슨함이 결합되어 있는 특수한 조직으로 개념화 하였다.

4) 이중 조직

Meyer와 Rowan(1978), Owens(1987) 등은 학교는 느슨하게 결합된 측면도 있지만, 엄격한 관료제적 특성을 지니고 있기 때문에 이완 조직의 개념만으로 학교조직을 설명하는 데는 한계가 있다고 보았다.

Meyer와 Rowan은 미국의 교육청단위에서 학교의 교육활동이, 학교단위에서 학급의 교육활동이 얼마나 통제·조정되는지를 실제 조사하여 학교조직이 고도로 조정되고 통제되는 측면과 느슨하고 약하게 결합된 측면을 동시에 갖고 있다고 결론 내렸다. 특히, 수업활동에 대한 공식적 감독과 평가의 취약, 수업의 내용·절차·기술에 대한 구체적 기준 결여, 수업활동에 대한 교육행정가의 직접적 권위 결여 등을 제시하며 교수활동의 영역이 느슨하게 결합되어 있음을 보여주었다.

학교의 중심적인 활동인 교수-학습에서는 교장과 교사가 매우 느슨하게 결합되었다고 할 수 있다. 그러나 학교는 교수-학습 활동에 영향을 미치는 다양한 관료제적 장치를 가지고 있다. 수업시간의 운영, 학습 집단의 구성, 인적·물적 자원의 활용 등에 대한 것은 대체로 엄격한 통제를 하고 있다. 특히, 수업을 제외한 많은 학교경영 활동, 인사관리, 학생관리, 시설관리, 재무관리, 사무관리 등에서는 교장과 교사가 엄격한 결합을 맺고 있다.

따라서 학교는 이중조직이라는 관점에서 이해할 필요가 있다. 구체적으로 말해, 수업 등과 관련한 특정한 측면에서 볼 때는 느슨한 결합 구조를 가진 조직으로 이해할 수 있으나, 행정관리라는 보편적인 조직 관리의 측면에서는 엄격한 결합 구조를 가지고 있다. 때때로 지나친 독립성이 조직의 생산성과 효율성을 떨어뜨릴 수 있는 반면, 엄격한 경직성도 교사들의 사기를 떨어뜨려 과업수행의 효과를 감소시킬 수 있다. 그러한 점에서 교육행정가는 느슨한 결합과 엄격한 결합의 단점을 극복하고 양자의 순기능을 최대한 확보할 수 있는 안목과 전략수립의 능력을 갖추어야 한다.

5) 공동체로서의 학교

학교를 공식조직으로 이해할 때 학교 구성원의 행동은 조직 행동으로 간주되고, 행정가들은 조직을 관리하기 위해서 규칙과 규정, 통제와 감독의 방식을 활용하게 된다. 반면에 학교를 공동체로 이해할 때는 외부의 통제가 아니라 규범, 목적, 가치, 전문적 사회화, 협동, 유대감 등에 의존하게 된다. 공동체는 자유의지로 결합되고, 가치와 규범의 공유를 통해 결속되는 개인의 집합체이다. 공동체 내에서 구성원과 목적 간의 관계, 구성원 상호 간의 관계는 계약에 근거하지 않고 헌신에 기초한다. 공동체는 구성원을 하나로 묶어 주고 이들은 공유된 가치, 신념, 감정으로 결속된다. 학교공동체가 만들어질 때 교사와 학생들은 독특하고 지속적인 정체감, 소속감, 연대감을 공유하게 된다.

Sergiovannie(1994) 등은 학교를 배움의 공동체로 파악하여 구성원들이 서로 배우면서 함께 성장한다고 보았다. 학교목표 달성을 위한 신념을 지니면서, 이를 달성하기 위해 구성원들 간에 교수-학습 활동의 협력과 산출 결과를 공유하고, 지속적인 성장과 능력 계발을 장려하는 신념체계를 지닌다. 이러한 배움 공동체에서는 교사와 학생 모두가 학습할 수 있고 자기주도적인 학습과 협력을 촉진하는 조건을 탐색하고 제공하는 것을 강조한다.

참고문헌

김인수(2003). 『거시조직이론』. 서울: 무영경영사
김종철(1984). 『교육행정의 이론과 실제』. 서울: 교육과학사
박세훈 외(2008). 『교육행정 및 교육경영』. 서울: 학지사
오석홍 · 손태원 · 하태권(2000). 『조직학의 주요이론 제2판』. 서울: 법문사
오영재 외(역)(2007). 『교육행정-이론, 연구, 실제(7판)』. 서울 : 아카데미 프레스
유영옥(1997). 『행정조직론』. 서울: 학문사
윤정일 · 송기창 · 조동섭 · 김병주(2008). 『교육행정학원론(5판)』. 서울: 학지사
이군현(1992). 교육행정학. 대전: 과학과 예술
정진환, "교육행정조직의 개념", 배종근 · 정태범 (편)(1986), 『교육행정 · 교육경영』. 서울: 정민사
한국교육행정학회(2002). 『교육조직론』. 서울: 한국교육행정학회
Argyris, C. (1958). "The Organization: What Makes It Healthy?". *Harvard Business Review.*
Argyris, C. (1962). *Interpersonal Competence and Organizational Effectiveness.* Ill : Irwin Dorsey Press.
Barnard, C. I. (1938). *The Function of the Executive.* Cambridge, Mass. : Harvard University Press.
Bidwell, C. E. (1965). "The School as a Formal Organization". *Handbook of Organization.* Chicago : Rand McNally
Blau, P. M. & Scott, R. (1962). *Formal Organization: A Comparative Approach.* San Francisco : Chandler.
Campbell, R. F., Corbally, J. E., & Nystand, R. O. (1983). *Introduction to Educational Administration.* Boston : Allen and Bacon.
Carlson, R. O. (1964). "Environment Constraints and Organizational Consequences: The Public School and Its Clients", *Behavioral Science and Educational Administration,* The 63th Yearbook of NESS, Part Ⅱ. Chicago : University of Chicago Press.
Cohen, M. D., March, J. G., & Olsen, J. P. (1972). "A Garbage Can Model of Organizational Choice", *Administrative Science Quarterly,* 17.
Etzioni, A. (1961). *Comparative Analysis of Organizations.* New York : Free Press
Etzioni, A. (1964). *Modern Organizations.* Englewood Cliffs. N. J. : Prentice-Hall.
Gaus, J. M. et al. (1952). *The Fronties of Public Administration.* University of Chicago Press.

Halpin, A. W. & Croft, D. B. (1962). *The Organizational Climate of Schools.* Washington D. C. : US Office of Education, Research Project.

Halpin, A. W. (1966). *Theory and Research in Administration.* New York : Macmillan.

Hersey, P., Blanchard, K. H., & Johnson, D. E. (2001). *Management of Organizational Behavior: Leading Human Resources,* 8th ed. Upper Saddle River, N. J. : Prentice-Hall.

Hoy, Wayne K. & Miskel Cecil G. (1996), *Educational Administration-Theory, Reserch, and Practice*, 5th. Mcgraw- Hill.

Hoy, Wayne K. & Miskel Cecil G. (2007), *Educational Administration-Theory, Reserch, and Practice,* 7th. Mcgraw- Hill.

McGregor, D. (1960). *The Human Side of Enterprise.* New York : Mcgraw-Hill.

Meyer, J., & Rowan, B. (1978). The Structure Of Educational Organizations. In M. W. Meyer & Associates. *Environments and Organizations: Theoretical and Empirical Perspectives.* San Francisco: Jossey-Bass.

Miles, M. (1965). "Planned Change and Organizatiomal Health: Figure and Ground", *Change Process in the Public School.* Eugene, Oregon: The University of Oregon.

Ouch, W. (1981). *Theory Z: How American Business Can Meet The Japan Challenge.* MA : Addison- Weslcy.

Owens, R. G. (1987). *Organizational Behavior in Education,* 3rd ed. New York : Prentice- Hall.

Parsons, T. (1960). *Structure and Process in Modern Society.* New York : Free Press.

Robbins, S. P. (2003). *Essential of Organizational Behavior,* 7th ed. Upper Saddle River, N. J. : Prentice-Hall.

Schine, E. H. (1980). *Organizational Psychology.* 3rd ed. Englewood Cliffs. N. J. : Prentice-Hall.

Sergiovanni, T. J. (1994). *Building Community in Schools.* San Francisco: Jossey-Bass.

Sethia, N. K. & Glinow, M. A. (1985). "Arriving at Four Cultures by Managing the Reward Systems", In Ralph H. Kilmann et al. (ed.), *Gaining Control of The Corporate Culture.* San Francisco : Jossey-Bass.

Steinhoff, C. R. & Owens, R. G. (1976). "The Organizational Culture and Assesment Inventory: A Metaphorical Analysis of Organizational Culture in Educational Setting", *Journal of Educational Administration.* 27(3).

Udy, Jr., S. H. (1963). "The Comparative Analysis of Organizations," March, J. G. ed.

Handbook of Organization. Chicago : Rand McNally.

Weber, Max. (1947). *The Theory of Social and Economic Organization,* ed. and trans. by A. M. Henderson and Talcott Parsons. New York : Free Press.

Weick, K. E. (1976). Educational Organizations as Loosly Coupled Systems. *Administrative Science Quarterly,* 21.

Willower, D. J., Eidell, T. L., & Hoy, W. K. (1967). *The School and Pupil Control Ideology.* University Park. Penn State University.

부록 〈중등학교 교원용 조직풍토 기술 질문지(OCDQ-RS)〉

교장의 행동(Principal's behavior)

1. 지원적 행동(supportive behavior)	응답요령			
교장의 교사에 대한 진솔한 배려와 지원을 해주는 행동	거의 없음	때때로 있음	자주 있음	매우 자주 있음
(문항의 예)				
• 교장이 건설적인 비판을 해 준다	—	—	—	—
• 교장 자신이 열심히 일함으로써 모범을 보여 준다		—	—	—
2. 지시적 행동(directive behavior)				
교사의 개인적 욕구나 동기에 대한 배려보다는 과업 지향적 행동				
(문항의 예)				
• 교사가 하는 모든 일을 교장이 조정한다.	—	—	—	—
• 교장은 교사를 일일이 감독한다.	—	—	—	—

교사의 행동(Teacher's behavior)

3. 성실한 행동(cngaged behavior)				
(문항의 예)				
• 교사 상호간에 서로 돕고 지원한다.	—	—	—	—
• 방과 후에도 개별지도가 필요한 학생을 위하여 시간을 할애한다.	—	—	—	—
4. 좌절적 행동(Frustrated behavior)				
(문항의 예)				
• 이 학교에는 잡무가 너무 많다.	—	—	—	—
• 이 학교에는 교사들의 매너리즘이 만연되어 있다	—	—	—	—
5. 친화적 행동(intimate behavior)				
(문항의 예)				
• 동료 교사 상호간에 친화적 활동이 활발하다.	—	—	—	—
• 교사들이 다른 교사를 자기 집에 초대한다.	—	—	—	—

※자료 : Kottkamp, R. B., Mulhern, J. A. & Hoy, W. K. (1987). "Secondary Climate: A Revision of the OCDQ." EAQ, 23(1). 한국교육행정학회, 2002: 305-306에서 재인용.

제 5 장

학교 · 학급의 구성원

학교 조직은 사람들로 구성된 사회체제이다. 조직의 구조가 조직 구성원의 행위에 영향을 주듯이, 개인의 욕구와 목표 신념 역시 구성원의 행위에 영향을 미친다. 학교 조직의 성과는 구성원들의 행동의 결과로 나타나고, 구성원의 행동은 개개인의 욕구, 신념, 기대, 목적 등에 의해 동기화된다. 학교의 행정가는 학교의 조직적 측면과 함께 조직의 구성원인 개인이 어떠한 욕구를 가지고 있고, 학교에서의 일과 행위를 결정하는 요인은 무엇이며, 개인의 어떠한 특성이 행동을 동기화하는지 등과 같은 개인적 측면에도 주목해야 한다. 학교 조직의 효과적인 경영을 위해서 학교의 주요 구성원인 교사와 학생의 욕구, 신념, 기대, 목표, 동기를 이해하는 것은 무엇보다 중요하다. 이를 위해 교육행정에서는 동기란 무엇이고, 동기에 대한 이론적 논의에는 어떠한 내용들이 있으며, 이를 바탕으로 교사와 학생의 욕구와 동기를 학교가 어떻게 이해 · 활용 · 해결할 것인가에 초점을 두고 있다.

1. 동기의 개념

동기(Motivation)는 일반적으로 개인으로 하여금 어떤 행동을 하도록 자극하는 복잡한 내적 상태를 의미한다. 동기는 직접 관찰할 수 없지만 개인의 행동으로부터 추정할 수 있다. 또한 동기는 욕구(Needs), 필요(Wants), 추진력(Drives), 충동(Impulses) 등을 근거로 한다(이용걸, 1971: 123). 동기란 개인의 행동을 활성화하고 목표로 행동을 유도하는 힘(Eggen & Kaauchan, 1994: 475), 목표지향 활동이 유발되고 지속되는 과정(Pintich & Schnuk, 2002: 5), 다양한 형태의 자발적인 활동 가운데 개인적 선택을 통제하는 과정(Vroom, 1964: 6), 일을 열심히 하고, 자신의 일을 지속하고, 자신의 행동이 적절한 목표를 지향하도록 지시하는 것(Johns, 1983: 173) 등으로 정의된다.

이러한 동기의 정의들을 살펴볼 때 동기는 행동의 방향, 행동의 강도, 행동의 지속 및 유지라는 세 가지 요소를 기본적으로 포함하고 있다. 행동의 방향은 추구하는 목표와 연관되며, 행동의 강도는 행동에 투입하는 노력 및 집중력의 양을 말하며, 행동의 지속성은 목표가 도달할 때까지 목표를 지속적으로 추구하는 정도를 말한다.

동기에 대한 이론적 논의를 전개한 학자는 수없이 많다. 이들은 그것이 동기의 내용 혹은 동기의 과정에 관련된 것인가에 따라 두 가지 유형으로 구분된다. 동기의 내용이론은 주로 행동을 유발하는 요인이 무엇인지를 식별하는 데 초점을 두고 있으며, 과정이론은 동기를 유발하는 요인들이 어떠한 상호과정을 통해 행동을 유발 · 유지 · 강화하는가에 초점을 두고 있다.

2. 동기의 내용이론

내용이론(Content theory)은 개인을 동기화시키는 원인인 내적 욕구와 환경의 자극이 무엇인지, 우선 순위는 무엇이며, 이들이 개인의 행위 결과와 어떤 상호 관련성을 지니는지에 초점을 맞추고 있다. 내용이론으로 대표적인 Maslow의 욕구계층이론, Alderfer의 ERG이론, Herzberg의 동기-위생 이론을 살펴본다.

1) Maslow의 욕구계층이론

인본주의 심리학자인 Abraham Maslow(1970)는 인간 동기화에 관하여 가장 영향력 있는 관점의 하나가 된 욕구위계모형을 개발하였다. 욕구위계모형은 임상심리학자였던 Maslow의 경험을 토대로, 다음의 세 가지 기본 하에 태생적인 인간의 욕구는 위계적인 질서로 배열됨을 주장하였다.

- 인간은 무엇인가를 필요로 하는 결핍의 존재다. 인간에게는 충족되지 못한 욕구 결핍이 있으므로 이것이 동기를 일으키고 행동을 유발하는 주원인이 된다.
- 이미 충족된 욕구는 행동을 일으키게 하는 원인이 될 수 없다. 따라서 행동은 충족되지 않은 욕구를 통해 일어난다.
- 인간의 욕구는 우세성에 따라 위계적 성향을 가진다. 하위 단계의 욕구를 충족시키면 다음 단계의 욕구를 충족시키기 위하여 동기가 유발된다.

이와 같은 인간 욕구에 관한 기본 가정을 바탕으로 Maslow는 하위 수준에서 상위 수준까지의 다섯 단계로 인간의 욕구를 구분하였다.

• **생리적 욕구** : 인간의 욕구 중 생존과 삶 자체를 위한 가장 기본적인 것으로, 욕구 단계의 출발점이다. 배고픔, 갈증, 기본적인 의식주, 수면 등과 같은 기본적인 생물학적 기능으로 구성된다.

• **안전의 욕구** : 평화롭고 원만하게 운영되는 안정된 사회에 대한 바람, 신체적 위험과 위협으로부터의 보호, 불안과 공포로부터의 심리적 안정, 경제적 안정, 예측 가능한 환경의 선호 등으로 표현되는 욕구이다. 구성원이 자신이 속한 조직에서 신분 보장, 직업 안정성, 과업 환경의 안정 등을 추구하고자 하는 것과 밀접히 관련되어 있다.

• **소속과 애정의 욕구** : 개인은 사회적이고 사교적인 동료의식을 조성하고, 사회적 존재로서의 대인관계를 형성하여 상호작용할 수 있기를 희망한다. 현대 사회에 있어서 소속, 사랑 사회적 욕구는 극히 중요하며, 실제 구성원들은 공식 · 비공식 집단에 소속되어 친교와 우정을 나누고 있나.

• **존경의 욕구** : 자존심의 유지, 타인으로부터의 인정 · 존경받고자 하는 바람이 반영된 욕구이다. 이는 성취, 유능, 지위 및 인정 등에 의해서 충족될 수 있다. 존경의 욕구는 두 가지로 나타나는데, 하나는 타인으로부터의 존경(인정, 명예, 지위 등)이며 다른 하나는 자신으로부터의 존경(자기 가치감, 자기 효능감, 자기 성취감 등)이다.

• **자아실현의 욕구** : 개인이 되고자 원하는 것을 이루고, 인생의 목적을 충실히 달성하며, 개인이 가지고 있는 인성의 잠재력을 실현하고자 하는 욕구이다. Maslow는 이를 욕구단계의 최상위에 위치하지만 최종의 상태가 아니라 하나의 과정으로 파악하였다.

〈표 5-1〉 Maslow의 욕구위계 단계

	욕구 수준	요인
상위욕구	자아실현 욕구	성장, 성취, 진보 최대한의 자기발전, 잠재력의 극대화
	존경의 욕구	자존심, 인정, 자신감, 개인적 가치, 존경 직책, 승진, 신분, 지위, 명예
↕	사회적 욕구	우정, 애정, 수용, 친선 만족스러운 인간관계, 집단에의 소속, 사회적 활동
	안전의 욕구	안전, 안심, 안정, 안전한 근무조건, 직업 안정성
하위욕구	생리적 욕구	음식, 의복, 거처, 공기, 수면, 근무조건, 기본급여

일반적으로 생리적 욕구와 안전의 욕구는 낮은 욕구로, 존경의 욕구나 자아실현의 욕구는 높은 수준의 욕구로 구분된다. 하위 수준의 욕구는 물질적·경제적 행동을 통해 일정수준에서 충족되면 동기화의 효과를 가지는 데 있어 다소간 제한적이지만, 상위 수준의 욕구는 사회적·대인적 요소를 강조하고 좀처럼 완전하게 충족되기 어려우므로 지속적인 동기요인이 된다.

조직에서는 구성원의 기본적인 욕구충족을 통한 사기관리를 위해 다양한 방안을 강구할 수 있다. 예를 들어, 생리적 욕구의 충족을 위해 급식이나 주택을 공급하거나, 안전의 욕구 충족을 위해 의료보험제도의 실시, 고용 안정의 보장 등을 활용할 수 있다. 소속과 애정의 욕구 충족을 위한 의사소통의 활성화, 공식·비공식 활동에의 참여 보장, 존경의 욕구 충족을 위한 명예로운 직책 부여, 진급, 조직 홍보물에의 게제 등을, 자아실현의 욕구 충족을 위한 핵심 업무에 대한 재량권 부여, 도전적인 과업 부과 등을 통해 구성원의 동기를 유발할 수 있을 것이다.

학교조직에 Maslow의 이론을 적용할 때 발견되는 사항들은 다음과 같다(Hoy & Miskel, 2007; 오영재 외, 2007: 150-151). 교사들의 생리적 욕구가 어느 정도 충족되어 있다 할지라도 일부 학생들은 가장 기본적인 욕구마저도 결핍되어 있어 강한 동기화 문제가 나타난다. 더욱

이 학교 안팎의 폭력 등에 따른 안전의 욕구는 교직원과 학생 모두에게 동기 저하의 요인이 되고 있다. 소속에 대한 욕구는 동료, 친구, 상급자와의 관계를 추구하도록 하여 교사들은 동료교사와의 관계, 비공식집단 · 학교사회집단 · 전문가집단 · 교직단체에의 가입 등을 통해 이러한 욕구를 충족한다. 존경에 대한 욕구는 교사들이 타인으로부터 자율성을 부여받고, 타인을 위해 통제하거나, 존경 및 전문적 능력을 추구하도록 한다.

이와 같이 욕구위계이론은 구성원들은 다양한 욕구를 가지고 있기 때문에 행정가들은 교사의 특성과 요구를 잘 이해하고 이를 적절하게 충족시켜야 교사들의 사기를 향상시킬 수 있음을 보여준다.

2) Alderfer의 ERG이론

Alderfer의 생존-관계-성장이론(existence-relatedness-growth theory : ERG)은 Maslow의 다섯 단계 욕구계층을 세 단계의 욕구계층으로 수정 · 통합한 이론이다. Alderfer는 인간은 욕구를 가지고 있으며, 이 욕구는 체계적으로 배열될 수 있고, 낮은 수준의 욕구와 높은 수준의 욕구 간에는 근본적인 차이가 있으며, 욕구는 조직에서 구성원의 동기를 결정하는 중요한 요인이라고 보았다. 그는 욕구를 생존욕구, 관계욕구, 성장욕구의 세 영역으로 구분하였다.

• **생존욕구(E)** : 생존을 유지하는 데 필요로 하는 모든 형태의 생리적 욕구와 물질적인 안전의 욕구를 통합한 것이다. 조직의 차원에서 보면, 보수, 부가급부, 직업안정, 근무조건 등이 여기에 포함된다.

• **관계욕구(R)** : 의미 있고 만족스러운 사회적 관계를 갈망하여 사회적 존재로서의 인간이 타인과 인간관계를 맺고자 하는 욕구다. 여기에는 감독자, 동료, 부하, 가족, 친구 등과의 대인관계를 통한, Maslow의 안전의 욕구와 사회적 욕구 그리고 존경의 욕구 등이 포함된다. 이러한

관계욕구는 분노와 혐오의 표현, 타인과의 친근하고 따뜻한 개인적 관계의 발전 등을 통해 충족될 수 있다.

• **성장욕구(G)** : 최고 수준의 욕구로 개인의 발전을 위한 본질적·내적인 욕구로, Maslow의 자존의 욕구와 자아실현의 욕구에 해당한다. 성장욕구는 조직에서 개인의 기술과 능력을 최대한 활용할 수 있는 과업, 새로운 기술과 능력을 창조적으로 개발할 것을 요구하는 과업 등을 담당할 때 충족될 수 있다.

Alderfer의 ERG이론은 욕구 단계를 세 단계로 나누었다는 점 외에도 다음과 같은 두 가지 점에서 Maslow의 욕구계층이론에 비해 융통성이 있다(윤정일 외, 2008: 80; 신철순, 1995; 박세훈 외, 2008: 69-70 재인용)

하나는 세 가지 수준의 욕구가 어느 정도 동시에 작용할 수 있다는 점이다. Maslow의 이론은 하위계층의 욕구가 만족되어야 다음 단계의 욕구가 발생한다고 한 데 반하여 ERG이론에서는 여러 욕구를 동시에 경험할 수 있다고 하였다. 예컨대, 봉급이 적어서 식비나 주거비를 걱정하는 교사가 지적인 자극을 위해서 새로운 지식을 추구하거나 동료교사와 돈독한 우정을 유지하는 데 관심을 가질 수 있다는 것이다.

다른 하나는 Alderfer는 한 하위욕구가 만족될수록 상위욕구는 진행해 간다는 만족-진행과정에 더하여 좌절-퇴행과정도 인정하고 있다는 점이다. 이는 상위욕구인 성장욕구를 추구하다가 좌절되면 하위욕구인 관계욕구가 중요한 동기요인으로 작용한다는 것이다. 예컨대, 어떤 이유로든 지적인 성장의 욕구가 거부된 교사는 사회적인 관계에서 오는 만족을 확대하기 위해 노력할 것이다.

3) Herzberg의 동기-위생이론

Herzberg(1959)와 동료들은 동기와 직무분석 연구를 통하여 욕구이론에 근거를 둔 동기-위생이론(Motivation-Hygiene theory)을 개발하였다. Herzberg는 일 자체가 성취와 책임을 경험하게 하고 흥미와 도전감을 제공하며 승진과 성장의 기회를 제공하여 내적으로 동기화함을 지적하였다. 그는 200여명의 기술자와 회계사를 대상으로 일을 하면서 즐거웠던 또는 불쾌했던 시간이나 사건을 회상하게 한 다음, 면접을 통해 왜 그러한 감정을 느끼게 되었고 이것이 성과와 어떠한 관계가 있는지를 조사하였다. 이러한 실증적 연구를 통해 조직의 구성원에게는 긍정적 직무태도를 가져오는 요인들은 개인의 심리적 성장을 만족시키는 잠재력으로 인해 동기 요인이 된다는 결론을 얻게 된다. 면접을 통해 나타난 긍정적인 사건들은 성취, 성취에 대한 인정, 도전적 작업 그 자체, 책임감, 승진 등과, 부정적 사건들은 상급자나 동료와의 관계, 기술적인 감독, 회사의 정책과 행정, 작업조건, 급여 등과 각각 관련되어 있다는 사실을 발견하였다. 이를 통해 직무를 수행하는 데 있어 어떤 요인들은 개인의 직무만족을 증가시켜 주지만, 이 요인이 없다고 해서 반드시 직무불만족을 가져오지 않는다는 결론을 내리고 있다.

〈표 5-2〉 Herzberg의 동기-위생 이론

동기요인	위생요인
일 그 자체, 성취, 인정, 책임, 승진 ↓ 긍정적 태도, 만족	상사 · 동료와의 대인관계, 기술적 감독, 회사의 정책과 행정, 근무조건, 급여 ↓ 부정적 태도, 불만족

동기-위생이론에서는 개인에게 직무 만족을 주는 직무요인(동기요인, 만족요인)과 불만족을 주는 직무요인(위생요인, 불만족요인)으로 구분하고 있어 Herzberg 이론을 두 요인 이론(two factor theory), 이중요인 이론(dual factor theory)이라고 지칭하기도 한다. 불만족 요인을 위생요인으로 명명한 것은, 의학적 은유로서, 비록 위생이 심각한 전염병을 예방하는 데는 아주 중요하지만, 위생 하나만으로는 치료가 되지 않는 것과 마찬가지로 위생요인만으로는 높은 수준의 만족을 가져올 수 없

다는 의미를 가진다.

Herzberg 이론의 기본 가정은 다음과 같다(Hoy & Miskel, 2007; 오영재 외, 2007: 152).

- 직무만족과 불만족을 설명하는 두 가지의 상호 구분되는 요인들이 있다.
- 동기요인은 만족을 만들어내는 경향이 있고, 위생요인은 불만족을 낳는 경향이 있다.
- 직무만족과 불만족은 반대적인 개념이 아니라 상호 구분되는 독립된 차원이다.

동기요인은 개인으로 하여금 직무에 대해 만족하고 긍정적인 태도를 갖게 하는 요인으로 모두가 실제 직무나 직무내용과 연관된 것들이다. 한편, 위생요인은 구성원이 직무를 수행하는 환경, 상황, 구성원 간의 관계와 관련되어 직무 불만족을 초래하는 요인과 연관된 것들이 많다. 따라서 동기요인이 충족되면 만족을 증가시키게 되지만, 동기요인이 충족되지 않았을 때는 단지 최소한의 불만족이 나타난다고 가정한다. 반면, 위생요인이 충족되지 않을 경우에는 부정적 태도가 나타나 직무불만족을 낳고, 위생요인이 충족되었다 하더라도 최소한의 직무만족만을 가져올 뿐이라고 하였다.

동기-위생이론은 폭넓게 받아들여지고 있으나, 직무만족을 가져오는 요인과 직무 불만족을 가져오는 요인의 구분이 명확치 않으며, 일치된 연구결과를 보여주지 못한다는 점, 이론의 초점이 '만족' 자체이지 개인의 실제 '동기'가 아니라는 점, 개인차를 무시하고 있다는 점에서 비판을 받았다.

학교조직에 있어서 동기-위생이론은 행정가로 하여금 교사에게 직무 불만족을 가져올 요소를 제거하는 것과, 교사가 가르치는 일 자체에 흥미를 가질 수 있도록 지원하는 것, 이들 양 차원을 각각 다르게 인식하고 효과적으로 지원해야 함을 시사한다.

3. 동기의 과정 이론

과정이론은 인간의 욕구가 어떤 과정을 통해서 행동을 유발하는가에 초점을 맞춘 이론으로, 동기가 발생되는 과정에서의 변수, 그리고 변수들 간의 상호 관련성을 밝히려는 이론이다. 과정이론은 사람들이 목표달성을 추구하면서 거치게 되는 어떤 공통적인 심리적·행동적 과정을 확인함으로써 동기를 잘 이해할 수 있다고 보았다. 인간의 동기과정은 너무나 복잡하여 이를 설명하는 이론들은 수없이 많은데, 이 가운데 대표적인 Vroom의 기대이론, Adams의 공정성이론, Locke의 목표설정이론을 살펴본다.

1) Vroom의 기대이론

기대이론(Expectancy theory)은 Vroom(1964)에 의해 발전되었으며, 유인가(valence), 보상기대(instrumentality), 성과기대(expectancy)의 개념을 중심으로 하고 있어 VIE 이론이라고도 한다. 기대이론은 다음의 두 가지 기본적 전제에 기초한다(Hoy & Miskel, 2007; 오영재 외, 2007: 169).

- 개인은 미래의 사건에 대해 생각하고, 추리하며, 미래의 사상을 예측하는 능력을 사용하여 자신의 조직행동을 결정한다. 동기는 의식적이고 인지적인 과정으로, 개인은 자신의 행동이 가져올 결과 혹은 개인적 보상에 대한 기대된 가치를 주관적으로 평가한 후 어떻게 행동할 것인지를 선택한다.
- 개인의 가치와 태도는 역할기대와 학교문화와 같은 환경적 요소들

과 상호작용하여 행동에 영향을 준다.

기대이론은 이들 기본 전제와 이론을 구성하는 주요한 세 가지 기본 개념을 토대로 하고 있다. 기대이론의 기본 모형은 [그림 5-1]과 같다.

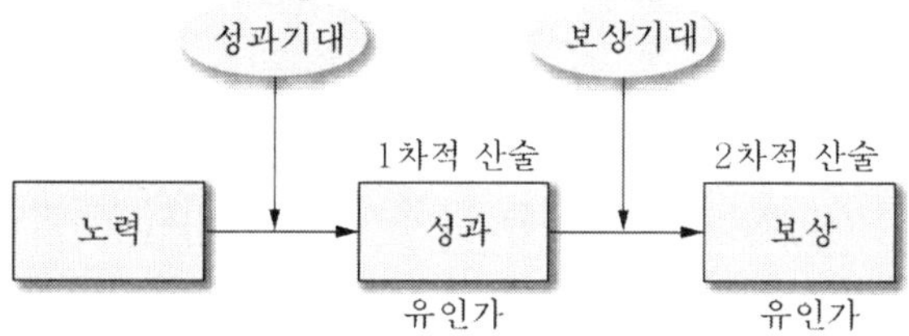

[그림 5-1] 기대이론의 기본 모형

• **유인가** : 유인가는 특정의 목표, 결과, 보상, 유인체제 등에 대해 개인이 부여한 주관적 가치, 선호, 매력, 욕망의 강도를 말한다. '나는 내 노력의 결과로 받게 될 보상에 대해서 어떻게 느끼고 있는가?' '나는 이 결과를 얼마나 좋아하는가?'에 대한 질문의 답으로 표현할 수 있다. 예를 들어 동료들의 인정과 지원을 갈망하는 조직의 구성원은 인정과 지원 자체에 긍정적인 유인가를 부여할 것이고, 그렇지 않으면 부정적 유인가를 부여할 것이다. 교사에게는 유능함, 자율, 인정, 성취, 창의성 등이 가치 있는 유인가가 될 것이며, 이는 높은 수준의 만족감을 줄 것이다.

• **성과기대** : 성과기대는 노력을 통해서 특정결과가 나오리라는 가능성에 관련된 믿음, 주관적 확률이다. 개인이 열심히 일하면 과업 수행이 개선될 것이라고 믿는 것, '내가 열심히 노력하면 성공할 것인가?'에 대한 표현이 된다. 교사가 더 열심히 노력하면 학생의 성취를 개선할 확률이 높다고 생각한다면 그 교사는 높은 성과기대를 가지고 있는 것이다. 성과기대는 0~1까지의 값을 가질 수 있는데, 0은 완전한 의심을, 1은 완전한 확신을 의미한다. 이와 같이 성과기대는 노력과 성과와의 관계에 대하여 어떻게 자각하는가를 의미한다.

• **보상기대** : 보상기대는 좋은 과업을 수행한 후에는 주목을 받거나 보상을 받을 것이라고 인지하는 주관적인 확률이다. '내가 만약 성공한다면 나는 무엇을 보상으로 받을 것인가?' '내가 원하던 수준까지 노력한다면, 어떤 결과가 있을 것인가?'에 대한 표현으로 나타날 수 있다. 성과와 보상 간의 관계에 대하여 어떻게 지각하느냐에 관련된 것으로, 예를 들어 교사가 자기 학급 학생들의 높은 성취가 자신의 교수능력을 공식적으로 인정받는 결과를 가져올 것이라고 생각한다면, 교사는 높은 보상 기대를 갖고 있다. 보상기대는 -1~1까지의 값을 갖는다.

Vroom은 기대이론에서 동기를 유발하는 힘을 다음과 같이 표현하면서, 유인가와 성과기대 그리고 보상기대가 모두 높을 때 동기 부여가 높을 것이라고 하였다.

동기 부여 = f (성과기대, 보상기대, 유인가)

학교조직을 대상으로 한 기대이론에 관한 연구를 살펴보면, 기대동기가 높은 학교장은 기대동기가 낮은 학교장보다 더욱 적극적으로 학교의 의사결정에 영향력을 미치려고 하고(Richard T. Mowday, 1978), 고도로 집권화되고 계층화되어 있는 학교의 교사들은 기대 동기적 힘이 낮은 것으로 보아 기대 동기와 집권화 · 계층화화는 강한 부적 관계가 있으며(H. Scott Herrick, 1973), 교사들의 기대동기가 교사의 직무만족, 학교에 대한 학생의 태도, 인식된 학교효과성과 일관된 상관관계가 있음(Miskel et al., 1983)을 확인하였다(오영재 외, 2007 : 172). 이와 같이 기대이론은 조직 구성원이 조직 내에서 행하는 모든 행동의 동기에 대한 이유를 전적으로 설명해주지는 못하지만 동기화되는 이유는 충분히 설명해 주고 있다고 평가된다.

2) Adams의 공정성이론

공정성이론(Equity theory)은 인지된 공정성, 즉 조직 내 개인들이 다른 사람에 비해 어느 정도 공정하게 대우받고 있는지에 관한 지각에 초점을 둔 사회적 비교이론이다. 개인은 자신의 투입에 대한 산출을 타인의 투입/산출 비율과 비교하여 자신이 공정하게 취급받고 있는지를 결정한다(Kulik & Amborse, 1992).

공정성이론에서는 투입/산출의 비율이 자신의 비교대상과 대체로 동일하다면 자신에 대한 처우가 공정하다고 인식하지만, 그 비율이 비슷하지 않다면 자신이 공정하게 대우받지 못한다고 인지하여 불공정 의식이 생기게 되는 것으로 설명한다. 즉, 조직내 구성원 A의 투입을 A(I), 산출을 A(O), A가 비교 대상으로 삼은 B의 투입을 B(I), 산출은 B(O)라고 가정할 때, A는 A(O)/A(I) = B(O)/B(I)일 때 공정하다고 인식할 것이다. A(O)/A(I) 〉 B(O)/B(I)인 경우에는 타인의 노력에 비해 자신이 더 많은 보상을 받고 있다는 과도 보상을 지각하여 부담감을 느끼게 될 것이고, A(O)/A(I) 〈 B(O)/B(I)인 경우에는 자신의 노력에 비해 더 적은 보상을 받고 잇다는 과소보상을 지각하여 불만족을 느끼게 될 것이다. 이와 같은 불공정성은 사람을 분노하게 하고, 불공정성을 제거하기 위한 행동이 취해지는데, 이러한 불공정성이 초래하는 대표적인 결과 가운데 하나가 동기를 감소시키는 것이다. 불공정성을 감소시키기 위해 개인은 다음과 같은 행동을 취사·선택하게 된다.

- **투입의 조정** : 불공정성이 자신에게 유리하냐 불리하냐에 따라 투입을 증가시키거나 감소시킨다. 예를 들어 과도 보상을 느낄 때는 직무에 대한 노력을 증가시키는 반면 과소보상을 느낄 때는 직무에 대해 노력을 덜 기울일 것이다.

- **산출의 조정** : 투입의 조정 없이 자신의 산출기준을 변경시킨다. 승급이나 다른 보상과 같은 이득의 증대를 추구하게 된다.
- **인지적 왜곡** : 실제 투입이나 산출을 변경하는 것이 아니라 인지적으로 왜곡하는 방법을 통하여 불공정성을 감소시키고자 한다. 예를 들면 '나는 타인보다 더 열심히 노력했으므로 과도 보상이 당연하다.' '타인이 나보다 능력이 있다.'등의 인지적 왜곡을 통해 과도 보상이나 과소 보상을 정당화 한다.
- **비교 대상의 변경** : 비교대상을 변경함으로써 불공정성을 감소시키고자 한다.
- **조직 이탈** : 불공정성을 일으키는 조직을 떠남으로써 불공정성을 없애려는 극단적 조치를 취한다.

공정성이론에서 투입과 산출의 대표적 요인에 대해 Andrew Szilagyi Jr.와 M. J. Wallance Jr.(1990: 130)는 투입요인으로 노력, 교육, 과업달성, 능력 등을, 산출요인으로 급여, 승진, 인정, 성취, 지위 등을 각각 밝혔다. Greenberg(2000)는 공평한 절차와 실천이 조직의 과업에 대한 수용 정도를 높였다고 하였다.

그러나 공정성이론에서는 공정성에 대한 개인의 판단이 주관적이라는 점, 조직 내의 개인은 마땅히 받을 만큼에 비해 더 받는 것보다는 더 적게 받는 것에 훨씬 더 민감하게 반응한다는 점, 공정성과 정의는 많은 개인에게 있어 중요한 동기적 힘이 된다는 점에 대해 좀더 논의가 필요하다(Hoy & Miskel, 2007; 오영재 외, 2007: 168-169)고 지적되고 있다

3) Locke의 목표설정이론

목표설정이론(Goal setting theory)은 인간의 행위는 목표를 성취하고자 하는 의도가 직무 활동의 주요한 동기요인이 된다고 가정한다. 인

간의 행위는 조직과 개인이 설정한 목표에 따라 달라질 정도로 구성원의 행위 자체에 큰 영향을 미친다. 목표는 개인이 의식적으로 성취하고자 하는 것으로, 내용 및 강도가 동기 유발을 위한 중요한 기제가 된다. 목표의 내용은 하고자 하는 활동이나 얻고자 하는 성과와 관련을 가지고, 목표의 강도는 목표에 부여한 중요성의 정도와 관련을 가진다.

Locke는 목표 설정과 과업 수행에 관련된 주요 과정을 [그림 5-2]와 같은 모형으로 제시하였다.

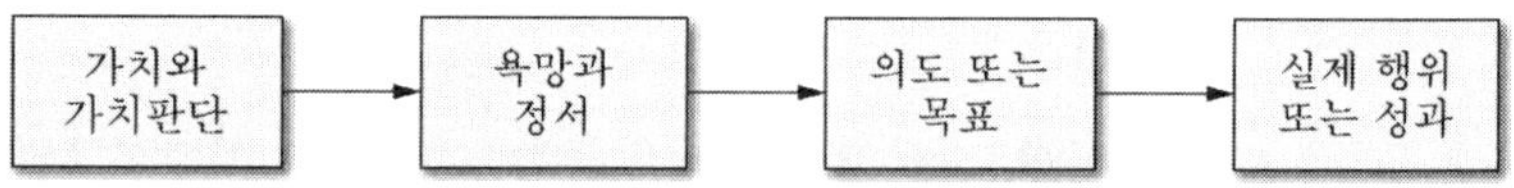

[그림 5-2] Locke의 목표 설정 과정

인간은 자신이 가지고 있는 가치와 판단 기준을 바탕으로 욕망(desires)이나 정서(emotion)를 형성하게 되고, 이는 목표를 설정하게 하여 실제 행위를 결정하는 요인이 된다는 것이다. 또한 Locke와 Latham(1990)은 목표가 가지는 긍정적 효과를 다음과 같이 설명한다.

- 목표는 개인을 집중하게 함으로써 즉시적인 과업에 대한 주의력을 증가시킨다.
- 목표는 다른 무엇보다도 목표와 관련된 활동에 투입하는 노력을 증진시킨다.
- 명료하게 확립된 목표는 목표를 포기하려는 유혹을 줄여주므로 지속성을 증가시킨다.
- 목표 설정은 구체적인 과업 수행 방법을 개발하도록 고무시켜 동기와 과업 수행 수준을 증가시킨다.

또한 성공적인 목표는 다음의 조건을 충족해야 한다고 제안하였다.

- 목표는 구체적이어야 한다.

- 목표는 도전적이어야 한다.
- 목표는 달성가능한 것이어야 한다.
- 개인들은 목표에 전념해야 한다.

구체적인 목표는 일반적이고 모호하고 막연한 목표나 전혀 목표가 없는 것보다 더 높은 과업 수행을 가져온다. 일반적인 목표는 모호하여 개인이 자신의 과업 수행에 대한 평가를 하는 데 있어 자신에게 유리한 쪽으로 해석하게 하지만, 구체적인 목표는 분명한 기준을 가지고 있기 때문에 자의적인 해석이 불가능하다(Latham & Locke, 1991). 목표는 어려울지라도 그것이 개인에게 수용된다면 쉬운 목표보다 더 높은 수준의 과업 수행을 가져오고, 수행 수준에 따른 자기 만족도도 높다(Locke & Latham, 1990). 또한, 개인이 자신의 목표를 스스로 선택하였는지, 공동으로 설정하였는지, 타인에 의해 지정되었는지와 관계없이 목표가 개인에게 수용되었는지에 따라 효과적인 동기화의 여부가 결정된다(Erez & Zidon, 1984).

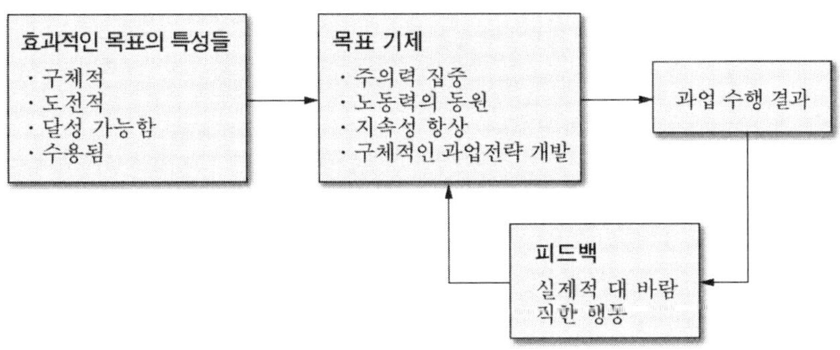

[그림 5-3] 목표설정이론

[그림 5-3]에서 설명하는 바와 같이, 목표설정이론은 구체적이고 도전적이며 달성 가능한 목표는 과업수행의 전략의 개발뿐만 아니라 동기를 증대시킬 수 있고, 실제로 증가시켜 주고 있다는 것을 시사해 주고 있다. 또한 목표달성의 진보에 대한 피드백은 주의력, 노력, 지속성

을 강화시키고, 더욱 효과적인 목표 달성 전략을 재정립하고 변경시킬 수 있는 정보를 제공한다. 다시 말해 개인이 동기화되기 위해서는 '현재의 위치'와 '희망했던 상태' 간의 괴리를 정확하게 인식할 필요가 있는데, 피드백은 개인으로 하여금 그들의 발전 정도를 평가할 수 있도록 도와주는 역할을 함으로써 자신감, 분석적 사고, 향상을 향한 수행 등의 경향을 보일 것이다(Hoy & Miskel, 2007; 오영재 외, 2007: 159-161). Locke와 Latham(1989) 등은 목표가 설정된 상태에서 목표를 달성하는 것은 직무만족이나 높은 동기를 불러일으키며, 설정한 목표를 달성하지 못한 경우라도 좌절보다는 낮은 동기를 불러일으킨다고 하였다.

학급 및 학교를 경영함에 있어서도 명확하고 분명한 목표를 제시해 주는 것은 성과를 높일 수 있을 것이다. 목표설정이론은 과업동기의 주요원천이 된다는 지지를 받고 있으나, 어떠한 요인이 개인으로 하여금 목표를 수용하게 하는지 구체적으로 제시하지 못한 점, 교육이나 행정과 같은 복잡한 직무에서 목표를 무엇으로 설정하고 달성 정도를 어떻게 평가하는가와 관련된 점 등은 미비한 점(노종희, 1992)으로 지적되고 있다.

참고문헌

노종희(1992). 『교육행정학-이론과 연구』. 서울 : 문음사
박병량 · 주철안(2005). 『학교학급경영』(개정판). 서울 : 학지사
박세훈 외(2008). 『교육행정 및 교육경영』. 서울: 학지사
오영재 외(역)(2007). 『교육행정-이론, 연구, 실제(7판)』. 서울 : 아카데미 프레스
윤정일 · 송기창 · 조동섭 · 김병주(2008). 『교육행정학원론(5판)』. 서울: 학지사
이용걸(1971). 『학습의 기초』. 서울 : 배영사
Erez, M., and Zidon, I. (1984). Effects of Goal Acceptance on the Relationship of Goal Difficulty to Performance. *Journal of Applied Psychology*, 69, 69-78.
Gary Johns. (1983). *Organizational Behavior : Understanding Life at Work*. Gleniew, I. L. : Scott, Foresman.
Greenberg, J. (2000). Promote Procedural Justice to Enhance Acceptance of Work Outcomes. *Handbook of Principles of Organizational Behavior*, 181-195.
Herzberg, F., Mausner, B., and Snyderman, B.(1959). *The Motivation to Work*. New York : Wiley.
Hoy, Wayne K. & Miskel Cecil G. (2007), *Educational Administration-Theory, Reserch, and Practice*, 7th. Mcgraw- Hill.
Kulik, C. T. & Amborse, M. L. (1992). Personal ana Situational Determinants of Referent Choice. *Academy Management Review*, 17, 212-37.
Latham, G. P., & Locke, E. A. (1991). Self-Regulation through Goal Setting. *Organizational Behavior and Human Decision Processes*, 50, 212-247.
Maslow, Abraham H.(1970). *Motivation and Personality*, rev. ed. New York : Harper & Row.
Vroom, V. H. (1964). *Work and Motivation*. New York : Wiley.

제 6 장

학교 · 학급의 리더

조직의 성패를 좌우하는 요인은 다양하다. 그 중에서 지도자가 어떻게 리더십을 발휘하느냐는 조직의 효과성을 결정하는 중요한 변인이 된다. 학교 조직에 있어서도 교육의 목적을 효율적으로 달성하기 위하여 조직구성원과 상호 협동적 노력을 유도 · 촉진하고, 구성원의 활동에 효과적인 영향을 미칠 수 있는 지도성은 중요하게 인식되고 있다. 국가 간의 무한 경쟁 가속화로 인한 생존 전략의 차원에서 교육 개혁을 중차대하게 추진하고 있는 현재에 있어서 각국에서는 학교평가를 확산 · 보급하고 있다. 이러한 학교평가의 영역과 내용으로도 행정가의 지도성은 중요하게 고려되고 있다. 이와 같이 학교 조직에 있어서 행정가의 지도성은 학교교육활동 및 경영활동의 질을 결정하고 학교 교육의 목적을 달성하는 데 직접적인 영향을 준다는 점에서 매우 중요하다. 본 장에서는 지도성의 개념을 정립하고, 교육행정학에서 연구된 지도성의 이론적 흐름을 고찰한다.

1. 지도성의 개념

교육행정의 연구에서 지도성(leadership)만큼 많이 연구된 주제도 찾기 힘들다. 그럼에도 불구하고 지도성을 분명하게 정의하기 어려운 것은 지도성이 그 관점이나 접근방법에 따라 다양하게 정의되고 있기 때문이다. Bennis(1989)가 밝힌 바와 같이, 지도성은 미(美)와 같아서 정의하기는 어려워도 그것을 보고 나면 알 수 있는 추상적 개념이다(박세훈 외, 2008).

지도성에 대해 Etzioni(1961)는 본질적으로 규범적인 것이고 주로 개인의 특성에 기초한 권력으로 보았으며, Lipham(1964: 122)은 조직의 목적과 목표를 달성하거나 변화시키기 위하여 새로운 구조나 절차를 창출하는 것으로 보았다. Stogdill(1950: 4)은 목표 설정과 목표 달성을 위해 조직화된 집단의 활동에 영향을 주는 과정으로 규정하며, 지도성에 대한 여러 정의를 범주화하였다. Hersey와 Blanchard(1977)는 지도성을 일정한 상황하에서 목적 달성을 위해 개인이나 집단의 활동에 영향을 미치는 과정으로 정의하였다. 그래서 그들은 지도성을 지도자와 추종자 및 상황 변인 간의 함수관계로 나타낼 수 있다고 하였다. Kats와 Kahn(1978: 527-528)은 지도성의 성격과 의미를 기술하면서, 지도성의 구성 요소로 직위의 속성, 개인의 특성, 실제 행동의 범주를 들고 있다. 그러나 오늘날 직위의 속성이나 개인의 특성은 지도성의 한 구성 요소로 고려되고 있기는 하지만, 지도성을 포괄적으로 설명하기는 부족하다는 점이 밝혀지고 있다. 왜냐하면 조직의 상위직에 있다고 해서 반드시 지도력이 있다거나, 반대로 상위직에 있지 않다고 해서 지도력이 없다거나 하는 것은 아니기 때문이다. 또한 지도자가 소유하고 있는 특성을 조직의 구성원도 지니고 있으며, 어떠한 상황에서도 적용할 수 있는 지도적 특징을 발견할 수 없기 때문이다. 지도성의 개념과 관련하여 이론적·실증적으로 확인된 바를 Gibson(1991: 363) 등은 다음과 같이 제시하였다.

- 지도성의 개념이 관리의 개념과 동일한 것은 아니다.
- 지도성의 개념은 복잡하다.
- 지도성의 속성은 경험과 훈련과정 및 분석을 통해 개발될 수 있다.
- 지도성의 효과성은 지도자와 추종자 그리고 상황 변인 사이의 적합성에 따라 달라진다.
- 지도성은 다양한 조직 및 상황에 따라 다른 것으로 대체될 수 있다. 즉, 지도성은 어떤 상황에서는 의의 있는 영향력을 발휘하지 못한다.

이상에서 논의한 내용을 중심으로 지도성의 개념을 정의하면, 지도성이란 Yukl(2002)의 정의한 바와 같이, 조직 또는 집단 구성원 가운데 한 사람 또는 일부가 조직 내외의 사건에 대한 해석, 목적 또는 기대성과의 선택, 업무활동의 조직, 개인의 동기와 능력, 권력관계, 조직이 나아가야 할 방향의 공유 등에 영향을 미치는 사회적 과정이라고 광범위하게 볼 수 있다(오영재 외, 2007 ; 424).

지도성 연구의 접근방법이나 이론은 학자에 따라 매우 다양하다. 본 장에서는 비교적 광범위하게 적용되고 있는 지도성 이론으로 특성론, 행위론, 상황적응적 접근에 더해 비교적 최근의 연구 경향인 새로운 지도성 이론을 살펴보고자 한다.

2. 지도성의 특성론적 접근

지도성의 특성이론은 지도성을 개인의 특성에 초점을 두고 설명한 이론이다. 1950년대까지 지도성에 대하여 연구자들은 리더의 역량을 결정하는 유일한 요소로 리더만이 가진 특성, 추종자와 구별되는 지도자의 독특한 특성을 파악하고자 했다. 많은 사람들은 Aristotle처럼 사람은 출생의 순간부터 추종자와 지배자로 운명지어진다고 믿고, 리더십을 결정하는 주요 요소는 유전적으로 물려받는다는 것으로 보았다. Bass (1990)는 20세기 초까지 지도자들은 유전적 특성이나 사회적 환경 때문에 일반 사람들과는 구별되는 자질과 능력을 구비한 우수한 개인이라고 간주되었다고 하였다. 이러한 일련의 연구와 관점을 리더십의 특성적 접근(trait approach leadership)이라고 한다. 이러한 특성론적 접근은 1940년대와 1950년에 많이 이루어졌으며, 대표적인 연구로 Stogdill(1948)은 1904년에서 1947년 사이에 수행된 124개의 특성 연구를 검토하고, 일반적 범주로 분류하였다.

- 능력 : 지능, 민첩성, 언어 유창성, 독창성, 판단력
- 성취 : 학식, 지식, 운동 성취
- 책임 : 의존성, 지구력, 공격성, 자신감, 탁월하려는 욕망, 신뢰, 솔선, 인내력, 적극성
- 참여 : 활동성, 사교성, 협농성, 적응성, 유머
- 지위 : 사회경제적 지위, 대중성

이외에도 지도성의 특성론적 접근에서 밝힌 지도성의 특성에는 신체적 특성, 성격적 요인, 욕구, 가치, 에너지와 행동 수준, 과업과 대인관계, 능력, 지능 등이 포함된다. 그러나 Stogdill은 지도자와 비지도자를

일관되게 구별해주는 수많은 특성들을 발견하였으나, 특성적 접근에 따른 연구결과가 일관적이지 않아 이론적 가치가 없는 것으로 결론짓고, 지도성과 연관된 요소로 상황적 요인을 추가하였다.

지도성에 대한 특성론적 접근은 오늘날까지도 자주 연구되고 있다. 그러나 지도자의 인성적 특성에 초점을 둔 지도자와 추종자간의 비교보다는 지도자의 과업에 관련된 능력적 특성과 지도자의 효과성에 관한 연구 등으로 전환되었다. Katz(1974)는 효과적인 지도성을 위해 조직에서 필요한 기술을 직책에 따라서 사무능력(하위직책), 인간관계능력(중간관리자), 상황파악능력(최고관리자)의 세 가지로 파악하였다. Yukl(2002)은 효과적인 지도성과 관련된 기술과 특성으로 인성특성(자신감, 스트레스에 대한 인내, 정서적 성숙, 성실), 동기특성(과업과 대인관계 욕구, 성취지향, 권력욕구, 기대), 기능(기술적, 대인관계적, 개념적, 행정적) 등으로 구분하면서 지도자는 자신의 장단점을 바로 알고 새로운 기능을 습득하고, 이전의 기능을 개발하고 결함이나 약점을 보강하는 것이 중요하다는 것을 인지해야 함을 역설하였다(오영재 외, 2007: 427-431).

3. 지도성의 행위론적 접근

행위론적 접근에서는 지도자는 어떻게 행동하는가, 효과적인 지도자와 비효과적인 지도자의 행동 유형은 어떻게 차이가 있는가에 주목한 일련의 연구들이 수행되었다. 행위론적 접근에서는 지도자의 행위를 관찰, 분석, 기술하여 지도성 행위의 유형을 밝히고자 하였다. 대표적인 연구로 아이오와 대학의 연구, 오하이오 주립대학의 연구, 미시간 대학의 연구, Tannenbaum과 Schmidt의 연구, Blake와 Mouton의 연구 등이 있다.

1) Lewin의 아이오와 대학의 연구: 권위적 · 민주적 · 자유방임적 리더십

지도성에 대한 행위론적 접근의 효시를 이루는 연구는 Lewin(1938) 등이 주도한 지도성과 집단생활에 관한 실험적 연구이다. 이 연구에서는 지도성 유형을 전제형, 민주형, 자유방임형으로 분류하여, 11세의 초등학생 20명을 네 집단으로 구성하여 통제집단과 실험집단으로 구분한 후 세 유형의 지도자 역할을 연출하도록 하였다. 그리고 각 유형의 지도성이 아동에게 미치는 영향과 지도자가 바뀔 때 아동의 반응을 분석하였다. 이 연구에서는 민주형의 지도자가 이끄는 집단은 구성원의 만족도가 가장 높고 민주형의 지도자를 가장 선호하였으며, 권위적인 지도자를 가장 싫어한다는 결과가 나왔다. 이 연구는 지도자의 행위 유형이 집단 구성원의 태도와 효과성에 미치는 영향을 분석하여 지도성에 대한 행위론적 접근의 효시라는 점에서 의의가 크다. 그러나 실험 과정에서 환경 변인에 대한 통제가 없었고 소집단을 대상으로 하였다는 점 등으로 연구결과를 일반화하기에는 무리가 있다는 평가를 받고 있다(윤정일 외, 2008: 96-97).

2) 오하이오 주립대학의 연구 : 구조성 차원/배려성 차원

오하이오 주립대학교에서 시작된 지도자행동기술설문지(LBDQ: Leder Behavior Description Questionaire)에 관련 연구는 널리 알려져 있다. 이 설문지는 지도자 행동의 두 가지 기본적 차원인 구조주도와 배려를 측정하여 지도자로서의 자신의 행동과 다른 사람의 지도자적 행동을 서술할 수 있도록 하였다.

• 구조 주도(Initiating structure) : 조직형태, 의사소통 방식 및 경로, 절차 등을 설정하는 지도자의 모든 행동을 측정하여 지도자와 구성원

간의 관계를 기술하려는 차원이다.

• 배려(Consideration) : 우정, 신뢰, 온정, 관심, 존경과 존중을 나타내는 지도자의 행동을 측정하여 지도자와 구성원 간의 관계를 기술하려는 차원이다.

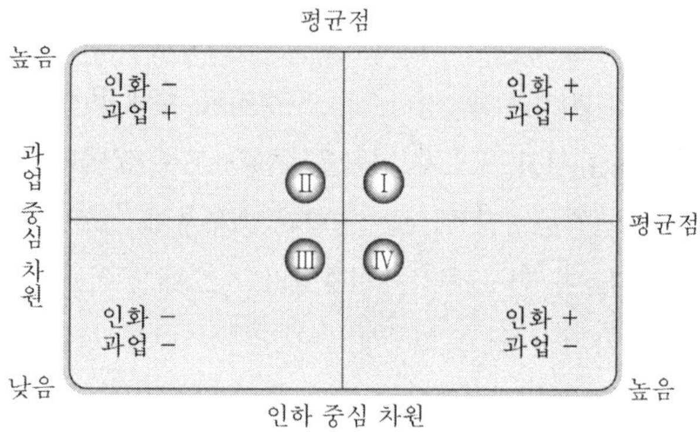

[그림 6-1] 지도성의 유형

지도성 유형을 [그림 6-1]과 같이 나타냈을 때, 구조주도와 배려에 관한 LBDQ에서 두 차원 모두 점수가 높은 이들은 역동적 지도자가, 두 차원 모두가 낮은 점수를 나타낸 이들은 수동적 지도자가 된다. 배려에서 낮은 점수를 얻었지만 구조 주도 차원에서 높은 점수를 얻은 이들은 구조적 지도자, 배려 차원에서 높은 점수를 구조 주도 차원에서 낮은 점수를 얻은 이들은 배려적 지도자가 된다. 배려는 구조화된 상황에서 일하고 있거나 스트레스와 좌절감·불만족 가운데서 과업을 수행하는 구성원에게 만족을 주는 긍정적 효과가 있다. 지도자의 구조주도적 행위는 직무규정이 불명확한 경우 집단의 업무수행을 높이는 데 영향을 주는 것으로 나타났다. 구조주도와 배려의 양 차원 행동이 보여주는 강점을 일관된 패턴으로 통합하는 지도자 행동(역동적 지도자)이 바람직하지만, 상황적 변인을 고려하여 보다 적절한 지도성 행위를 조화시키는 노력이 필요할 것이다.

오하이오 주립대학의 LBDQ 연구가 밝힌 주요 결과는 다음과 같다

(Halpin, 1966).

- 구조주도와 배려는 지도자 행동의 기본 차원이다.
- 효과적인 지도자 행동은 대부분 이 두 차원의 빈번한 행동과 연관되는 경향이 있다.
- 지도자와 구성원은 효과성을 평가함에 있어서 지도자 행동 차원의 기여에 대한 평가가 서로 다른 경향이 있다. 지도자는 구조주도를 강조하는 경향이 있으며, 구성원은 배려에 더 관심을 두는 경향이 있다.
- 지도자들이 어떻게 행동해야 하는가에 대해 자신이 말하는 것과 구성원이 설명하는 것은 거의 일치하지 않는다.

Halpin(1956)은 교육감과 공군지휘관에게 LBDQ를 적용하여 비교한 연구에서 교육조직의 지도자는 공군지휘관에 비해 배려성 차원을 보다 강조하고 구조성 차원을 덜 강조한다는 결과와, 존경받지 못하는 지도자의 대부분은 구조성과 배려성 두 차원에서 모두 평균점 이하라는 사실을 밝혔다(윤정일 외, 2008: 98). LBDQ 관련 연구는 지도성 유형을 양극단으로 생각했던 종래의 연구와 달리 두 개의 축으로 표시하여 과업과 인화가 별개의 독특한 차원임을 밝혔다는 데 의의가 있다. 그러나 두 차원이 어떠한 비율로 어떻게 조직 효과에 영향을 주는지는 알 수 없으며, 지도성을 단지 두 차원에서만 파악하여 환경 요인을 고려하지 않았고 지도성의 효과성을 측정하는 데 질문지의 반응에만 의존하였다는 점 등에서 한계점을 지적받고 있다(박세훈 외, 2008).

3) 미시간 대학의 연구 : 직무중심/종업원 중심

미시간 대학의 사회조사연구소 초대 소장이었던 Likert(1981)와 동료들은 어느 지도자가 효과적 혹은 비효과적이라고 평가받는지를 구별하기 위한 접근 방법을 사용하여 다양한 조직에서 일하고 있던 지도자와 구성원을 대상으로 자료를 수집·분석한 결과, 지도성의 유형을 직무 중심 지도자와 종업원 중심 지도자로 나누고 지도자의 행위를 연구하였다.

효과적인 지도성의 원리와 방법을 발견하기 위하여 작업시간당 생산성, 구성원의 직무만족, 이직, 무단결근, 고충처리 신청 건수, 비용, 손실, 동기 부여 등의 지표가 사용되었다(박세훈 외, 2008).

- **직무중심 지도자** : 종업원에게 업무 분담, 철저한 감독, 생산 독려를 위한 유인체제를 강구, 종업원을 조직 목표의 달성 도구로 인식, 합법적·강압적인 권력 사용 등과 같은 과업 지향적 행동으로 나타난다.
- **종업원 중심 지도자** : 종업원에게 의사결정 위임, 종업원의 복지 및 당면 문제에 관심, 작업환경 조성, 종업원의 욕구 및 개인적 성장 중시 등과 같은 인간 지향적 행동으로 나타난다.

Likert가 사무, 판매, 제조업과 같이 다양한 업종에서 일하는 종업원과 이들의 감독자를 대상으로 분석한 결과에 따르면, 고생산 부서의 감독자들은 종업원 중심적이었으며 저생산 부서의 감독자들은 직무 중심적인 것으로 나타났다. 사무직을 대상으로 한 [그림 6-2]의 연구 결과에서도 종업원 중심 감독자가 직무 중심 감독자보다 높은 생산을 올리고 있음을 알 수 있다. 즉, 생산성이 높은 부서의 관리자는 구성원에게 조직의 목적이 무엇이고, 무엇을 달성해야 하는지를 설명한 후 수행 방법은 구성원에게 위임하는 것이 생산성을 높인다는 사실을 발견하였다(윤정일 외, 2008: 99).

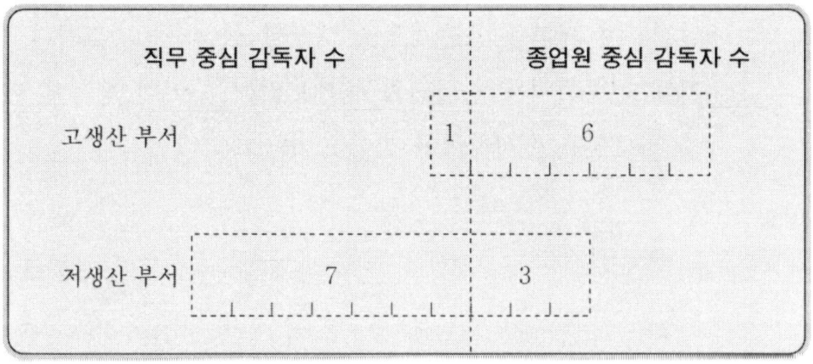

[그림 6-2] 관리자의 지도성과 생산성의 관계

미시간 대학에서 수행한 연구는 언제나 가장 효과적인 특별한 유형의 지도성은 없으므로 구성원의 기대와 가치에 부응하는 분위기와 여건을 조성하면서 구성원을 중심으로 지도성을 발휘해야 직무 성과가 높아짐을 시사하였다. 그러나 지도성의 유형을 단순히 두 측면으로만 검토하였고, 지도성의 유형이 상황에 따라 변화한다는 점을 무시하였으며, 상황적 요소(집단의 응집력, 구성원의 특성, 과업 특성 등)를 고려하지 않았다는 점에서 비판을 받았다(박세훈 외, 2008: 99)

4) Tannenbaum과 Schmidt의 연구

Tannenbaum과 Schmidt(1957)는 지도자의 권위정도와 의사결정에서의 구성원의 참여 정도에 따라 경영자 중심의 전제적 지도자와 구성원 중심의 민주적 지도자로 나누어지며, 이를 양극으로 하여 연속선상에 [그림 6-3]과 같이 다양하게 나타낼 수 있다고 하였다.

전제적 지도자일수록 독단적이고 과업지향적이며 통제를 행사하고 의사결정과정에 구성원을 배제하고 모든 결정의 혼자서 내리는 경향이 있다. 반면 민주적 지도자일수록 의사결정 권한을 구성원에게 이양하고 협의하여 결정하는 인간 지향적 경향이 있다. 이러한 양 극단 사이에는 지도자 자신, 집단, 상황에 따라 수많은 유형의 지도성이 존재할 수 있지만 가장 효과적인 지도자는 구성원 및 자신의 능력을 조직의 목표와 연결하여 권한을 효율적으로 배분할 줄 아는 지도자다. 따라서 전제적이든 민주적이든 양극단의 형태보다는 주어진 상황에 따라 융통성 있게 지도성을 행사하여야 한다고 주장하였다.

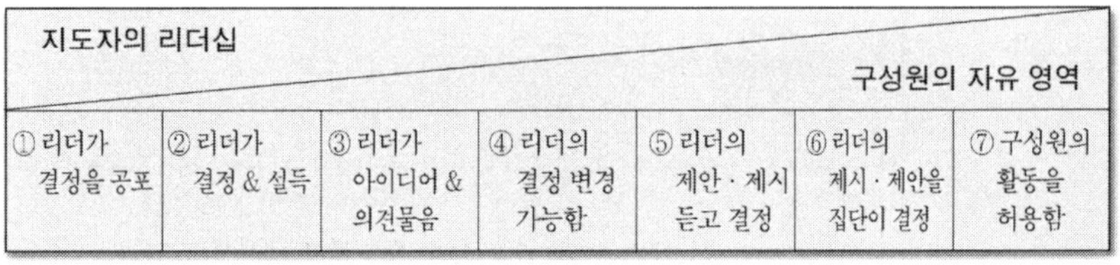

[그림 6-3] 지도자 행동의 연속성

그러나 이들 연구는 연속선상의 무수히 많은 행동 유형 중 정확히 어떤 행동 유형을 선택해야 할 것인가에 관해 엄밀하게 제시하지 못한 한계점을 가진다. 일반적으로 생산효과 측면에서, 전제적 유형과 민주적 유형을 그 우위를 결정하기 힘들며 자유방임적 유형은 최악의 상태를 가져오는 것으로 보인다(박세훈 외, 2008: 100).

5) Blake와 Mouton의 관리망이론

Blake와 Mouton(1984)은 지도자 성향의 양 차원을 생산에 대한 관심과 인간에 대한 관심으로 규정하고 [그림 6-4]와 같이 관리망(managerial grid)을 개발하였다. 관리망은 각 축을 1에서 9까지의 격자망으로 구분하여 1은 관심의 최저 상태, 9는 관심의 최고 상태로 정하고 각 격자망을 직선으로 이어 총 81개의 격자도를 만들었다. 그 중 기본적인 유형을 무기력형(1,1), 과업형(9,1), 중도형(5,5), 컨트리클럽형(1,9), 팀형(9,9)으로 나누고 팀형을 가장 이상적 추구형으로 보았다.

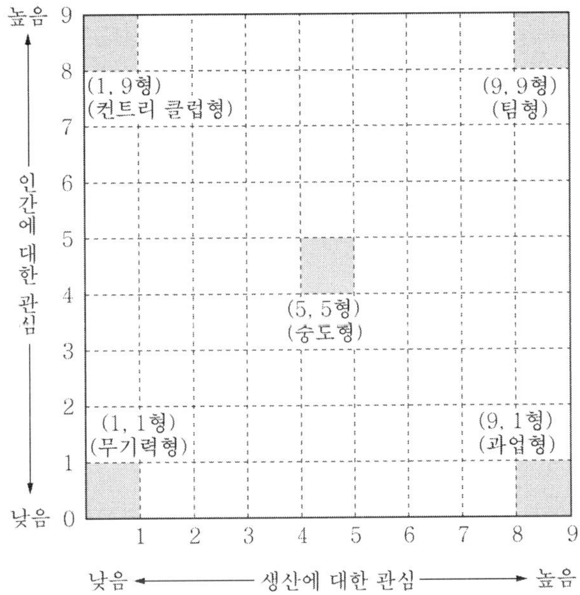

[그림 6-4] Blake와 Mouton의 관리망

- 무기력형 : 생산과 인간에 대한 관심이 적은 유형으로 조직에서 필요로 하는 최소한의 과업만을 수행한다.
- 과업형 : 생산을 극대화하는 데 관심을 쏟는 유형으로 생산성을 높이기 위하여 엄격한 규칙과 명령, 통제 등을 강조한다.
- 중도형 : 생산에 대한 관심과 인간에 대한 관심을 적당한 정도로 균형을 유지하는 유형으로 현상에 순응하고 중도를 유지하는 데 집중한다.
- 컨트리클럽형 : 동료와 부하직원간의 원만한 인간관계를 중심으로 조직을 운영하는 데 관심을 두는 유형으로 구성원들의 사회심리적 욕구 충족을 중시한다.
- 팀형 : 생산과 인간 두 차원에 모두 깊은 관심을 쏟는 유형으로 집단 구성원의 참여와 자아실현 욕구 충족 등을 통하여 조직의 지속적 개선과 종업원의 발전을 함께 이루는 것을 중요시 한다.

Blake와 Mouton은 팀형을 가장 이상적인 유형으로 보았으며, 여러 훈련기법을 통하여 이상적인 팀형의 지도자 유형에 접근하게 만든다는 것이 이론의 기본 발상이다. 이들은 효과적인 리더십이 되기 위해서는 상황에 적적해야 한다는 생각을 가지고 상황적 측면을 고려해야 함을 주장한 것으로 알려졌으나 실제 구체적인 상황과 적절한 행동을 연계시키는 연구는 수행하지 않았다(윤정일 외, 2008: 101).

이상에서 살펴본 행위론적 접근에서는 어느 한 지도성 유형이 효과적인가에 대한 답은 내리지 못하고 있다. 지도성의 효과를 향상시키기 위해서는 조직의 상황에 따라 다양한 행동 유형을 적절히 적용하는 것이 중요할 것이다. 이처럼 효과적인 지도성의 발현을 위하여 조직 내·외부의 환경과 상황을 고려하려는 상황적응적 접근이 나타나게 된 것이다.

4. 지도성의 상황적응적 접근

상황적응적 접근에서는 기본적으로 모든 상황에 적용할 수 있는 최선의 지도자 특성과 행위는 존재하지 않으므로 특정 상황에 적합한 지도성 유형이 있다고 본다. 다시 말해 상황적응적 접근은 지도성이 복합적인 개념이므로 지도자의 단일한 특성이나 특정한 행위로는 효과적인 지도성을 발휘하기 어렵기 때문에 상황에 적절한 지도성은 무엇인지, 효과적인 지도성을 발휘하게 하는 상황 요인은 무엇인지에 초점을 두었다. 대표적인 연구로 Fiedler의 상황론, House의 행로-목표이론, Reddin의 삼차원 리더십 유형, Hersey와 Blanchard의 상황적 리더십 유형 등이 있다.

1) Fiedler의 상황론

Fiedler는 지도성 연구에서 특정 상황 적응적 관계를 제안한 주요 모형을 최초로 구성하였다. Fiedler의 상황론(Contingency theory)에서는 조직의 높은 성취를 달성하는 데 있어 지도성의 효과는 지도자의 동기와 상황을 통제하고 영향을 주는 정도에 달려 있다고 보았다. 지도자가 효과적으로 통제해야 할 상황적 변인으로는 지도자와 구성원의 관계, 과업의 구조, 지도자의 지위 권력이라는 세 가지 요소를 제시하였다.

- **지도자와 구성원의 관계** : 지도자와 구성원의 관계의 질을 말하며, 지도자가 가지고 있는 구성원에 대한 신뢰, 지도자에 대한 구성원의 존경도 등에 의해 평가된다.
- **과업의 구조** : 과업이 명확하게 잘 규정되고 수행 방법이 체계화되어 있는 경우 구조화되어 있다고 한다. 과업의 구조성은 목표의 명료도, 목표 달성의 복잡성, 수행에 대한 평가의 용이도, 해결책의 다양성 등에 따라 구조화/비구조화로 구분된다.
- **지도자의 지위 권력** : 지도자가 합법적·보상적·강압적 권력을 가지고 구성원의 행위에 영향을 줄 수 있는 능력의 소유 정도를 말한다.

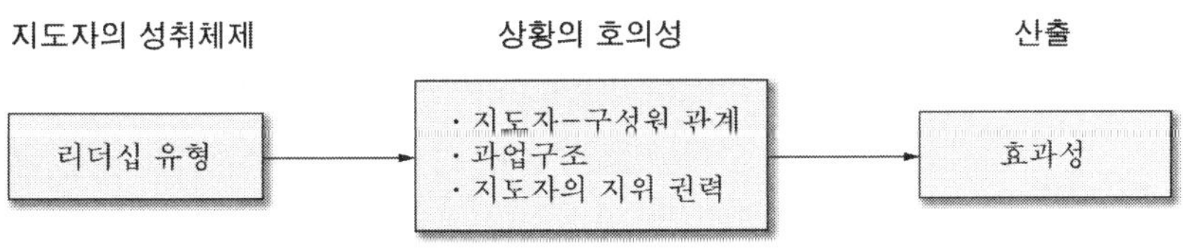

[그림 6-5] Fiedler의 상황론의 주요 변인

이러한 상황적 변인을 토대로 Fiedler는 [그림 6-6]과 같은 여덟 조합을 구성하고, 지도성이 효과적이기 위해서는 상황의 호의성에 따라 지도성 유형이 달라져야 한다는 것이다. 그는 상황의 호의성을 호의적,

중간, 비호의적의 3단계로 구분하고, 상황의 호의성 정도에 따라 효과적인 지도성 유형을 제시하였다. 상황의 호의성이 매우 호의적(Ⅰ,Ⅱ,Ⅲ)이거나 매우 비호의적(Ⅷ)인 상황에서는 과업 지향형의 지도자가 효과적이고, 호의성이 중간 정도(Ⅳ,Ⅴ)의 경우에는 관계 지향형의 지도자가 효과적이라고 하였다.

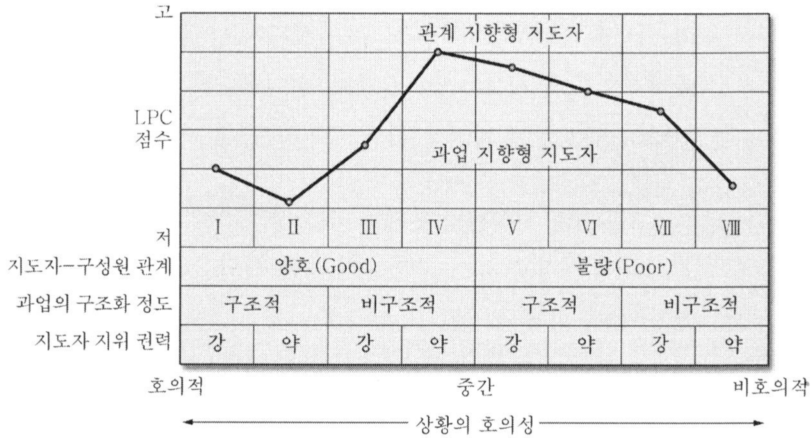

[그림 6-6] Fiedler의 상황에 따른 효과적인 지도성 유형

2) House의 행로-목표이론

House의 행로-목표이론은 동기에 대한 기대 이론에 근거를 두고 있다. 지도자는 구성원의 만족, 동기 유발, 성과에 영향을 줄 수 있다는 것이 이 이론의 기본 가정이다. 지도자가 구성원의 작업 목표에 대한 지각, 구성원의 개인적 목표, 목표에 이르는 행로에 어떻게 영향을 주고 있는지를 설명하므로 행로-목표이론이라고 한다. 이는 [그림 6-7]과 같이 지도자의 행위, 상황적 요인, 구성원의 지각, 효과성이라는 네 변인으로 구성되어 있으며, 지도자가 상황적 요인을 고려하여 목표 달성을 위한 적절한 행로를 제시하고 구성원이 이를 어떻게 지각하느냐에 따라 지도성의 효과성이 달라진다고 보았다.

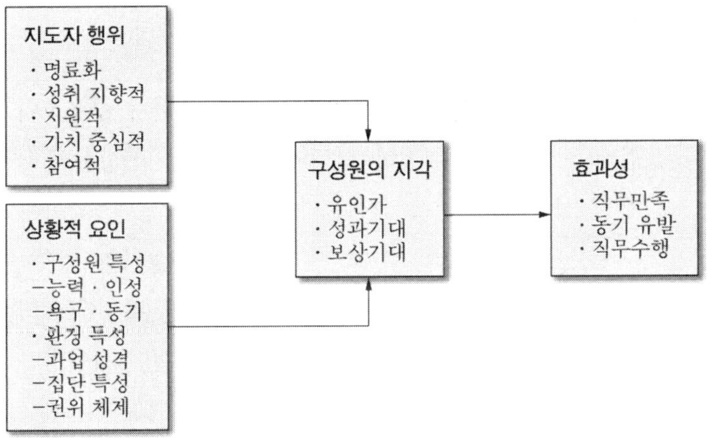

[그림 6-7] House의 행로–목표이론의 구조

행로-목표이론에서는 지도자의 행위에 초점을 두어 다음의 네 가지 유형으로 지도자의 행위를 제시하고 있다(박세훈 외, 2008: 115-118).

- **지시적 지도성** : 구성원에게 무엇이 기대되고 있고, 수행해야 할 과업이 무엇이며 어떻게 수행해야 하는가에 대하여 안내하고, 일정한 직무 성취 기준을 제시하고 규칙과 규정의 준수를 요구한다.
- **후원적 지도성** : 구성원의 욕구 및 복지에 관심을 보이는 우호적이고 친밀감 있는 지도자로 구성원을 평등하게 대우한다.
- **참여적 지도성** : 어떤 결정을 내려야 할 때 구성원과 협의하고 구성원의 의견을 구하며, 구성원의 아이디어를 진지하게 경청하여 결정한다.
- **성취 지향형 지도성** : 직무 수행에서 수월성을 끊임없이 강조한다. 동시에 구성원이 설정된 높은 기준을 성취할 수 있는 능력과 의지를 가지고 있는 것으로 확신한다. 도전적인 목표를 설정하고 이러한 목표 수행에 대하여 구성원이 책무성을 갖도록 유도한다.

또한 행로-목표이론에서는 단 하나의 지도성 유형이 구성원의 동기 유발 수준 및 만족도를 높이는 것이 아니기 때문에 상황에 따라 상이

한 지도성 유형을 적용해야 함을 강조하고 있다. 상황적 변인으로는 구성원의 특성과 작업환경의 특성을 제시하였다.

• **구성원의 특성** : 지도자의 행위를 얼마나 수용하며 얼마나 만족스럽게 느끼는가를 결정하는 데 영향을 주는 구성원의 능력, 욕구 및 동기, 인성적 특성 등을 의미한다.

• **작업환경의 특성** : 지도성 유형이 구성원의 동기 유발 및 성과에 얼마나 긍정적 효과를 가지고 있는가를 결정하는 데 영향을 주는 구성원의 과업, 조직의 공식적 권위체계–기본적인 작업집단 등을 의미한다.

3) Reddin의 삼차원 리더십 유형

Reddin(1970)은 오하이오 주립대학에서 제시한 지도성의 구조성 차원과 배려성 차원에 효과성 차원을 추가하여 지도성에 효과적인 혹은 비효과적인 환경을 통합하고자 하였다. 지도자의 행동을 과업과 관계성 차원으로 나누고 지도성의 기본 유형을 통합형, 관계형, 헌신형, 분리형으로 구분하였다. 이러한 기본 모형에 효과성 차원을 추가하여 주어진 상황에 적합할 경우는 효과적이 되어 경영자형, 개발자형, 자선적 독재자형, 관료형의 효과적인 지도성 유형이 나타나고, 주어진 상황에 적합하지 않을 경우 비효과적이 되어 타협자형, 선동자형, 독재자형, 방임형의 지도성 유형이 나타난다는 3차원의 지도성 유형을 제시하였다.

효과성이란, 지도자가 그의 역할에 요구되는 산출을 달성하는 성공의 정도를 의미하는데, 지도성 유형의 효과성은 상황에 따라 달라지기 때문에 효과적/비효과적 유형 간의 차이는 지도자의 실제 행동이 아니라 기본적 유형이 상황에 적절히 부합하느냐에 달려 있다.

Reddin은 지도성의 유형에 영향을 주는 상황적 변인을 과업수행 방법과 관련된 기술, 조직 행동에 영향을 주는 조직 철학, 상급자, 동료, 구성원이라는 다섯 가지로 파악하였다.

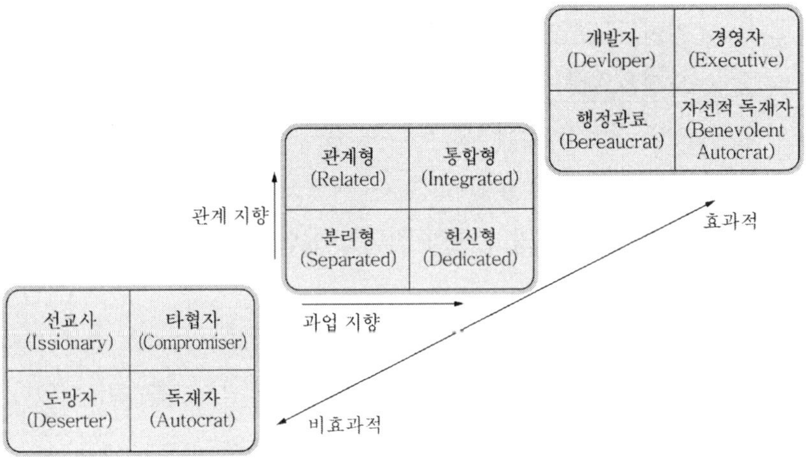

[그림 6-8] Reddin의 삼차원적 지도성 모형

〈표 6-1〉 효과성과 결합된 지도성 유형의 특징

지도자 유형	효과적	비효과적
통합형	경영자형 동기유발, 높은 기준 설정, 개인차 인정, 팀 경영 선호	타협자형 부적절한 압력에 심하게 영향을 받는 줏대 없는 의사결정자
분리형	관료형 규칙과 규정을 공평하고 양심적으로 행사하여 현상 유지 및 통제	방임형 수동적, 무관심하며 남의 일에 간섭하며 책임을 포기하는 자
헌신형	자선적 독재자형 해야 할 일을 알고, 그것을 적재심을 유발하지 않으면서 효율적으로 하는 적극적 추진자	독재자형 무감각하고 오만하며 완고함, 타인에 대한 불신, 즉시적인 일에만 관심
관계형	개발자형 타인을 신뢰하는 온화한 인간, 타인의 개인적 발전에 관심	선동자형 기적으로 조화에 관심을 두나, 조직이 목적없이 표류하는 동안에도 선의만의 전파하는 자

※자료: Hoy, Wayne K. & Miskel Cecil G. (1978), *Educational Administration - Theory, Reserch, and Practice*. New York: Random House, p. 205.

[그림 6-8]에서 제시된 것과 같이 기본 유형인 관계형이 효과적인 상황에서는 타인을 신뢰하고 온화하며 타인의 개인적 발전에 관심을

두는 개발자형의 지도성을 발휘하게 되지만, 비효과적인 상황에서는 조직이 목적 없이 표류하는 동안에도 선의만을 추종하는 선동자형의 지도성을 발휘하게 된다는 것이다. 효과성과 결합된 여덟 가지 지도성 유형의 특징은 앞의 〈표 6-1〉과 같다.

4) Hersey와 Blanchard의 상황적 리더십 유형

Hersey와 Blanchard(1988)의 지도성 이론에서는 효과적 지도성이 발휘되기 위한 상황 변인으로 구성원의 성숙도를 강조하였다. 구성원의 성숙도(maturity)는 최근 준비도(readiness)라는 개념으로 대치되었는데, 준비도는 성취동기, 책임감, 교육수준과 경험, 직무 수행에서의 심리적 자신감 등으로 구성된다. 준비도의 일반적 개념에는 직무 준비도(job-readiness)와 심리적 준비도(psychological readiness)가 모두 포함된다.

- **직무 준비도** : 과업수행에 필요한 능력과 기술적 지식으로 구성된다.
- **심리적 준비도** : 자신감, 책임감, 성취동기, 자존심 등의 개념으로 구성된다.

[그림 6-9]에서 제시된 것과 같이 구성원의 조직구성원의 준비도 수준에 따라 효과적인 지도성 유형이 결정된다는 것이다. 이들은 기본적인 지도성 유형을 지시적, 지도적, 지원적, 위임적 지도성으로 구분하여 제시하였다. 이를 통해 지도자는 구성원의 준비도 수준에 상응하는 지도성 유형을 잘 활용할 수 있을 때 효과성을 극대화할 수 있다고 보았다.

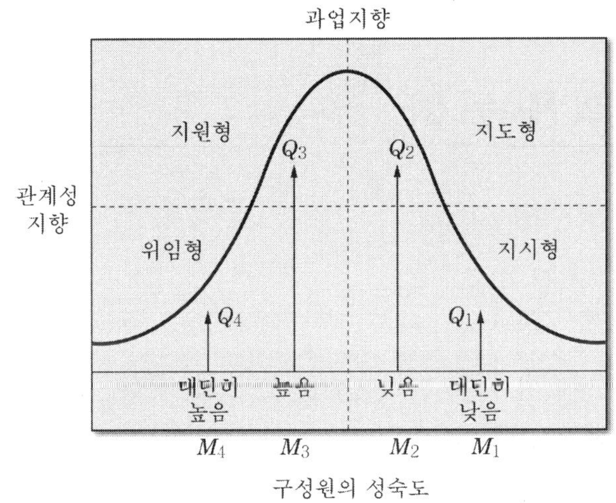

[그림 6-9] Hersey와 Blanchard의 상황적 지도성 모형

- **지시적 유형** : 높은 과업과 낮은 관계의 지도성 유형으로, 구성원의 동기부여와 능력수준이 모두 낮을 때 활용하면 효과적이다. 지도자는 구성원의 과업을 구체적이고 분명하게 지시, 주도한다.
- **지도적 유형** : 높은 과업과 높은 관계의 지도성 유형으로, 구성원이 적절한 수준으로 동기부여되어 있으나 낮은 능력을 가지고 있을 때 활용하면 효과적이다. 지도자는 구성원에게 우호적이고 친밀한 태도로 동기 부여를 이끈다.
- **지원적 유형** : 낮은 과업과 높은 관계의 지도성 유형으로, 구성원이 적절한 수준의 능력을 가지고 있으나 동기부여 수준이 낮을 때 활용하면 효과적이다. 지도자는 조직의 의사결정과 의견수렴 과정에 구성원을 적극적으로 참여시키는 등 구성원의 참여를 이끈다.
- **위임적 유형** : 낮은 과업과 낮은 관계의 지도성 유형으로, 구성원의 능력과 동기 부여 수준이 모두 높을 때 효과적이다. 지도자는 구성원에게 위임하여 자율적으로 결정·행위하도록 하고 고도의 사회적, 정서적 지원을 하는 것이 효과적이다.

5. 지도성의 새로운 접근

1) 변혁적 지도성 이론

변혁적 지도성 이론(Transformational leadership)은 Bass(1985)에 의해 발전되었다. 그는 연속체를 사용하여 변혁적 지도성의 기본 구조를 정의하였다. 지도성의 연속체를 '전체 지도성 모형(Full range leadership model)'으로 명명하고, 지도성의 종류를 자유방임형 지도성, 거래적 지도성, 변혁적 지도성으로 구분하였다.

• **자유방임형 지도성** : 자유방임형의 지도자는 자신의 견해를 잘 표현하지도 않고 중요한 문제를 해결하기 위한 활동 및 의사결정도 하지 않거나 연기하며, 책임을 무시하고 권위도 행사하지 않는 지도성의 회피 또는 부재 상태인 수동적 형태의 지도성이다.

• **거래적 지도성** : 거래적 지도자는 봉사와 보상을 상호 교환함으로써 구성원들을 동기화시킨다. 구성원이 제공하는 근로의 대가로 그들이 무엇을 원하는지를 인식하고, 이를 제공하고자 노력하며, 보상과 노력의 대가에 대한 약속을 교환하는 경제적 교환을 강조한다.

• **변혁적 지도성** : 거래적 지도성이 확장된 것이나 단순한 상호교환과 동의를 넘어서 이상적 영향력, 영감적 동기화, 지적 자극, 개인별 배려를 강조하는 지도성이다. 즉, 구성원으로 하여금 조직 목적에 헌신하도록 하고, 의식과 능력 향상을 격려함으로써 자신과 타인의 발전에 보다 큰 책임을 가지고 조직을 변혁하고 높은 성취를 이루도록 유도하는 지도성이다.

변혁적 지도자의 주요 임무는 다음과 같다(Bennis & Nanus, 1985).

- 변화의 필요성을 정의한다.
- 새로운 비전을 창출하고 헌신하게 한다.
- 장기적인 목표에 집중한다.
- 구성원들이 높은 수준의 목표를 위해 자신의 관심 사항을 넘어설 수 있도록 고취한다.
- 현재의 조직 내에서 직무보다는 그들의 비전을 수용하기 위해 조직을 변화시킨다.
- 경험이 있는 구성원들이 자신과 동료의 발전을 위해 보다 많은 책임을 지게하고 나아가 구성원들도 지도자가 되게 하여 궁극적으로 조직을 변형시킨다.

이와 같이, 변혁적 지도성은 지도자가 권력을 사용하여 추종자의 행위에 영향을 미치지만 지도자의 능력은 추종자의 태도를 변화시키고, 그들의 동기와 도덕 수준을 높이며, 그들과의 통합적인 과정을 통해 조직에 대한 사명감을 형성하는 것이다. 변혁적 지도성의 초점은 인간의 잠재능력을 각성시키고, Maslow의 욕구위계론상의 고차적 욕구 충족을 추구하면서 동기를 부여하여 고도의 사명감을 가지고 업무를 수행하도록 지도자와 구성원의 기대를 고조시키는 데 있다. 이를 위해 변혁적 지도자는 비전을 설정하여 장기적 전략계획을 세우고, 변동하는 내·외부의 상황을 판단하여 조직의 목적을 보다 크게 성취하도록 구성원을 지속적으로 자극·발전시키는 역할을 한다(남정걸, 2006).

2) 기타 다양한 지도성 이론

- **카리스마적 지도성(Charismatic leadership)** : 카리스마적 특성을 지닌 지도자와 그에 영향을 받는 구성원의 관계에서 나오는 것으로 지도자가 구성원에게 신념, 가치, 행동, 수행 등에 강력한 영향력을 행사하고 확산시키는 능력을 기반으로 나타나는 지도성을 말한다.

• **슈퍼리더십**(Super leadership) : 지도자만의 독특한 특성이나 능력보다는 구성원들이 스스로 지도자로서의 능력을 계발·활용할 수 있도록 하는 지도자의 능력에 초점을 두었다. 조직 구성원 스스로가 능동적이고 자기주도적인 역할을 할 수 있도록 자율적 지도성을 개발하도록 지원하는 데 중점을 둔다. 조직의 구성원은 모두 지도자가 되고, 기존의 지도자는 지도자의 지도자가 되게 하여 모든 구성원을 지도자로 변혁시키는 지도성을 말한다.

• **분산적 지도성**(Distributed leadership) : 조직 내의 다양한 과제를 해결하기 위해 조직내 다양한 자원을 적극 활용하는 지도성을 강조한다. 즉, 조직 내 공식적·비공식적 지도자에게 지도성을 분산하여 조직의 변화나 변혁에 필요한 과제를 이행하도록 동원하는 지도성을 말한다.

• **기술적 지도성**(Technical leadership) : 계획, 조직, 조정, 시간 관리 등을 강조하면서 이에 대한 우수한 능력을 지닌 전문 경영자의 탁월한 경영관리 기술에서 나오는 지도성을 말한다.

• **인간적 지도성**(Human leadership) : 인간관계, 사교 능력, 동기화 능력 등을 강조하고 지원, 격려, 참여적 의사결정 등을 통해 구성원의 사기를 높이고 조직의 성장을 도모하는 형태의 지도성이다.

• **교육적 지도성**(Educational leadership) : 교육에 대한 전문적 지식에서 나오는 지도성이다. 효과적인 교수-학습, 교육 프로그램 개발, 임상 장학 등에 전문적인 지식과 능력을 가져 이를 통해 교육문제를 진단하고 교사들을 지도하며, 장학·평가·직원능력·교육과정 개발 등을 효과적으로 수행한다.

• **상징적 지도성**(Symbolic leadership) : 학교의 중대사에 대하여 다른 사람에게 주의를 환기시키는 데서 나오는 지도성이다. 이러한 지도성을 가진 지도자를 학교의 상징적인 행사와 언사를 통하여 학교의 비전과 목표에 주의를 환기시키고 특별한 행동을 유발하는 일종의 대장(chief)을 수행한다고 할 수 있다.

• 문화적 지도성(Cultural leadership) : 독특한 학교 문화를 창출하는 것에서 나오는 지도성이다. 이러한 지도성을 가진 지도자는 학교로 하여금 독특한 정체성을 갖게 만드는 믿음, 관점을 창조 · 강화 · 유지하는 것을 중요시하고 이를 통해 전통을 만든다.

참고문헌

남정결(2006). 『교육행정및교육경영』. 서울 : 교육과학사

박병량 · 주철안(2005). 『학교학급경영』(개정판). 서울 : 학지사

박세훈 외(2008). 『교육행정 및 교육경영』. 서울: 학지사

오영재 외(역)(2007). 『교육행정-이론, 연구, 실제』(7판). 서울 : 아카데미 프레스

윤정일 · 송기창 · 조동섭 · 김병주(2008). 『교육행정학원론』(5판). 서울: 학지사

Bennis, W. G. (1989). *On Becoming a Leader*. Reading, MA: Addison-Wesley.

Hersey, P. & Blanchard, K. H. (1977). *The Management of Organizational Behavior*, 3rd, Englewood Cliffs, NJ : Prentice Hall.

Hoy, Wayne K. & Miskel Cecil G. (2007), *Educational Administration-Theory, Reserch, and Practice*, 7th. Mcgraw- Hill.

Kats, D. & Kahn, R. L. (1978). *The Social Psychology of Organizations*. New York : Wiley.

Yukl, G. A. (2002). *Leadership in Organizations*, 5th. Upper Saddle River, NJ : Prentice Hall.

제 7 장

학교·학급의 의사결정론

1. 의사결정의 개념과 유형

1) 의사결정의 개념

우리는 일상생활에서 수없이 많은 의사결정의 순간에 직면하게 된다. 개인뿐만 아니라 개인이 속한 조직에 있어서도 조직의 목표를 달성하기 위해서 일정 형태의 의사결정과 관련된 행동과정을 거치게 된다. 이렇듯 개인 혹은 조직이 일정 목표를 설정하고 그 목표를 달성하기 위한 몇 가지 대안을 일정한 방법에 의거하여 상호 비교·평가함으로써 가장 유리하고 실행 가능한 안을 선택하고 실행하는 일련의 과정을 의사결정(Decision making)이라고 한다.

오늘날 의사결정론의 필요성이 더욱 강조되고 있는 이유는 그것이 개인의 선택뿐만 아니라 조직의 선택문제, 경영자의 선택문제까지도 설명해주고 있기 때문이다.

행정가는 개인적 선택의 경우보다 더 중대학교 심각한 결정을 내려야 할 때가 많다. 행정가가 조직의 문제에 관여하여 무엇인가를 선택하고자 할 때, 그 선택 결과는 조직 또는 사회 전반에 영향을 주는 심각한 것으로 나타날 수 있다. 때로 행정가의 선택 상황은 보다 복잡하고 문제의 규모가 크기 때문에 설명하기 어렵지만, 어려운 만큼 의사결정 이론의 공헌과 의의도 크다고 할 수 있다.

2) 의사결정의 유형

(1) 전략적 · 관리적 · 업무적 의사결정

전략적 의사결정이란 조직의 외부 문제에 관련된 의사결정으로 조직의 목적이나 목표의 설정, 경영의 다각화 등에 대한 결정을 의미한다. 관리적 의사결정이란 최대의 업무 수행 능력을 발휘하도록 조직의 자원을 조직화하는 문제에 대한 결정으로 조직 기구에 관한 결정과 자원의 조달 및 개발에 관한 결정을 말한다. 그리고 업무적 의사결정은 조직 자원의 전환 과정에서의 효율을 최대화하기 위한 의사결정으로 업무의 최대 수익성을 목적으로 업무 일정의 계획화, 통제활동 등에 대한 결정을 의미한다.

(2) 정형적 · 비정형적 의사결정

의사결정의 사안이 예측되는 결정이냐, 전혀 예상하지 못한 돌발적 결정이냐에 따라 구분한 것이다. 정형적 의사결정은 반복적이고 일상적인 문제에 대한 의사결정이다. 이는 정형화되어 있으며 결정해야 할 사안이 예측되는 과정으로 선례를 바탕으로 하기 때문에 위험도가 적고, 일반적으로 규칙이나 표준화된 업무 수행 절차 및 조직의 구조 등을 통해서 이루어지게 된다. 이에 반해 비정형적 의사결정은 일상적이지 않으며 중요하고 긴급한 문제가 발생하였을 때 내리는 의사결정이다. 이는 비구조적이고 불확실한 상황에서 의사결정이 이루어지기 때문에 대안의 탐색과 결과를 예상하기 어려우며, 의사결정에서 작용하는 변수들이 일정하지 않아 계량화하기 어렵고 위험부담이 많다.

(3) 참여적 의사결정

학교경영에서 의사결정 과정에 교사의 참여 폭을 넓히려는 노력의 일환으로, 누가 어떤 문제에 대하여 어떤 목적을 가지고 어떤 방식으로 참여하느냐가 의사결정의 질을 높이고 민주성을 확보하는 데 결정적 요인이 된다. 의사결정에의 참여는 긍정적 결과를 초래할 수도 있고 부정적 결과를 유발할 수도 있다.

(4) 단독 결정과 집단 결정

단독 결정은 최고 경영자나 관리자가 개인 또는 극히 소수인이 결정하는 방법으로, 신속한 결정을 요하는 경우나 결정에 따른 이의에 논쟁이 없는 경우 또는 결정에 비밀을 요하는 경우에 일어난다. 반면 집단결정은 결정의 내용에 관련된 사람들이나 전문가들을 참여시켜 결정한다. 대체로 위원회의 성격을 갖고 이루어져 단독 결정과 같이 신속하지는 못하지만 이해관계에 대한 충분한 논의를 거치므로 오류를 범하지 않고 다른 사람에게 수용될 가능성이 높다. 또한 집단결정에서 참여는 토론, 논쟁 그리고 종종 갈등을 수반하지만, 성공은 강한 응집력을 가져올 수도 있다. 그러나 지나친 응집력과 획일성은 집단 내에서 무비판적으로 같은 의견을 모으려는 마음을 불러일으키기도 하는데 이를 집단사고증후군(group think syndrome)이라고 한다.

3) 의사결정을 보는 네 가지 관점

• **합리적 관점 : 합리적 판단으로서의 의사결정** 이 관점은 합리성에 대한 절대적 믿음하에 모든 선택과 의사결정에는 가장 최적의 존재방식이 존재한다고 가정한다. 이 관점에서 의사결정이란 목표 달성을 위한 수많은 대안 중에서 최적의 대안을 선택하는 것이다.

목표의 세분화 → 대안의 확인 → 대안의 선택에 따른 결과의 평가

→ 목표를 극대화하는 대안의 선택 등과 같이 일련의 체계화된 단계에 따라 언제나 최적의 대안이 선택될 수 있다고 본다. 이는 합리성을 가지고 구현되기 때문에 가장 적합한 조직인 관료제 조직과 체계화된 조직 구조를 가지고 계서제에 의해 조직되는 중앙집권적 조직에 적합하다.

• **참여적 관점 : 참여로서의 의사결정** 이 관점은 공동의 가치에 대한 인식, 전문가의 식견에 대한 신뢰, 관련자 등의 합리성에 대한 신뢰 등이 전제되고, 이러한 토대 위에서 결정이 이루어질 수 있는 조직 상황에 적합한 의사결정 방식이다. 합리적 관점과 비슷하지만 의사결정을 합리적 이성적 판단보다는 관련 당사자 간의 논의를 통한 합의의 결과로 본다는 점에서 차이가 있다. 이는 관료제적 조직보다는 관료자의 능력과 자율이 보장되는 전문직적 조직에 적합하다.

• **정치적 관점 : 타협으로서의 의사결정** 이 관점을 조직에 대하여 영향력을 행사하는 수많은 이익집단의 존재를 전제하고, 이러한 이해집단 간의 타협의 결과가 의사결정이라고 본다. 조직이 달성하고자 하는 목표가 특정하게 존재하는 것이 아니라 이익집단의 이질적인 목표가 경쟁하고 타협하여 특정한 목표를 지향하게 된다는 점, 폐쇄체제가 아닌 개방체제를 선택한다는 점에서 합리적 관점이나 참여적 관점과 구별된다. 그러나 달성하고자 하는 의도적인 목표가 있다는 점에서는 앞의 관점과 같다. 이 관점은 항상 갈등이 존재하고 협상과 타협이 기본적 규칙으로 되어 있는 조직의 분석에 적합한 의사결정 모형이다.

• **우연적 관점 : 우연적 선택으로서의 의사결정** 이 관점은 의사결정이 목표달성을 위한 체계적인 과정에 의해서가 아니라 필연적인 결과와는 무관한 수많은 요소가 우연히 동시에 한 곳에 모일 때 이루어진다고 본다. 즉, 의사결정이 목표를 달성하기 위한 과정이라는 가정을 부정하고, 여러 가지 요인이 복잡하게 조합된 결과로 나타난 하나의 우연적인 현상이라는 점을 강조한다. 목표가 불분명하고 목표 달성을 위

한 방법적 체제나 관련 당사자의 참여체제가 제대로 정비되어 있지 않은 '무질서 속의 질서' 혹은 '쓰레기통'으로 비유되는 특정한 조직 상황하의 결정과정 분석에 적합하다(박세훈 외, 2008 ; 297-299).

2. 의사결정의 과정

조직에서 이루어지는 의사결정의 과정은 일반적으로 문제의 인식과 정의, 문제의 분석, 문제 해결을 위한 준거 설정, 행동 계획과 전략 개발, 행동계획의 실행과 평가의 과정을 순환적으로 거친다.

Hoy와 Miskel(2007)은 의사결정과정을 다음과 같이 설명한다(Hoy & Miskel, 2007 ; 303-311, 오영재 외, 2007 ; 342-351에서 재인용).

• **문제의 인지 및 정의** : 의사결정과정의 첫 단계는 문제를 인지하고 정의하는 것이다. 의사결정과정에서 문제를 어떻게 인지하고 정의하느냐는 후에 이루어질 문제 분석과 해결에 중대한 영향을 미치므로 매우 중요하다. 문제를 인지하고 규정하는 데는 사건의 발생 시기, 중요성, 파장 범위 이외에도 의사결정권자의 인성, 사회적 배경과 경험, 가치관 등에 따라 달라진다. 이 단계에서 행정가는 조직에 대한 이해와 전문적 지식을 바탕으로 예리한 감각과 통찰력을 가져야 한다. 만약 복합적인 문제인 경우에는 주어진 문제를 보다 하위 문제로 세분화하는 것도 하나의 방법이다.

• **문제의 분석** : 두 번째 단계는 현재 상황에서 문제를 해결하기 위하여 자료, 정보, 지식을 수집하고 분석하는 단계이다. 자료수집은 누구를 대상으로 어떤 내용과 방법을 사용할 것인가가 중요하다. 이때 문제의 중요성 정도, 문제의 구체화와 가능성, 시간적 제약, 자료 수집의 절차나 구조, 필요한 정보의 내용과 수준 등 여러 가지 요인을 고려한다. 자료 수집은 계획적이고 다양한 방법을 통해 가능한 정확한 자료를 수

집하는 일이 필요하다.

• **문제해결을 위한 준거 설정** : 세 번째 단계는 문제가 해결되었다고 생각할 수 있는 문제해결의 목표를 정하는 단계이다. 문제해결을 위한 준거로 목표를 설정할 때는 최소 수준과 최대 수준의 목표로 나누어 정하는 것이 바람직하다. 중요한 요인 중에 하나는 이상과 현실을 인식하는 것이다. 준거 설정은 조직의 목표와 일관성을 가지고 적절하고 구체적으로 세워야 한다.

• **행동 계획과 전략 개발** : 네 번째 단계는 수집·분석된 자료에 입각하여 행동 계획을 수립하고 전략을 개발하는 단계다. 우선 문제해결을 위한 각종 대안을 최대한 모색하고 구체화한다. 각 대안마다 그것이 설정된 목표를 달성할 수 있으며 실제로 문제를 해결할 수 있느냐, 실천 가능성이 있느냐, 그리고 부작용은 없느냐 하는 관점에서 신중히 검토하여 행동 계획과 전략을 수립한다.

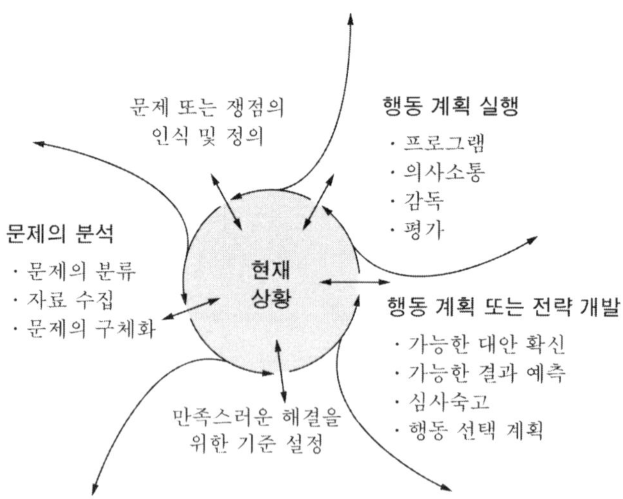

※ 출처 : Hoy & Miskel(2007 : 303)

[그림 7-1] 의사결정의 과정

• **행동계획의 실행과 평가** : 마지막 단계는 여러 대안 중에서 실천

가능한 대안을 실행하고 그 결과를 평가하는 단계다. 대안의 실행에는 활동 계획을 작성하고, 그 집행을 위해 의사소통하며, 실행을 위한 감독과 그 결과를 평가하는 것 등이 포함된다.

3. 의사결정 모형

1) 의사결정의 이론모형

의사결정의 이론모형은 여러 가지가 있으나 여기에서는 합리적 모형, 만족화 모형, 점증적 모형, 혼합적 모형 그리고 최적화 모형에 대해 살펴보고자 한다. 이 중에서 합리적 모형은 규범적 · 이상적 접근방식에 해당되고, 나머지 모형은 기술적 · 실증적 접근방식에 해당된다(박세훈 외, 2008 ; 301-310).

(1) 합리적 모형

합리적 모형은 의사결정이 완전히 합리적이어야 한다고 가정하는 고전적 모형이다. 이모형은 조직의 목표와 목적 달성을 극대화하기 위한 최선의 대안을 추구함으로써 최적화 전략을 사용하고자 하는 고전적 이론이다. 이 고전적 모형에 의하면 의사결정과정은 다음과 같은 일련의 연속적 단계를 갖고 있다.

- 문제를 확인한다.
- 목적과 세부 목표를 설정한다.
- 모든 가능한 대안을 정립한다.
- 각 대안의 결과를 고려한다.
- 모든 대안을 목적과 목표의 견지에서 평가한다.
- 최선의 대안을 선택한다. 즉, 목적과 목표를 최대화할 수 있는 대

안을 선택한다.
- 의사결정을 시행하고 평가한다.

고전적 모형은 대부분의 의사결정자가 실제로 어떤 기능을 하는가를 묘사하기보다는 하나의 이상적인 모형이다. 그러므로 고전적 모형은 너무 이상적이고 비현실적이라고 평가되고 있다. 실제에서 의사결정자들은 모든 관련 정보를 확보할 수 없다. 더욱이 모든 가능한 대안과 결과의 예측은 사실상 불가능하다. 이 모형은 많은 의사결정자가 실제로 소유하기 어려운 수준의 지적 능력, 합리성, 지식 등을 요구하기 때문에 비현실적이다. 결국 고전적 모형은 실제 일선 행정가들이 사용하기에는 현실성과 실용성이 결여되어 있다.

(2) 만족화 모형

조직의 많은 문제가 너무 복잡하고 인간의 지적 능력은 한계가 있으며, 아주 간단한 문제를 제외하고는 사실상 너무나 완벽한 합리성을 요구하기 때문에 교육행정 이론가들은 보다 현실적인 의사결정모형을 추구하게 되었다. 이에 그 대안으로 등장한 것이 만족화 모형(행정가 모형)이다. 만족화 모형은 대부분의 조직은 문제가 복잡하고 인간의 능력을 한정되어 있기 때문에 문제에 대한 최선의 해결책보다는 만족스러운 해결책을 찾는다는 것이다. 의사결정자들은 복잡한 상황들은 단순화시켜 주어진 상황내에서 가장 중요하다고 생각하는 요인들을 통해서 의사결정을 하게 된다는 것이다.

만족화 모형에 의한 의사결정과정의 한 예로 Hoy와 Miskel(1996: 267-279)은 주로 Litchfield(1956)와 Simon(1957)의 연구 논문에서 의사결정에 대한 기본 가정을 다음과 같이 이끌어냈다.

- 의사결정과정은 문제의 확인과 진단, 그 문제를 해결하기 위한 계획의 수립과 시행 그리고 성공의 평가를 포함하는 일련의 순환적 과정이다.

- 행정은 조직 내 개인이나 집단에 의해 행해진 의사결정의 구체적인 수행이다.
- 의사결정에서 완전한 합리성이란 사실상 불가능하다. 즉, 행정가들은 사실상 의사결정과정을 극대화할 수 있는 지식, 능력 또는 역량을 가지고 있지 않기 때문에 만족화를 추구한다.
- 행정의 기본적인 기능은 하급자가 개인적인 관점과 조직적인 관점에서 합리적인 행동을 할 수 있도록 의사결정의 내적 환경을 조정해 주는 것이다.
- 의사결정과정은 모든 주요한 행정 기능과 과업에서 나타나는 일반적인 행동양식이다.
- 의사결정과정은 사실상 대부분의 복잡한 조직 속에서 유사하게 나타난다.

(3) 점증적 모형

만족화 모형은 교육행정 상황에서 발생 가능한 대부분의 의사결정 문제를 처리하는 데 매우 적절한 모형이다. 그러나 경우에 따라서는 특수한 전략이 필요하다. 만약, 관련된 대안에 대하여 정의를 내리기 어렵고 기대 수준과 관련하여 각 대안의 결과를 예측하기 어려운 경우, 만족화 모형은 많은 한계를 가지고 있어 적절하지 않다(Grandori, 1984: 192-208). 예를 들면, 어떤 교육행정가가 어떤 활동에 자원을 더 많이 투자할 것인가 또는 더 적게 투입할 것인가와 같은 문제에 대한 의사결정을 해야 하는 경우 만족화 모형보다는 다른 방법을 고려하는 것이 더 적절하다. 점증적 모형의 기본 가정에서는 작은 변화가 조직에 예상하기 어려운 중대한 부정적 결과를 가져오지는 않을 것이라고 본다.

점증적 모형을 최초로 이론화한 사람은 Lindblome이다. 그는 의사결정은 각각 상황에 알맞게 대처하는 것이 중요하다고 보고 특수상황적 조건모형을 제안하였다. 이 모형은 문제가 복잡하고 불확실하며 갈등이 많을 때 효과적이라고 주장하였다. 그는 의사결정에서 선택되는 대안은 기존의 정책이나 결정을 점증적으로 수정해 나가는 것이며, 의사결정은 부분적·순차적으로 진행되고 의사결정의 과정에서 대안 분석의 범위는 크게 제약을 받는다고 보았다(Lindblome, 1959: 79-88).

점증적 모형의 의사결정 과정은 계속적으로 제한된 비교를 하면서 이루어진다. 이 방법은 목표를 설정해 놓고 추진하는 것도 아니고, 대안의 결과에 대한 철저한 분석을 시도하지도 않는다. 또한 합리적 모형이나 만족화 모형처럼 의사결정의 우선순위를 요구하지도 않는다. 반면에 현재의 상황과 유사한 매우 제한된 몇 가지 대안에 대하여 상당한 수준까지 의사결정자가 동의하게 될 때까지 그 결과를 계속적으로 비교함으로써 고찰한다. 이 모형의 특징을 살펴보면 다음과 같다.

- 목표의 설정과 대안 개발이 동시에 일어난다. 따라서 목적과 목표는 결정의 분석에 앞서 먼저 수립되지는 않는다. 오히려 대안과 행동의 경로가 탐색됨에 따라 행동 노선이 나중에 정해진다.
- 좋은 결정이란 의사결정자가 목표에 구애받지 않고 동의할 수 있는 수준의 결정을 말한다.
- 대안과 예상 결과의 수는 당면문제와 유사한 대안만을 고려함으로써 극적으로 감소된다.
- 분석은 현재의 상황과 제안된 대안 사아의 차이점에만 국한된다.
- 이 모형은 구체적이고 실제적인 대안의 계속적 비교를 선호하기 때문에 지나치게 이론적인 것을 피한다.

점증적 모형은 현재 추진되고 있는 기존의 정책 대안과는 근본적으로 다르지 않고 과거의 경험을 기초로 하여 점증적인, 즉 약간의 개선을 추구하는 제한된 수의 대안을 검토·수정하여 현실성 있는 정책을 선택하려고 한다. 이 모형은 인간의 지적 능력의 한계 및 의사결정 수단의 기술적 제약을 인식하는 동시에 현실적인 의사결정과정을 모형화하려고 시도한 데에서 생겨난 것이다.

이러한 접근방법은 전년도까지의 실적을 기초로 하며, 현실을 긍정하면서 거기에 약간씩 적산하고 향상된 정책을 추구하는 방법이다. 전년도의 결정은 일반적으로 적합하다고 인정하고, 다만 증가된 부분에 대한 조사에 주의를 집중하는 것이다. 따라서 부분적 점증주의의 처방은 보수적이고 대증적(對症的)인 결정이라는 평가를 받는다.

(4) 혼합 모형

혼합 모형은 Etzioni에 의해 제시된 것으로 합리적 모형의 비현실성과 점증적 모형의 보수주의를 비판하면서 이 두 모형을 혼합한 제3의 모형으로 나타난 것이다. 합리적 모형은 의사결정자가 환경 상황을 완전히 장악하여 지배하는 것을 전제로 하는 데 반해 점증적 모형은 환경에 압도당하는 것을 뜻한다. 혼합형은 우선 기본적인 방향의 설정과 같은 결정은 합리형의 방법을 택하고, 특정 문제의 결정은 점증형의 입장을 취하는 것이 현실적이라고 본다. 이러한 접근방법은 조직에서의 비현실성을 축소하고 보수성을 극복하며, 조직 환경에 따르는 조직의 신축성을 살리는 데 도움이 되며, 넓고 개략적인 탐색과 좁고 치밀한 탐색을 되풀이 하게 된다(Etzioni, 1987: 358-395).

이 모형의 특징을 살펴보면 다음과 같다.

- 넓은 영역을 개괄적으로 탐색하고 특별한 주의를 기울여야 할 좁은 영역을 골라 다시 면밀하게 탐색한다.
- 각 단계의 탐색에 어느 정도의 시간과 자원을 배분할 것인가 하는 문제는 여러 요인을 고려하여 융통성 있게 해결한다.
- 기본적 결정을 할 때는 주요 대안만을 고려하여 결정하고, 점증적 결정은 기본적 결정에서 설정한 조건의 범위 내에서 행한다.
- 의사결정가는 어느 전략이 더 효율적인가를 결정할 수 있는 능력을 가지고 있다.

이 모형은 장기적 전략과 단기적 변화를 동시에 이룰 수 있는 장점이 있으나, 전혀 새로운 모형이 아닌 절충·혼합한 모형에 불과하다는 비판도 받고 있다.

(5) 최적 모형

최적화 모형은 Dror가 제시한 것으로 만족화 모형이나 점증적 모형과 같은 보수적인 모형에 대한 비판으로 나타난 것이다. 이 모형은 계량적인 측면과 질적인 측면을 구분하여 검토하고 난 다음 이들을 결합하는 질적 모형이며, 합리적 요인과 초합리적인 요인을 동시에 고려하는 최적치(optimality) 중심의 규범적 모형이다. Dror(1988: 123-125)는 이 모형이 비록 의사결정에서 비현실적이라고 해도 언제나 이상을 갖고 가능성의 영역을 부단히 개척하고 합리적적 요소 또는 국면을 확대·발전시켜 평가와 진단을 계속하며, 최적 수준에 도달하는 방법이라고 설명하였다.

최적화 모형은 직관, 판단, 창의와 같은 초합리성(extra-rationality)을 중요시하며, 초합리적 과정이 정책 결정에서 적극적이며 불가결한 역할을 하는 것으로 파악하고 있다. 제한된 자원, 불확실한 상황, 지식 및 정보의 결여 등이 항시 결정과정에서 합리적 요인을 제약하므로 직관이나 판단과 같은 초합리적 요인을 중요시해야 한다는 것이다. 이 모형의 특징을 살펴보면 다음과 같다.

- 목적, 가치, 기준, 결정 기준 등을 어느 정도 분명하게 규정한다.
- 최적의 의사결정 기준은 여러 분석가가 충분히 검토한 후 합의하여 결정한다.
- 이론과 경험 그리고 합리적 방법과 초합리적 방법을 다같이 활용한다.
- 경험, 창안, 훈련, 지적 활동의 조장 등을 통해 체계적으로 배우고 의사결정의 질을 개선할 수 있도록 하는 장치를 마련한다.

2) 의사결정의 참여적 모형

일반적으로 조직의 의사결정에 구성원이 참여할 때 조직구성원의 사기는 향상된다. 학교조직에서도 구성원의 의사결정 참여는 중요하게 다루어지고 있으며, 학교의 의사결정 참여에 관한 연구 결과는 다음과 같다(Hoy & Miskel, 2007: 323, 오영재 외, 2007: 364).

- 의사결정과정에 참여하는 기회는 교사들의 사기와 학교에 대한 열의를 위해 중요하다.
- 의사결정 참여와 교직에 대한 교사들의 만족도는 긍정적으로 관련되어 있다.
- 교사들은 의사결정 과정에 자신들을 참여시키는 교장을 선호한다.
- 의사결정이 실패하는 이유는 결정의 질이 낮거나 구성원들에게 수용되지 않았기 때문이다.
- 교사들은 모든 의사결정에 참여하기를 원하거나 기대하는 것은 아니다. 지나치게 많이 참여하게 되는 것은 거의 참여시키지 않는 것과 비슷한 결과를 가져올 수 있다.
- 문제의 성격에 따라 의사결정시 교사와 행정가의 역할과 기능은 다양해질 필요가 있다.

의사결정과정에 교사들은 때때로 참여해야만 하고, 참여해서는 안 될 때도 있다. 참여는 긍정적 결과와 부정적 결과 모두를 이끌어 낼 수 있다. 그렇다면 어떤 상황에서 어느 정도로 어떻게 참여해야 하는가? 이에 대한 적절한 해답을 얻기 위해 Bridges, Vroom과 Yetton이 제시한 의사결정 모형을 살펴보고자 한다.

(1) Bridges의 참여적 의사결정모형

Bridges(1967:49-58)는 학교행정가들의 의사결정에 초점을 맞춘 의사결정모형을 개발하였다. 그는 학교장이 결정해야 할 것으로 느꼈던 의사결정에 대한 자문을 요청받는 것에 교사들이 분노를 표시하고 있었으며, 개인에 따라 관심을 전혀 기울이지 않는 주제도 있음을 지적하였다. 언제 구성원이 의사결정에 참여하고, 어떻게 참여해야 하는지를 결정하는 데 있어 중요한 개념이 수용권(zone of acceptance)이다. 수용권이란, 상사에 의해 내려진 의사결정을 구성원이 쉽게 받아들이는 행동 영역을 의미한다. 여기에서 행정가가 해야 할 중요한 문제는 어떤 의사결정이 수용권 내에 있고, 어떤 의사결정이 수용권 밖에 있는지를 결정하는 것이다.

어떤 사안에 대하여 구성원들은 자신과 관계가 없기 때문에 아무런 문제를 제기하지 않고 받아들이는데, 이러한 영역을 무관심 영역 혹은 수용권 내에 속한다고 말한다. 이렇듯 조직의 구성원들이 단순하게 수용하는 사안에 대해서는 의사결정과정에 참여시킬 필요가 없다. 그러나 의사결정 사안이 수용권 밖에 있을 경우에는 구성원들을 의사결정과정에 참여시켜야 하며, 이 경우 행정가는 수용 여부를 파악하기 위하여 적절성과 전문성에 대한 검증을 하여야 한다. 구성원이 의사결정 결과에 대하여 개인적인 이해관계를 가지고 있고, 의사결정 과정에 기여할 수 있는 전문성을 가지고 있을 경우 구성원들은 의사결정에 참여하게 된다. 또한 구성원이 의사결정에 대한 이해관계와 전문성을 갖추었을 경우 조직목표에 대한 성실성, 의사결정의 신뢰성을 검증해야 한다. 구성원의 개인적 목표가 조직의 목표와 갈등을 일으킬 때는 의사결정에 참여하는 것을 바람직하지 않다.

• **수용권** : 상부에서 내려진 의사결정을 쉽게 수용하는 행동 영역을 의미한다. 구성원이 의사결정을 쉽게 수용하면 수용권 내에 있는 것으로 보고 의사결정과정에 참여시키지 않아도 된다. 그러나 상부의 의사결정에 대하여 수용하지 않으면 수용권 밖에 있다고 보고 의사결정과정에 참여시켜야 한다.

• **적절성** : 의사결정해야 할 문제에 대한 개인적인 이해관계 즉 관

련성을 의미한다.

• **전문성** : 문제해결 및 의사결정에 기여할 수 있는 정도를 의미한다.

• **성실성** : 조직의 임무를 위해 헌신하는가, 조직에 대한 최선의 관심으로 의사결정을 할 수 있는가에 대한 신뢰를 의미한다.

이와 같은 검증을 통해 조직의 구성원이 의사결정에 어떻게 참여해야 할 것인가에 대하여 Hoy와 Miskel(1996: 329)은 상황 유형을 네 가지로 설명하였다.

- 부하가 그 의사결정에 개인적인 이해관계(관련성)를 가지고 있으며, 그것에 유용한 기여(전문성)를 할 수 있는 지식을 가지고 있는 경우 : 그 결정이 수용의 영역 밖에 있다하더라도 구성원을 의사결정과정에 참여시켜야 한다.
- 구성원이 그 결과에는 개인적인 이해관계가 있으나 전문적인 지식이 부족한 경우 : 구성원들을 가끔 참여시킨다. 전문적인 지식을 가진 사람에 의해 이미 내려진 의사결정 상황에서 공허함과 같은 경험을 함으로써 참여 자체가 좌절감이나 적대감을 가져올 수 있기 때문이다. 그러나 때때로 제한적인 방식으로나마 그들을 참여시키는 것은 유용할 수도 있다. 이때 참여의 주목적은 구성원과 솔직한 대화를 가짐으로써 결정에 대한 잠재적 저항을 감소시키는 것이다.
- 구성원이 개인적인 이해관계는 없지만 유효하게 기여할 수 있는 지식을 가지고 있는 경우 : 경우에 따라 구성원을 제한된 범위 내에서 참여시킨다. 이런 형태의 의사결정에 구성원을 무분별하게 참여시키는 것은 그들에게 소외감을 증가시킬 수 있다. 이때 구성원을 참여시키는 주목적은 결정의 질을 보다 높이는 데 있다.
- 구성원에게 관련도 없고 능력 밖의 문제인 경우 : 구성원은 의사결정과정에 참여시켜서는 안 된다.

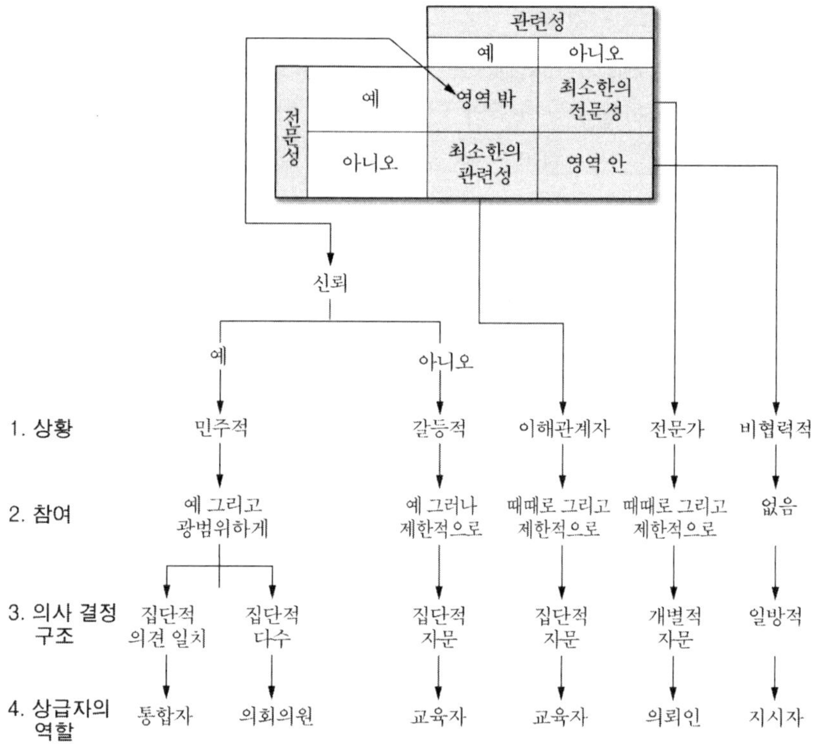

[그림 7-2] 참여적 의사결정의 규범적 모형

[그림 7-2]는 의사결정과정의 여러 단계에서 적절한 출발점을 제시한 데 유용하다. 만약 구성원이 어떤 문제에 높은 전문성을 가지고 있으면서 적절성이 높다면, 그들의 참여를 최대화하기 위해 그 과정에 가능한 일찍 참여시켜야 한다. 학교장은 소수자에게 발언의 기회를 공평하게 줌으로써 그 과정을 촉진시켜야 한다. 그러나 어떤 문제가 분명히 수용권 안에 있다면 의사결정과정에 교사를 참여시키는 것은 바람직하지도 효과적이지도 않다. 문제가 수용권 안에 분명히 있지 않은 두 가지 경계의 경우, 참여자가 높은 전문성을 가지고 있다면 의사결정과정에 일찍 참여시키는 것이 바람직하지만, 그들이 낮은 전문성을 가지도 있다면 나중에 참여시키는 것이 더 좋다. 이런 두 가지 경우에는 민주적 중앙집권형이 사용되어야 한다. 왜냐하면 최종적인 의사결정은 궁극

적으로 학교장이 내리기 때문이다. 교사들은 다만 과정을 돕는 역할을 하며, 학교장은 더 좋은 의사결정을 개발하기 위해 문제해결과 아이디어를 창출하는 역할을 하게 된다.

(2) Vroom과 Yetton의 의사결정모형

Vroom과 Yetton(1973)은 언제 어느 범위 내에서 구성원을 의사결정에 참여시킬 것인가를 결정하는 지침을 제안하였다. 문제의 성격과 상황에 따라 의사결정에의 참여가 정해진다는 상황적 접근을 제인하면서 행정가가 의사결정 문제와 상황에 따라 의사결정에 구성원의 참여 수와 형태를 결정하는 방법을 다양하게 선택할 수 있다고 하였다. 의사결정에 구성원을 참여시키는 형태는 다음과 같다(박세훈 외, 2008 : 315-316).

- 행정가는 현재 가지고 있는 정보를 가지고 단독으로 일방적인 의사결정을 한다.
- 행정가는 구성원으로부터 정보를 구한 후 독단적으로 의사결정한다.
- 행정가는 개인적으로 적절한 구성원과 상의하고 그들의 아이디어와 제안을 구한 후 의사결정을 한다. 이때, 구성원의 의견은 반영될 수도 반영되지 않을 수도 있다.
- 행정가는 집단적인 아이디어를 구하기 위해 집단과 토론, 상의한 다음 의사결정을 한다. 이때, 구성원의 의견은 반영될 수도 반영되지 않을 수도 있다.
- 행정가는 집단과 상황 및 문제에 대해서 의견을 나눈 후 그 집단이 의사결정을 하는 참여형 의사결정을 한다.

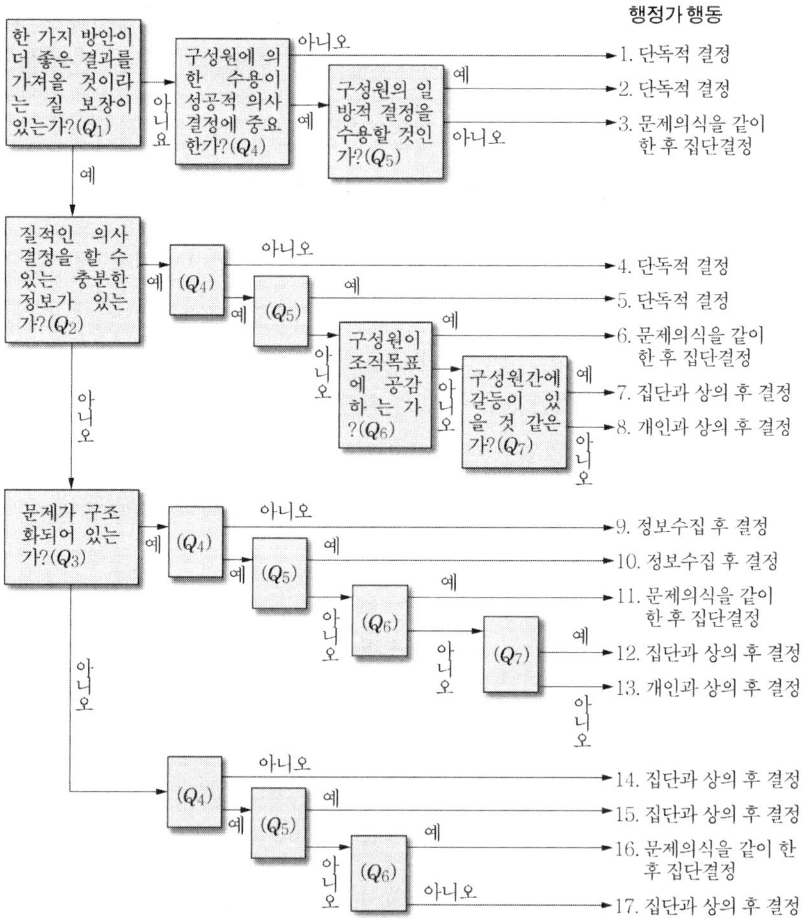

[그림 7-3] 의사결정과정의 진행표

행정가는 [그림 7-3]에 제시된 것과 같이 7가지 질문에 스스로 답하면서 적절한 의사결정방법을 선택할 수 있다. 이 모형은 비교적 복잡하고 시간이 걸린다는 단점이 있지만, 의사결정에 구성원을 언제, 어떻게, 어느 범위 내에서 참여시킬 것인지를 결정하는 데 유용한 틀을 제공한다.

참고문헌

박병량·주철안(2005). 『학교학급경영』(개정판). 서울 : 학지사

박세훈 외(2008). 『교육행정 및 교육경영』. 서울: 학지사

오영재 외(역)(2007). 『교육행정-이론, 연구, 실제』(7판). 서울 : 아카데미 프레스

윤정일·송기창·조동섭·김병주(2008). 『교육행정학원론(5판)』. 서울: 학지사

Bridges, E. M. (1967). *A Model for Shared Decision Making in the School Friendship*. Englewood Cliffs, N. J. : Prentice-Hall.

Hoy, Wayne K. & Miskel Cecil G. (2007), *Educational Administration-Theory, Reserch, and Practice*, 7th. Mcgraw- Hill.

Vroom, V. H., & Yetton, P. W. (1973). *Leadership and Decision Making*. Pittsburgh : University of Pittsburgh Press.

제 8 장

학교 · 학급의 의사소통

학교조직의 교육활동과 구성원의 관계는 기본적으로 의사소통을 통해 이루어진다. 교사와 학생은 교수-학습의 전 과정에서 말, 글, 몸짓이나 표정, 상징물 등을 통해 의사소통을 한다. 행정가 역시 학교 조직의 행정과 경영 활동을 하는 데 있어서 구성원들과 끊임없는 의사소통과정을 거치게 된다. 이처럼 학교조직의 구성원들은 학교라는 구조 안에서 개인적, 집단적 의사소통과정을 지속적으로 이어나가고 있기에, 효과적인 의사소통 기술은 효과적인 행정 활동에 아주 중요한 요소가 된다. 이 장에서는 의사소통의 개념, 과정, 유형, 의사소통의 장애와 개선, 그리고 갈등관리에 대하여 살펴본다.

1. 의사소통의 개념과 기본 모형

학교에서 교육과 커뮤니케이션은 불가분의 관계이다. 교사가 학생들을 성공적으로 가르칠 수 있는가 하는 것은 교사의 커뮤니케이터(communicator)로서의 능력 및 효율성과 상당한 관련이 있다(김인식 외, 1994). 교수-학습과정, 그리고 학교조직의 행정 활동(의사결정, 동기화, 지도력 행사 등)에 있어서 의사소통은 본질적인 요소이다.

Barnard(1938)는 조직의 구조, 확장, 범위 등은 의사소통 기술에 의해 변화되므로 의사소통은 어떠한 조직에 있어서도 중요한 위치를 차지한다고 지적하였다. Simon(1957)은 의사소통은 조직 구성원의 한 사람으로부터 다른 구성원에게 결정의 전제(어떤 결정을 하기 위한 메시지, 아이디어, 태도 등을 공유하는 것)가 전달되는 과정으로 의사소통 없는 조직은 있을 수 없다고 강조하였다. Manning(1992)은 일상생활에서 의사소통은 사람들이 중요한 메시지를 교환하고 자신들의 생각과 느낌에 대한 의미를 공유하는 과정이라고 보았으며, Seiler 등(1984)은 의사소통을 언어적·비언어적 상징들이 보내지고 받아들여지면서 의미가 전달되는 과정으로 정의하였다. 또한 Katz와 Kahn(1978)은 의사소통은 집단, 조직, 사회의 기능 수행에 있어서 필수적인 과정이며, 사회체제나 조직을 이해하는 데 가장 중요한 요인이라고 보았다. Hoy와 Miskel(2001) 역시 조직에 있어서의 의사소통의 역할을 강조하면서, 의사소통이란 정보의 상호 교류 과정으로써 정보의 정확한 전달과 원활한 교류에 의하여 조직의 구성원은 조직목표를 정확히 인식하게 되고 조직은 생기를 띠게 된다고 하였다. 이와 같이 의사소통은 개인 혹은 조직의 구성원이 메시지의 송·수신을 통하여 공통의 의미를 수립하고 나아가 행위에 영향을 미치는 과정이라 정의할 수 있다.

Seiler(1984) 등은 의사소통의 체계를 인간의 소화기관에 비유하여 설명하였다. 소화기관의 모든 부분들은 음식을 소화하는 과정에서 상호 작용하며, 다른 모든 부분들에 영향을 준다. 소화과정을 일시적으로 멈추어 보면 신체 기관의 여러 부분들이 어떻게 작용하는 지를 살펴볼 수 있다는 것이다. 이처럼 의사소통이 이루어지는 과정을 정지시킨 채 여러 다른 부분들로 분리하여 정의한 개념을 살펴보면 다음과 같다.

• **송신자(sender)** : 메시지를 만드는 자로, 소통되어야 할 의미를 결정하여 메시지의 형태로 만들고, 메시지를 보내 수신자의 반응을 지각하고 그에 대한 응답을 보내게 된다.

송신자로서의 교사는 가르쳐야 할 것을 결정하고, 결정된 것을 가장 잘 가르칠 수 있는 방안을 선택한 다음 적절한 방식으로 이를 전달하고, 전달된 메시지에 대한 학생들의 반응을 지각하고 그에 대해 응답하는 순환적 과정을 거치게 된다.

• 수신자(receiver) : 메시지를 해석하는 자로, 메시지를 접수한 다음 주의를 기울여 해석 · 평가한다. 메시지의 내용을 보존 혹은 재생시키고, 송신자 · 경로 · 환경 · 장애 등에 반응(피드백)한다.

• 메시지(massage) : 메시지는 송신자에 의해서 창출된 언어적 · 비언어적, 의도적 · 무의도적 모든 자극으로 구성된다. 메시지의 조직형태, 단어, 문법, 양식 등에 대하여 송신자는 주의를 기울여 전달하여야 한다.

송신자로서의 교사는 메시지를 조직하는 가장 좋은 방법은 무엇인가? 수신자에게 메시지 내용을 명확하게 전달하는 단어는 어떤 것이 있는가? 그 단어는 어떤 구조로 제시되어야 하는가? 등등에 대하여 주의 깊게 고려하여야 한다.

• 경로(channel) : 경로는 보통 광선이나 음파로 이루어지는데, 송신자가 보내는 메시지와 수신자를 연결시켜주는 것으로, 메시지를 담아 나아가게 하는 전달 수단이다. 광선이나 음파로 보내지는 수단은 책, 영화, TV, 컴퓨터, 잡지, 그림 등으로 다양하다.

교사와 학생이 서로 마주보며 대화를 할 때, 광선이나 음파는 주된 경로가 된다. 그러나 만약 학교장으로부터 교사를 통해 학생에게 메시지가 보내진다면, 광선이나 음파는 여전히 주된 경로이긴 하지만, 메모나 교사가 의사소통을 위한 물리적 수단이 된다.

• 환경(environment, context) : 환경은 의사소통에 참여하는 사람들을 둘러싸고 있는 분위기에 관련된 것이다. 이들 환경에는 물리적, 시간적, 공간적, 조직적 환경뿐만 아니라 정치, 경제, 사회 및 문화 환경도 포함되며, 의사소통에 대하여 상당한 영향력을 가지고 있다. 교실의 뒤쪽에 앉은 학생은 앞쪽에 앉은 학생과 다른 환경을 경험하게 될 것이고, 교사 및 학생의 태도도 교실의 환경에 영향을 미치게 될 것이

다. 이러한 환경적 요인은 의사소통이 효과적 혹은 비효과적으로 이루어지는 것에 영향을 미치게 되고, 궁극적으로 교수-학습 과정에 영향력으로 작용하게 된다.

• 장애(barrier, noise) : 장애는 송신자가 메시지를 통해서 전달하고자 하는 의미에 대하여 간섭, 훼방, 왜곡하거나 그것을 변화시키는 모든 것을 말한다. 본질적으로 장애 혹은 잡음이란 메시지의 명확성, 정확성, 의미의 이해 혹은 기억을 저해하는 것들이다.

교실에서의 방해 요인에는 교사나 학생의 움직임, 알맞지 않은 조명, 좌석 배치, 사람들의 소음, 주의산만, 동기의 결핍 등이 있으며, 이들은 각기 혹은 복합적으로 작요하면서 교실 내에서의 의사소통 효과를 왜곡하거나 감소시킬 수 있음을 입증하고 있다.

• 피드백(feedback) : 반응, 즉 피드백은 의사소통 과정에서 전달된 메시지에 대한 수신자의 반응을 송신자가 알아차릴 수 있도록 해 주는 요소이다. 의사소통의 목적이 의미를 명확히 공유하고, 타인에게 영향을 미치거나 타인의 요구에 응답을 보내는 것이라면, 메시지가 잘못 만들어지거나 잘못 이해되거나 혹은 응답이 그릇되었을 때 그것을 바로잡을 수 있는 방법이 필요하다. 피드백은 정확한 의사소통이 이루어질 수 있도록 보장하는 수단을 제공하며, 의사소통이 제대로 수용되고 이해되었는지의 여부를 알려 준다.

교사는 학생의 학습상황에 관해서 학생에게 뿐만 아니라 학부모에게도 피드백을 보내고, 학생 또한 자신이 배우고 있는 것을 좋아하는지, 혹은 자신이 얼마나 잘 배우고 있는지 등에 관하여 교사에게 피드백한다. 학부모는 자신의 자녀가 공부하는 것에 대해 어떻게 생각하는가를, 학교장은 교사들이 가르치는 것에 대해 자신이 인식하는 바를 각각 교사들에게 피드백으로 보낸다.

이와 같이 의사소통은 송신자가 수신자에게 메시지를 전달하고 수신자는 이를 해독하여 의미를 이해하고 그 반응을 송신자에게 되돌려 보내는 과정으로, 경로, 환경, 장애 요인 등에 의해 영향을 받게 된다.

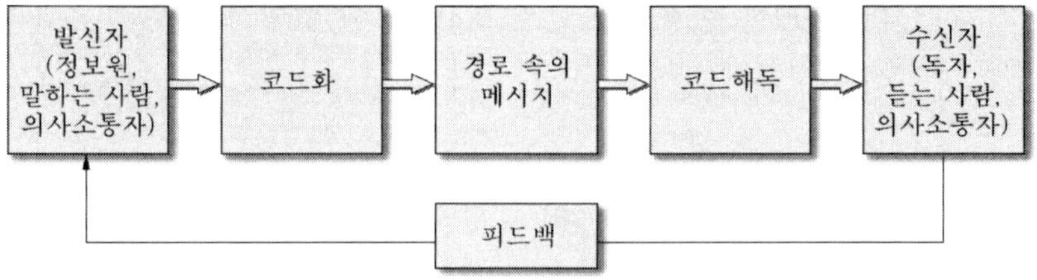

[그림 8-1] 의사소통 과정의 일반 모형

2. 의사소통의 유형

의사소통은 의사소통 과정 요소의 변화에 따라 여러 형태로 나타난다. 의사소통 과정 요소로는 메시지의 유형, 송·수신자간의 메시지의 경로, 의사소통의 형식, 의사소통망의 유형 등이 있다.

1) 언어적 의사소통과 비언어적 의사소통

일상생활에서 가장 일반적으로 사용하는 의사소통 방법은 대체로 언어를 사용하는 언어적 의사소통(Verbal communication)과 언어를 사용하지 않는 비언어적 의사소통(Nonverbal communication)으로, 언어적 의사소통은 다시 말로 하는 구두적(oral)인 것과 글로 하는 문서적(written)인 것으로 구분된다.

언어적 의사소통은 대부분의 일상생활에서 이루어지고 있으나, 하나의 언어는 복합적인 의미를 가지고 있거나 언어 자체에 추상성이 있으므로 성공적 의사소통을 위해서는 적절한 언어를 사용해야 한다. 구두적 방법은 말을 매체로 하는 의사소통으로, 긍정적인 의사소통을 위해서는 상대방 중심의 표현이나 주체적이고 능동적인 표현의 말을 사용하는 것이 바람직하다. 문서적 방법은 편지, 보고서, 회의록 등의 글을 매체로 한 의사소통이다. 이는 사전 준비를 통해 전달하고자 하는 의미를 명확히 할 수 있고, 동시에 많은 사람에게 메시지를 전달할 수 있다는 장점이 있는 반면, 문서 작성 등에 시간이 많이 소요될 수 있고 문자 해독 능력이 없는 사람에게는 비효과적이라는 단점도 있다(김선희 외, 2007: 166-167)

비언어적 의사소통은 언어를 사용하지 않고 얼굴표정, 눈길, 제스처, 자세, 음성, 신체적 접촉 언어(악수, 포옹 등), 상징적·물리적 언어 등을 사용하여 이루어지는 의사소통이다. 비언어적 의사소통은 언어적 메시지를 대신하기도 하고, 메시지를 강조하기 위해 혹은 언어적 메시지를 보완할 때 효과적으로 사용할 수 있다(김선희 외, 2007; 168-169).

2) 일방적 의사소통과 쌍방적 의사소통

Rogers와 Rogers(1967)는 의사소통을 송신자와 수신자 사이의 메시지 흐름이 일방적이냐 쌍방적이냐에 따라 일방적 의사소통(One-way communication)과 쌍방적 의사소통(Two-way communication)으로 구분하였다.

일방적 의사소통은 의사전달이 한 방향으로만 이루어지는 형태로 송신자는 의사소통을 주도하고 수신자는 듣는 입장에 있다. 연설, 강연, 설교, 강의 발표, 교실에서의 교과 강의, 학교 업무에 대한 학교장의 지시 등이 일방적 의사소통의 대표적인 형태이다. 일방적 의사소통에서 송신자는 자신의 생각, 감정, 의노, 정보 능을 정확히 전달하기 위한 준비와 기술이 중요하고, 다수의 수신자에게 신속하게 전달할 수 있다는 장점이 있다.

쌍방적 의사소통은 최소한 두 사람 이상이 상호작용하면서 메시지를 주고받는 의사소통 형태이다. 대화, 질의, 토론, 상담, 면담, 담론(dialogue) 등은 쌍방적 의사소통의 대표적인 예다. 쌍방적 의사소통은 상호간의 이해와 공유가 용이하다는 장점이 있는 반면 많은 시간이 소요된다는 단점을 지닌다.

3) 수직적 의사소통과 수평적 의사소통

김윤태(1994; 400-403)는 조직 내에서의 의사소통 방향이 수직적이냐 수평적이냐에 따라 수직적 의사소통(Vertical communication)과 수평적 혹은 횡적 의사소통(Horizental communication)으로, 수직적 의사소통은 다시 하향적 의사소통(Down-ward communication)과 상향적 의사소통(Up-ward communication)으로 분류하였다.

수직적 의사소통은 의사소통이 아래위로 이루어지는 것으로, 하향적 의사소통은 조직 구성원의 지위와 역할에 따라 상급자가 하급자에게 업무에 관한 의사와 정보를 구두 또는 문서로 전달하는 것으로 명령, 지시 등이 대표적이다. 상향적 의사소통은 조직의 하부에서 상부와 정보와 의사가 전달되는 것으로 보고, 제안, 의견조사, 면접 등의 형태가 있다.

수평적 혹은 횡적 의사소통은 동일 계층 혹은 상하관계가 아닌 사람들 사이에서 이루어지는 것으로, 회의 및 위원회, 사전심사, 회람, 통보 등의 방법이 있다. 특히, 학교조직의 수평적 의사소통의 대표적 방법으로는 협동교수제, 스터디 그룹, 게시판, 연구협의회 등이 있다. 수평적 의사소통은 구성원 혹은 부서 간에 나타날 수 있는 대립이나 이해관계를 효과적으로 통합·조정하고, 구성원의 사회화를 촉진하는 반면, 비공식적 경로를 통한 루머 확산의 수단이 되기도 한다(박병량·주철안, 2005; 260).

4) 공식적 의사소통과 비공식적 의사소통

김윤태(1994: 399-400)는 조직 내에서 의사소통이 이루어지는 형식에 따라 공식적 의사소통(Formal communication)과 비공식적 의사소통(Informal communication)으로 구분하였다.

공식적 의사소통이란 공식 조직에서 공식적 통로와 규정된 절차를 거쳐 정보를 교환하는 의사소통으로, 명령계통에 따라 공문서 또는 서면 · 구두의 명령과 보고의 방법으로 이루어진다. 의사소통이 공식화되면 권한 관계가 명확해지고 의사전달이 확실, 편리하며 전달자와 피전달자가 명확하므로 책임의 소재가 분명하다는 장점이 있다. 그러나 공식적 의사소통은 융통성이 없고 소통이 느리며, 조직 내의 모든 사정을 사전에 예견하여 합리적 의사소통의 수단을 완전히 이룩하는 것이 불가능하다(안해균, 1987; 윤정일 외 2008; 176 재인용).

비공식적 의사소통이란 공식조직에서 자연발생적으로 형성되는 비공식조직에서 공식적 통로 외의 비공식적 방법을 통해 이루어지는 의사소통으로, 소문이나 풍문, 전화, 접촉 등의 형태로 나타난다. 비공식적 의사소통은 구성원의 여론과 감정을 그대로 나타내므로 유익한 정보를 전달하는 수단이 되고, 공식적 의사소통으로 전달될 수 없는 표현을 가능하게 함으로서 구성원의 만족감을 높여주기도 한다(박병량 · 주철안, 2005; 261). 비공식 조직의 구성원들은 자신들끼리 간단하면서도 충분히 의사소통을 하는데, 이러한 비밀 경로를 통해서 사실, 의견, 태도, 의혹, 잡담, 소문, 명령이 자유롭고 신속하게 흘러가게 된다. 이러한 비공식 통로는 변화의 시기, 새로운 정보, 대면적 또는 전자 의사소통이 상대적으로 손쉬울 때 더 도움이 된다(오영재 외, 2007; 409-410).

5) 의사소통망의 유형

의사소통망(Communication network)이란, 송신자와 수신자를 연결해주는 흐름이나 형태를 말한다. 조직에서 의사소통은 여러 방향에서 공식 · 비공식적으로 이루어지는데, 행정가는 의사소통의 흐름과 형태를 잘 분석하면 행정의 실제에 유용한 정보를 얻을 수 있다.

학교조직의 경우 교장 · 교감과 각 부서의 장은 어떠한 의사소통을 하는가, 부서 내에 영향을 미치는 중심 인물은 누구이며 파벌은 형성되는가, 다른 파벌과의 정보를 교환하고 차단하는 역할은 누가 담당하는가, 의사소통망에서 고립된 교사는 누구이며 이들간에는 어떠한 관계를 형성하는가 등을 분석하면 학교 경영에 효과적으로 대처할 수 있다. 이와 같은 의사소통은 공식적인 직무상의 의사소통 통로에 의존하기 보다는 비공식적인 의사소통을 통해 이루어지는 경우가 많아, 비공식적 의사소통망을 잘 분석하여 긍정적으로 대처하면 구성원 상호간의 사회관계와 사기 및 직무만족도를 증진할 수 있는 계기를 마련할 수 있다(남정걸, 2006: 263).

소규모 집단을 대상으로 연구한 결론에 기초하여 구분한 의사소통망에는 바퀴형, 고리형, Y형, 원형, 별형 등이 있다.

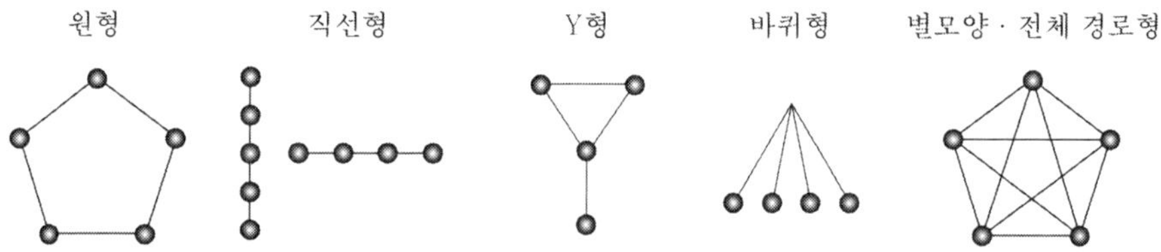

[그림 8-2] 의사소통의 망

여러 가지 의사소통 망은 의사소통의 속도, 정확성, 구성원의 사기, 지도성, 조직의 안정성, 융통성의 변인에 대한 잠재적 효과로 매우 중요시되고 있다. 〈표 8-1〉은 대부분의 연구가 밝힌 의사소통망의 효과를 요약한 것이다(남정걸, 2006: 261-262).

〈표 8-1〉 의사소통망의 효과

특성	원형	고리형	바퀴형	별형
속도	느림	빠름	매우 빠름	느림/빠름
정확성	빈약	양호	양호	빈약/매우 높음
사기	높음	낮음	매우 낮음	매우 높음
지도성	없음	뚜렷함	매우 뚜렷함	없음
조직	불안정	안정	매우 안정	불안정
융통성	높음	낮음	낮음	높음

※ 출처: Lewis, P. V. (1987: 53). *Organizational Communication: The Essence of Effective Management*. New York: John Wiley & Sons; 남정걸(2006: 262) 재인용.

의사소통망의 효과는 상황적 요인에 따라 달라진다. 단순한 과제를 해결하는 데는 집권적인 망인 고리형과 바퀴형이 오류가 적고 속도가 빠르다. 그러나 정보의 양이 많아지면 중심 인물 한 사람이 정보의 흐름을 통제하게 되므로 속도가 느려지며 비효과적이다. 반대로 복합적인 과제의 해결에는 분권적인 망인 원형과 별형이 더 효과적이다. 왜냐하면 모든 참여자가 공동으로 해결책을 탐색하고 가능한 해결 방안을 직접 도입할 수 있기 때문이다.

구성원의 사기와 융통성은 집권적 형태의 망보다는 분권적 형태에서 더 높다는 것이 일반적인데 이는 창의적이고 융통성 있는 사고를 할 수 있기 때문이다. 그러나 분권형은 지도성이 없어 조직력이 불안정한데 반하여 집권형은 지도성이 분명하고 조직의 안정성도 높고 의사소통의 속도도 빠르다. 구성원의 직무만족은 의사결정에 참여할 때 높으며, 의사소통의 형태의 어디에 자기가 위치하느냐에 따라서도 개인의 만족도에 영향을 주게 되는데 중심적 위치에 있을수록 더 만족하게 된다.

6) 대인간 의사소통 기법

의사소통은 기본적으로 조직을 유지, 발전시키는 데 있어서 중요한 요인이다. 특히 의사소통은 송신자와 수신자라는 대인간 상호작용과정이다. 효과적인 대인간 의사소통을 위한 기법으로 대표적인 Reece와 Brandt의 대인간 의사소통 유형과 Johari 창을 살펴본다.

(1) Reece와 Brandt의 대인간 의사소통 유형

Reece와 Brandt(1984)는 대인간 의사소통의 유형을 독단성과 사교성의 높고 낮음을 결합하여 감정형, 지휘형, 사려형, 지원형으로 구분하였다. 독단성(Dominance)은 책임을 맡으려는 태도를 과시하는 경향으로, 독단성이 높은 사람은 스스럼없이 충고하고 의견개진을 강력히 하며 요구사항을 분명히 하는 자기주장이 강하고 통제적인 경향이 있다. 사교성(Sociability)은 자기감정을 통제하거나 표현하려는 경향으로, 사교성이 높은 사람은 자신의 느낌을 자유롭게 표현하며, 개방적이다. 독단성과 사교성을 기준으로 의사소통 유형을 구별하면 다음과 같다(윤정일 외, 2008: 184-185).

- 감정형(Emotive style): 높은 독단성과 높은 사교성을 가지며, 솔직담백하고 열정적으로 의사소통을 하는 유형이다. 상대방의 이름을 부르고, 사적인 이야기를 하는 등 비격식을 좋아하며, 자신의 의견을 극적이면서 설득력 있게 표현한다.
- 지휘형(Director style): 높은 독단성과 낮은 사교성을 가지며, 솔직하고 엄격하며, 독단적이고 단호하다. 단호한 표정과 결단력 있는 음색으로 강력한 의견을 제시하며, 따뜻하게 보살펴 부는 태도를 보이지 않고, 냉담하며 격식을 차린다.
- 사려형(Reflective style): 낮은 독단성과 낮은 사교성을 가지며, 조용하고, 혼자 있기를 좋아하며, 의사결정을 쉽게 하지 않는다. 격식을 차리고 신중한 태도로 의견을 제시하며, 서두르지 않고 계산된 의견을 개진하고, 감정통제를 잘 한다.
- 지원형(Supportive style): 낮은 독단성과 높은 사교성을 가지며, 민감하고 참을성이 있으며, 좋은 경청자가 된다. 주의를 기울여 경청하고 권력의 사용을 절제하며, 친절하게 설득하고 온정을 표시한다. 또한 사려 깊고 신중하게 의사결정과 의사표현을 한다.

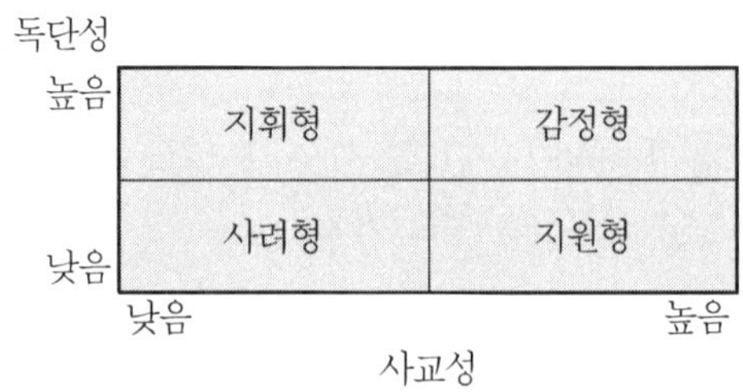

[그림 8-3] Reece와 Brandt의 대인간 의사소통 유형

(2) Johari 창

Johari 창(Johari Window)은 심리학자 Josep Luft와 Harry Ingham에 의하여 개발된 데서 유래하여 그들의 이름 첫 글자를 합하여 Johari 창이라고 하였다. 이는 자기인식과 자기이해를 기본으로 하고 있으며, 각 개인간 의사소통과정에서 유발되는 갈등의 원인에 어디에 있는지를 살펴보는 데 유용한 모형이다. 이 창은 개인의 자기공개와 피드백 방식에 따라 개방적, 맹목적, 잠재적, 미지적 영역으로 구분하였다. 효과적인 의사소통을 위해서는 자기노출과 피드백을 많이 주고받아서 개방적인 부분을 넓혀 가야 한다.

각 영역을 살펴보면 다음과 같다(윤정일 외, 2008: 183)

• 개방적 영역(Open area): 자신에 관한 정보가 자신과 타인에게 잘 알려져 있다. 서로 잘 알고 있는 개방적 상호작용을 하기 때문에 효과적인 의사소통이 가능한 영역으로 민주형이다.

• 맹목적 영역(Blind area): 자신은 타인에게 잘 알려져 있지만 자기 스스로는 잘 알지 못하는 부분이다. 그러므로 타인으로부터 자신에 대한 의견을 알지 못할 때에는 이 부분이 넓어져 의사소통에서 자신의 주장을 앞세우고 타인의 의견을 불신하고 비판하여 수용하지 않는 영역으로 독단형이 된다.

• 잠재적 영역(Hidden area): 자신 스스로는 잘 알고 있지만 타인에게는 알려져 있지 않은 부분이다. 타인이 취하는 자신에 대한 반응을 예측할 수 없기 때문에 타인에게 방어적인 태도를 취하게 되며, 과묵형이 된다.

• 미지적 영역(Unknown area): 자기 스스로와 타인에게 모두 알려져 있지 않는 부분이다. 이러한 경우 자신에 대한 견해를 표명하지도 않을 것이며, 타인으로부터 피드백을 받지도 못하는 폐쇄형이 될 것이다.

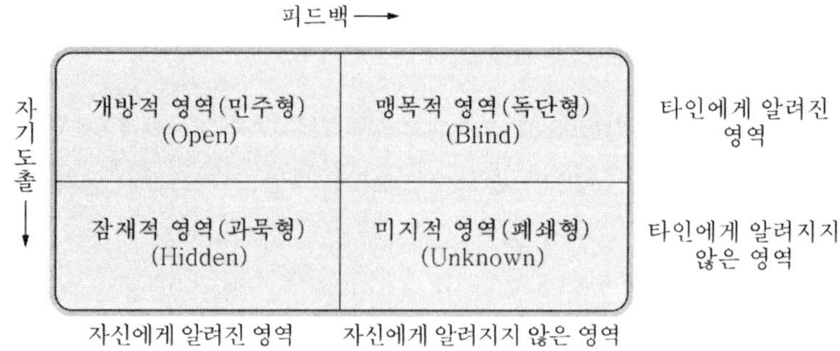

[그림 8-4] Johari 창

3. 의사소통의 개선

의사소통이 잘 되는 조직은 긍정적 조직 문화가 형성되고, 모든 계층의 조직 구성원이 효과적인 의사소통에 기초한 상호이해와 협력을 통해 과업을 수행해 나갈 수 있을 것이다. 그러나 조직의 내·외에는 의사소통의 장애를 유발하는 다양한 요인이 잠재되어 있다. 의사소통의 장애 요인은 무엇이며, 의사소통 장애를 개선하기 위해서는 어떠한 노력이 이루어져야 하는 지를 살펴본다.

1) 의사소통의 장애

의사소통의 장애란, 송신자가 수신자에게 의사를 전달하는 과정에서 의사소통이 방해·왜곡·차단되는 현상을 말한다.

Lunenberg와 Ornstein(2004; 224-229)은 효과적인 의사소통에 개입하여 장애를 유발하는 요인으로 송신자와 수신자가 형성하는 공통된 준거의 틀, 여과, 조직의 구조와 규모, 정보의 과다, 의미의 불확실성, 지위의 차 등으로 구분하여 설명하였다. 준거의 틀이란, 동일한 정보라도 개인의 경험과 교육 정도, 문화적 배경, 준거 집단 등에 따라 달리

해석되므로 송 · 수신자가 공통적인 준거의 틀을 가진다면 보다 효과적인 의사소통이 가능하다는 것이다. 여과(filtering)란, 조직의 다른 계층 간의 의사소통 과정에서 송신자가 불공정하고 편파적인 정보를 수신자에게 전달하는 것을 말한다. 또한 구성원들은 자신의 이해관계에 따라 정보를 첨가 혹은 축소하고, 수정 · 변화시켜 잘못 해석하기도 하며, 정보의 홍수 속에서 정보를 다 처리하지 못하고 생략 · 회피 하거나 부당 · 부정확하게 처리하기도 하며, 추상적 · 정의적 용어를 사용하여 의사소통에 오해를 일으키는 등 여러 요인에 의해 의사소통의 장애를 경험하게 된다.

김선희 등(2007; 169-170)은 의사소통의 장애가 발생되는 주요 요인을 의사소통 과정, 의사소통 요소, 의사소통의 방향의 3가지로 구분하고 다음과 같이 설명하였다.

• 의사소통 과정에서 발생하는 장애요인
- 송신자가 전달하고자 하는 메시지를 분명하게 정리하지 못하는 경우
- 송신자가 기호화 과정에서 정확하지 않은 표현을 사용할 경우
- 상대방을 고려하지 않은 메시지를 전달할 경우
- 송신자가 한꺼번에 지나치게 많은 메시지를 전달하는 경우
- 메시지 전달과정에서 적절하지 못한 의사소통 방법을 사용하는 경우
- 시간과 장소 등 물리적인 환경에서 발생하는 잡음이 심각한 경우
- 시지 수신과정에서 수신자가 선택적으로 판단하고 평가하는 경우
- 송신자와 수신자 간에 상이한 준거 기준이 적용되는 경우

• 의사소통 요소에서 발생하는 지각적 장애요인
- 고정관념: 지각 대상의 특성이나 행동에 대해 일반화시킴으로써 심각한 지각 장애를 가져온다.
- 투사: 자신의 지식과 감정을 기준으로 타인을 판단함으로써 타인

도 나와 같은 생각을 하고 느끼며, 나와 같은 특성을 가지고 있다고 판단하여 의사소통을 저해한다.
- 지각적 방어: 자신에게 위협이 되거나 도전을 주는 정보를 회피하거나 여과함으로써 송신자의 메시지를 왜곡한다.
- 선택적 지각: 자신의 신념, 가치관, 욕구 등을 강화하거나 일치하는 메시지에 집중함으로써 의사소통을 왜곡한다.

• 의사소통 방향에서 발생하는 장애요인
- 계층 혹은 지위의 차이에서 발생하는 심리적 거리감
- 계층 차이에서 오는 공간적 거리감
- 상급자의 비합리적인 권위의식

2) 의사소통의 개선

효과적인 의사소통을 위해서는 의사소통에 있어서의 장애요인을 최소화하고, 타인의 관점을 이해하는 폭을 넓히며, 새로운 메시지를 접할 때 수용적이고 열린 마음을 가져야 할 것이다. 뿐만 아니라 자신의 경험과 가치관을 고집하는 것이 아니라 스스로의 불완전성을 인식하고 지각상의 오류를 범할 수 있음을 인정하는 것이 필요하다. 교육조직의 경우 행정기관과 교육기관의 구성원들이 쌍방적 의사소통이 원활하기 이루어질 수 있는 풍토를 조성하여야 할 것이다. Lunenberg와 Ornstein (2004: 229-230)은 의사소통의 장애를 극복하기 위한 방안으로 반복, 감정 이입, 이해, 피드백, 경청을 제시하였다(남정걸, 2006: 268-271 재인용).

• 반복 : 동일한 메시지를 여러 통로를 통해서 되풀이해서 보내는 것이다. 어느 의사소통이든 어느 정도의 왜곡은 있기 마련이므로 하나의 통로보다는 다양한 통로를 통해 메시지를 전달한다면 나아질 가능

성은 많다. 교육행정조직과 단위학교조직의 의사소통은 문서에 의한 경우가 많은데, 이를 보완하기 위한 세세한 내용은 문서가 아닌 직접적 대화나 토의를 통해 공감대를 넓히고, 현장을 방문하는 등 다양한 통로를 통한 반복적 의사소통에 의해서 상호 이해에 접근하게 될 것이다.

• **감정 이입** : 효과적인 의사소통을 하려면 송신자와 수신자는 입장을 바꾸어 생각하고 개인적 및 상황적 요인을 예측하여 타인의 준거틀을 이해하는 과정이 필요하다.

• **이해** : 의사소통의 효과는 송신자와 발신자간에 전달된 메시지에 대한 합의 정도에 달려 있다고 할 수 있다. 따라서 의사소통 당사자는 기호화된 메시지보다는 거기에 담긴 의미와 이해를 공유할 수 있도록 노력하고, 간단명료하되 충분히 의사 전달이 될 수 있는 언어를 사용하는 것이 효과적이다.

• **피드백** : 피드백이 없으면 메시지가 전달되었는지, 어느 정도 이해되었는지 확인할 수가 없다. 피드백에 의해서 쌍방적 의사소통이 되고, 송·수신자 간의 상호 이해가 가능한 것이다. 효과적인 피드백은 구체적이고 시의적절하며 즉각적이고 직접적이야 한다.

• **경청** : 행정가는 하루 일과 시간의 70%를 의사소통하는 데 소비하며, 그 중 30%를 듣는데 소비하며, 청취검사 결과 들은 내용 중 25%만이 효과적인 청취였다고 한다. 경청은 의식적·의도적으로 듣는 것으로, 사회적 예의이자 좋은 행정가·교사가 갖추어야 할 기본 태도이다.

4. 갈등관리

갈등이 없는 조직은 없다. 조직이 분화되면 업무의 내용이 달라지고 분화된 조직이 추구하는 목표가 달라지며, 상호 간 역할 기대의 차이가 발생하기 때문에 조직 내 갈등은 정도의 차이이지 피할 수 없는 문제이며, 보편적·필연적인 문제이다. 그러나 보편적이고 불가피한 현상이라 하여 이러한 갈등을 방치하거나 긍정적으로 대처하지 못한다면 효과적인 조직 문화를 형성할 수도, 조직의 유지와 발전을 이끌어 낼 수도 없게 될 것이다. 갈등을 유발하는 요인은 다양하며, 의사소통은 갈등을 생성하기도 해소하기도 하는 주요한 요인이다. 갈등을 효과적으로 관리하기 위하여 갈등의 개념과 갈등을 보는 관점, 갈등의 기능, 갈등의 관리 기법을 살펴본다.

1) 갈등의 개념과 갈등관

갈등(Conflict)은 개인의 시각이나 대상, 입장에 따라 다양하게 정의된다. Reitz(1981; 407)는 갈등을 관련된 개인이나 집단이 함께 일하는데 애로는 겪는 형태로 정상적인 활동이 방해되거나 파괴되는 상태로, Hampton(1987; 534)은 경쟁, 반대, 모순, 비타협, 불화, 충돌, 싸움 등의 같은 의미로, Luthans(1981; 366)는 목표나 가치관과의 모순상태, 타인의 목표나 성취를 의도적으로 방해하는 행위이며 감정적으로 적개심이라고, Davis(2002)는 둘 이상의 당사자가 스스로 반대 입장에 있다고 느끼는 어떤 상황이라고 각각 정의하였다(이명주, 2003; 119-120, 남정걸, 2006; 240 재인용). 갈등은 달성해야 할 목적과 그 방법에 대한 의견의 불일치에서 나타나는 대인관계의 과정이며, 과업의 상호의존성, 역할, 정책 및 규정의 모호성, 성격의 차이, 비효과적인 의사소통, 부족한 자원에 대한 경쟁, 태도와 신념 그리고 경험의 차이 때문에도 나타난다.

갈등의 어원을 살펴보면, 'conflictus' 라는 라틴어에서 온 말로, 이는 'com(함께) + fligere(부딪치다)'의 충돌, 마찰, 부싯돌이 부딪쳐 불을 만든다는 이중적 의미를 가진다. 갈등(葛藤) 역시 葛(칡) + 藤(등나무)의 합성어로 둘이 서로 뒤엉키어 살아남으려는 상충되는 관계이면서도 경쟁적으로 성장하는 계기가 되듯이 긍정적인 측면이 내포되어 있다. 이처럼 갈등이라는 개념은 문제, 좌절, 불안, 초조, 긴장, 불화, 반대, 모순, 비타협, 경쟁, 투쟁, 양립불가능, 의견불일치, 차이에서 나타나는 상호작용적인 상태라는 부정적인 의미뿐만 아니라 쌍생이라는 긍정적인 의미도 포함하고 있다(남정걸, 2006; 240).

이상에서 언급한 갈등의 특징을 살펴볼 때, 갈등은 개인이나 집단 및 조직의 둘 이상의 주체에 의해 발생되고, 표면화된 대립적 행동뿐만 아니라 갈등상황에 대한 인식, 긴장, 적의, 분노 등의 심리적 상황까지도 포함한다.

이러한 갈등을 보는 관점은 시대에 따라 다양하게 나타난다. 전통적인 관점이 보편적이었던 1940년대까지 갈등은 난폭, 파괴, 불합리성과 같은 부정적 · 역기능적으로 인식되어 모든 갈등은 반드시 제거되어야 한다는 관점을 견지하였다. 그러나 1940년대 후기에서 1970년대 중반까지의 기간에 있어서 갈등은 모든 조직과 집단에 있어 자연스럽게 나타나는 불가피한 현상이므로 이를 수용해야 한다는 관점으로 변화되었다. 현대로 와서 상호작용론적 관점에서는 갈등을 수용해야 한다는 입장을 넘어서 갈등을 최소한도로 유지하여 이를 조직의 변화와 혁신에 효과적으로 활용해야 한다는 입장으로 발전하였다.

2) 갈등의 기능

아무런 문제가 없이 현상유지상태에 있으면 조직의 변화와 발전은 없다. 조직에는 어느 정도의 갈등이 필요하고, 갈등을 극복하기 위해 노력하는 가운데, 구성원의 재능과 능력이 발휘되고 새로운 화합의 계기가 마련되며 조직의 변화와 혁신이 이루어진다. 그러나 갈등이 지나치거나 장기화되면 구성원은 긴장과 불안, 고통을 느끼게 되고 시간과 인적 · 물적 자원을 낭비하게 되는 역기능적 측면도 있다.

조직이 추구하는 목표나 가치를 지지하거나 촉진하는 결과를 가져오면 순기능적 갈등이 되고, 조직이 추구하는 목표나 가치를 해치면 역기능적 갈등이 된다. 순기능적 갈등은 조직의 생존과 성공에 필요한 쇄신적 변동을 야기하는 원동력이 되어 변동의 탐색을 유도할 뿐만 아니라 구성원으로 하여금 정체된 사고방식에서 벗어나 능동적 행동을 하게 하는 활력소가 될 수 있다. 반면, 역기능적 갈등은 조직의 목표를 성취하는 데 필요한 협동적 노력을 좌절시키고, 조직 구성원의 사기를 저하시키며 역기능적 갈등이 심화될 경우 조직의 와해로 이어질 위험도 있다(윤정일 외, 2008: 153).

3) 갈등의 관리

조직 내의 갈등은 순기능적 측면과 역기능적 측면을 모두 가지고 있다. 따라서 갈등은 적당한 수준에서 유지되거나 해소되어야 한다. 갈등을 해소하는 전략으로는 갈등의 원인이 되는 문제를 해결하는 근본적인 방법부터 갈등을 보류 혹은 회피하는 방법까지 다양하게 연구되었다. 또한 순기능적 갈등을 조성하여 조직의 변화 발전에 활용하기 위한 전략으로는 조직 내의 분화, 구성원과 직위의 재배치, 지도성 유형의 교체 등이 연구되었다. 다양한 갈등관리 전략 가운데 대표적인 Simon과 March, Rohim의 연구를 살펴본다.

(1) Simon과 March의 갈등관리 전략

조직의 갈등을 관리하는 전략으로 Simon과 March는 문제해결, 설득, 협상, 정치적 타결을 제시하였다(유영옥, 1997: 418).

• 문제해결(Problem-solving): 갈등을 일으키는 당사자 간에 기본적인 목표에 관해서는 합의가 이루어져 있으나 목표를 달성하기 위한 방법에 있어서의 의견불일치가 있을 때 활용되며, 주로 각 대안에 대한 탐색활동과 정보 수집에 주력하게 된다.

• 설득(Persuasion): 당면한 문제에 대해서는 갈등 당사자 간에 합의

가 이루어져 있지 않지만 기본적인 상위목표에 대해서는 어느 정도의 합의가 이루어져 있는 상황에서 활용된다. 이 경우 상·하위목표 간의 모순이나 불일치를 제거하기 위한 설득에 주력하게 된다.

• 협상(Bargaining): 협상이란 갈등 당사자 간의 목표나 이해관계의 조정을 위해 직접적으로 교섭을 벌이는 것이다. 갈등 당사자 간에 목표나 목표에 대한 의견의 불일치를 제거하지 못하는 고정적인 것으로 간주하고 있는 상황에서 활용된다.

• 정치적 타결(Politics): 갈등 당사 집단 간의 기본적인 목표의 차이 및 불일치를 협상을 통해 해결한다는 점에서는 협상과 별다른 차이가 없다. 그러나 협상과 다른 점은 갈등 당사자 이외에도 각 당사자들이 자신의 주장을 유리하게 이끌기 위해 정부, 여론, 일반 대중 등 제3자의 지지를 획득하고자 노력하게 된다.

(2) Rohim의 갈등관리 전략

Rohim은 상대방과 갈등 상황에 직면한 경우 취할 수 있는 개인의 전략으로 자신의 주장을 강조하는 방법과 상대방에게 양보하여 상대방의 관심사를 충족시켜 주는 방법을 제시하고, 이를 조합하여 강요, 수용, 타협, 협력, 회피의 갈등관리 방식을 제시하였다(윤정일 외, 2008; 155-156).

- 강요(Forcing): 상대방을 압도하고 자기주장을 관철하려 한다.
- 수용(Accommodation): 자신의 주장을 양보하고 상대방의 주장에 따른다.
- 타협(Compromising): 서로가 양보하고 조금씩만 자기만족을 꾀한다.
- 협력(Collaborating): 서로 간의 관심사를 모두 만족시키려 한다.
- 회피(Avoidance): 갈등 현장을 떠남으로써 자신과 상대방의 관심사를 모두 무시한다.

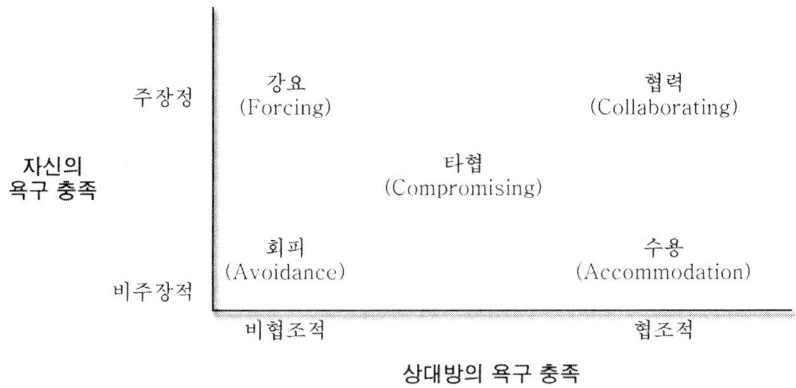

[그림 8-5] Rohim의 갈등관리 기법

참고문헌

김선희 · 이로미(2007). 『인적자원개발론』. 서울: 서현사
김윤태(1994). 『교육행정 · 경영신론』. 서울: 배영사
김인식 · 김성열 · 김학준 역(1994). 『학교교육과 커뮤니케이션』. 서울: 교육과학사
남정걸(2006). 『교육행정및교육경영』. 서울: 교육과학사
박병량 · 주철안(2005). 『학교학급경영(개정판)』. 서울: 학지사
박세훈 외(2008). 『교육행정 및 교육경영』. 서울: 학지사
안해균(1987). 『현대행정학: 행정의 기본개념과 이론』. 서울: 다산출판사
오영재 외(역)(2007). 『교육행정-이론, 연구, 실제(7판)』. 서울: 아카데미 프레스
유영옥(1997). 『행정조직론』. 서울: 학문사
윤정일 · 송기창 · 조동섭 · 김병주(2008). 『교육행정학원론(5판)』. 서울: 학지사
Barnard, C. I. *Functions of Exclusive*. Cambridge. MA. : Harvard University Press(1938).
Hampton, D. R. (1987). *Management*, 3rd. New York: Mcgraw- Hill.
Hoy, Wayne K. & Miskel, Cecil G. (2001). *Educational Administration-Theory, Reserch, and Practice*, 6th. New York: Mcgraw- Hill.
Hoy, Wayne K. & Miskel, Cecil G. (2007). *Educational Administration-Theory, Reserch, and Practice*, 7th. New York: Mcgraw- Hill.
Katz. D., & Kahn. R. L. (1978). *The social psychology of organizations*(2nd ed). New York: Wiley
Lewis, P. V. (1987). *Organizational Communication: The Essence of Effective Management*, New York: John Wiley & Sons.
Lunenberg, F. C. & Ornstein, A. C. (2004). *Educational Administration: Concepts and Practice*, 4th. Belmont, CA. : Wadsworth Publishing.
Lusser, R. N. (1996). *Human Relations in Organizations*, Irwin.
Luthans, F. (1981). *Organizational Behavior*, 3rd. New York: Mcgraw- Hill.
Manning, P. K. (1992). *Organizational communication*, New York: Aldine De Gruyer.
Newstrom, J. W. & Davis, K. (2002). *Organizational Behavior: Human Behavior at Work*, 11th. New York: Mcgraw- Hill.
Reece, B. L. & Brandt, R. (1984). *Effective Human Relations in Organizations*. Boston: Houghton Mifflin Co.
Reitz, H. J. (1981). *Behavior in Organizations*, 2nd. Homewood, Ⅲ: Richard D. Irwin, Inc.
Robbins, S. P. (2003). *Essentials of Organizational Behavior*, 7th. Upper Saddle

River, N. J. : Prentice-Hall.

Rogers, E. M. & Rogers, R. A. (1967). *Communication in Organizations*. New York: The Free Press

Seiler, W. J., Schuelke, L. D. & Brilhart, B. L. (1984). *Communication for the Contemporary Classroom*. Holt, Rinehart and Winston.

Simon, H. A. (1957). *Models of Man*. New York: Wiley

부록 〈의사소통 능력 체크리스트〉

* 과거에 경험했던 일을 되돌아보고 당신의 행복과 태도를 가장 잘 나타낸다고 생각하는 척도에 표시하시기 바랍니다. 어떤 경우에도 옳거나 그른 응답은 없습니다.

5	4	3	2	1
강한 동의	가벼운 동의	불분명	가벼운 부정	강한 부정

1. 나는 상대방의 메시지에 대해 반응할 때 구체적으로 하거나 예를 들려고 노력한다.	5 4 3 2 1
2. 나는 타인들보다 더 많이 말하려는 경향이 있다.	5 4 3 2 1
3. 타인이 나의 메시지를 이해하지 못하는 것 같은 느낌이 들면 나는 보다 천천히 그리고 분명하게 말하려고 노력한다.	5 4 3 2 1
4. 나는 어휘들이 지닌 의미의 다양성을 망각하는 경향이 있다.	5 4 3 2 1
5. 나는 피드백할 때 사실에 대해 반응하면서도 감정을 개입시키지 않는다.	5 4 3 2 1
6. 나는 대화를 하면서 상대방이 침묵을 지킨다고 해도 당황하지 않는다.	5 4 3 2 1
7. 나는 마음이 산란한 비언어적인 암시를 피하기 위하여 주의를 집중시키려고 열심히 노력한다.	5 4 3 2 1
8. 경청하는 것과 그냥 들려오는 것은 같은 것이다.	5 4 3 2 1
9. 나는 피드백을 하기 전에 상대방이 피드백을 원하는지 먼저 확인한다.	5 4 3 2 1
10. 나는 타인이 이야기 하는 동안 "그래요" "계속 말씀하세요"하는 등의 말을 하지 않는다.	5 4 3 2 1
11. 나는 충분히 생각하는 시간을 갖고자 피드백을 늦추려 한다.	5 4 3 2 1
12. 나는 속어나 특이한 지방사투리를 좋아한다.	5 4 3 2 1
13. 나의 피드백은 타인들이 나의 아이디어를 어떻게 사용할 것인가에 초점을 둔다.	5 4 3 2 1
14. 육체적인 인이는 듣는 사람에세 중요한 것이 아니라 말하는 사람에게 중요하다.	5 4 3 2 1
15. 나는 전문가에 말할 때에만 전문용어를 사용한다.	5 4 3 2 1
16. 나는 타인이 잘못 말하면 그의 잘못을 깨닫게 해준다.	5 4 3 2 1
17. 나는 나의 생각을 일반 용어로 표현하려고 노력한다.	5 4 3 2 1
18. 나는 타인의 이야기를 들을 때 평가하지 않으려고 노력한다.	5 4 3 2 1

*** 채점 및 평가**

1) 다음 평가지에 각 항목의 점수를 써 넣고 합산하여 총점을 계산하십시오.

기능	항목별 점수								
피드백기능	항목	01	05	09	11	13	16	계	총점
	점수								
경청 기능	항목	02	06	08	10	14	18	계	
	점수								
발언 기능	항목	03	04	07	12	15	17	계	
	점수								

2) 당신의 전체적인 의사소통 기능을 알아보기 위하여 총점을 다음의 연속선상에 표기하십시오.

고 저

30	25	20	15	10	5	0

자료 : Lussier(1966: 117-118), 김선희 외(2007: 172-173) 재인용

제3부

교육행정의 실제

제 9 장

장 학 론

교육의 여러 활동 중에서도 장학은 교육의 질 향상과 가장 밀접하게 관련되어 있어 최근 여러 나라에서 장학에 대한 관심이 높아지고 있다. 오늘날과 같은 지식정보사회에서 중요한 지식과 정보는 교육과 학교를 통해 만들어 내고 장학을 통해 교육의 질을 향상시켜야 하기 때문에 교육과 장학은 더욱 강조되고 있다(주삼환, 2009: 19-20). 본 장에서는 '장학'이라고 하면 교실 환경 미화와 연구 수업을 위한 모의 수업을 떠올리게 하는 과거의 감독적 성격의 장학에서부터 최근 학습 보조적 성격으로 변화하는 장학의 발달 과정과 단위학교에서 실제 이루어지고 있는 장학의 다양한 방법에 대해 살펴보고자 한다.

1. 장학의 개념

장학의 개념을 하나의 명제로 정의하기는 어렵다. 장학의 개념은 사람, 상소, 시간에 따라 다르며, 어디에 강조를 누느냐에 따라 내용도 달라진다. 용어 자체도 장학이라는 용어를 포함한 장학행정, 장학지도, 장학행위, 장학협의회 등에서부터 시학(視學), 감학(監學), 교학(教學),

지도행정에 이르기까지 매우 다양하다(윤정일 외, 2008).

장학의 개념을 명료화하기 위해 우선 장학이라는 단어의 의미를 살펴보면 다음과 같다. 어원으로 보아 장학은 확실히 감독이라는 말로부터 출발하였다. 영어로는 대개 'supervision'이라고 하는데, 이는 'super(높다, 우수하다, 상위)'와 'vision(보다, 감시하다)'의 합성어로 '높은 곳에서 우수한 사람이 본다'는 감독을 지칭한다. 유럽에서는 'inspection'을 많이 사용하는데, 이는 'in(안)'과 'spect(보다)'의 합성어로서 '찬찬히 들여다본다'는 의미를 지닌 시찰, 검열식 감독이 된다. 전통적으로 두 영어 단어가 좋지 않은 어감을 갖고 있어서인지 아무리 "장학"이라는 부드러운 말로 불러도 외국에서나 우리나라에서나 교사들은 장학에 대하여 여전히 부정적인 태도를 갖고 있다는 것을 부인할 수 없다.(주삼환, 2009; 한국교육행정학회, 1995).

그러나 장학이 한자로는 '奬(권면하다, 돕다)'과 '學(배우다, 학문)'으로 이루어진다. 즉, '학문하고 배우는 것을 도와주고 권하고 격려하여 힘쓰게 한다'는 뜻을 담고 있다. Wiles와 Lovell(1975: 6-8), Alfonso, Firth, Neville(1975:35-36), Harris(1985:10) 등도 장학을 '학생에게 학습기회의 계속적 제공, 실현, 변화, 개선해 나가는 방법, 학생들의 학습을 돕고자 동원하는 수업과정에 직접적으로 영향을 주는 방식, 학습을 촉진시켜 학교조직의 목적을 달성하기 위하여 교사의 행위에 직접적 영향을 미치는 공식적 행위'로 규정하였다.

이와 같이 장학은 수업의 향상과 개선을 통해 학습자의 학습을 촉진시키고자 하는 데 공통점을 두고 있다. 이를 토대로 장학은 궁극적으로 학습자의 학습을 촉진하기 위한 수업 개선·교수-학습 과정의 개선을 목적으로 교사의 계속적인 전문성 신장과 발달을 촉진하는 활동이라고 정의할 수 있다.

2. 장학의 발달 과정

장학의 발전 과정은 사회적 변천의 과정과 맥을 같이 한다. 오랜 역사를 통해 장학은 기본 성격 면에서 권위주의적 통제방식에서 민주적인 방향으로, 방법면에서 학사 시찰의 방식에서 협동적·사율적 방식으로 발전해 왔다. 장학의 내용도 초기에는 교사의 근무 실태 평정 위주에서 점진적으로 교과지도나 생활지도와 같은 학교학습에 관한 것으로 확대되었으며, 장학 담당자도 초기의 비전문가 집단에서 교육행정 전문가 집단으로 변화되었다(윤정일 외, 2007). 사회의 변화, 시대적 사상과 사조의 변화에 따라 장학 역시 변화·발전하여 왔다. 과학적 관리론, 인간관계론, 행동과학과 체제론, 상황적응론과 인간자원론 및 다원론이 사회 전반에 영향을 준 각각의 시기에 장학은 어떠한 방법과 관점을 통해 변화·발전하였는지 살펴본다.[1)]

1) 미국의 장학의 발전

(1) 관리장학 : 1750~1930

미국에서 18, 19세기의 장학은 주로 비전문인에 의하여 이루어졌는데 학교운영의 전반을 시학하는 형태였다. 학교시설, 장비, 학생 출석상황 등을 정기적으로 점검하고 통제하는 것으로부터 장학의 역사가 시작되었다. 마을 사람들이 모여 교육을 담당할 대표자 뽑고 이들이 교장과 교사를 임명하여 교육을 실시하도록 한 다음, 교육이 이루어지는 현장을 점검하는 형식이 되었을 것이다. 1800년대에 들어 장학담당직이 생

1) 장학의 발달 과정에 대해서는 주삼환(2009)·윤정일 외(2008), 박병량·주철안(2005) 등을 참고·정리하였다.

기고, 비전문가 대신 교육전문가와 교과담당 전문가들이 장학담당자로 임명되기 시작하였으며, 교사의 수업기술 개선을 장학의 기능으로 인식하기 시작하였다. 또한 학교와 교육구가 점점 커지면서 시학관(supervisor)을 별도로 임명하여 학교시찰과 검열을 전적으로 담당하게 하고, 또 시설건축과 교육재정 확보 등의 일을 전문으로 다루게 하여 장학은 어느 정도 전문화되기에 이르렀다. 그러나 이 시기에도 학교의 순시와 검열 및 행정적 지시가 장학의 주된 활동이었고, 장학을 근본적으로 행정의 연장선으로 보았기에 이 시기의 장학을 행정적 시학(Administrative inspection)의 시기라 한다.

또한 20세기 초반 약 1/3의 시기(1900~1930)는 미국 교육이 과학적 관리의 영향을 많이 받아 교육에서도 능률과 생산을 강조하게 되었다. 그래서 장학의 실제에서도 과학적 관리의 색채가 강하게 스며들어 이 시기를 과학적 장학의 시기라고도 한다. 장학에 있어서도 능률지향성, 경제지향성 때문에 장학에서도 관료제의 특성대로 분업, 기술적 전문화, 조직 내에 규율, 일의 상황에 따른 구체적이고 특수한 절차, 문서에 의한 의사소통이 강조되었다.

(2) 인간관계장학 : 1930~1955

1930~1950년대는 미국에서 과학적 관리시대가 지나가고 인간관계시대가 도래하면서 장학에서도 강제와 감독의 역할이 약화되게 되었다. 과학적 관리시대의 관료적이던 'supervisor'가 중심이 되는 장학이 아니라 교사와 장학담당자는 수업개선을 위해 협동적·민주적으로 일을 해야 한다는 것이다. 따라서 이 시기는 관료적·행정적 장학으로부터 수업장학으로 바꾸는 교육행정의 일대 전환기라 할 수 있으며, 이에 따라 인간관계장학, 민주적 장학, 협동적 장학의 시대라고 부른다. 1930년대 미국 교육은 '진보주의 교육'의 시대로 특징지을 수 있는데, 학교에서도 개성화, 인간화, 아동중심이 보다 강조되었다. 학교행정가의 책임이 증대되고, 학교도 더욱 복잡해짐에 따라 복잡한 경영기술이 요구되었다.

산업계가 온통 인간관계 · 민주화 일색이 되자 학교행정가들도 이를 본받아 민주적 리더십의 형태를 실천하기 시작하여 1949년대까지 장학에서도 인간관계 행동이 두드러지게 나타났다. 이러한 민주적 인간관계를 강조하는 장학에서는 이전과 같이 교사의 직무수행 및 교실행동을 분석 · 평가하여 개선토록 하는 장학 행위를 엄격하게 적용 · 실천하는 데 어려움이 있었다. 자연히 장학담당자의 본래 기능은 약화되어 갔으며, 교실방문도 사라지기 시작하였고, 장학담당자의 역할도 가르치는 일에서 교사가 너욱 발선할 수 있도록 도와주는 상담자, 조정자 등으로 대치되었다. 이와 같이 장학을 인간관계로 보는 장학에서는 장학이 교사를 위협하는 것이 아니라는 인식을 갖게는 하였으나, 장학 본연의 활동과 기능은 약화시키는 결과를 가져오게 되었다.

(3) 수업장학 : 1955~1970

1957년 스푸트니크 충격 이후 미국 교육의 형식과 내용, 프로그램은 크게 변화되었고 학교교육과정은 지나치게 확대되는 등 학문 중심 교육이라는 새로운 방향으로 전환되었다. 1960년대 초 미국에서 장학사는 전문교과 담당자가 되고 이들의 역할은 자료를 조직하고, 학교교육 프로그램을 제작하고 이를 실행하는 데 교사들을 참여시키고, 교사들을 위하여 자원인사로 봉사하는 일이었다. 학교에 대한 공중의 기대는 상승하는 반면 학교운영의 자원은 점점 줄어들게 되어 이 둘 사이에서 교육행정가들은 전통적 방법으로 복귀하지 않을 수 없게 되었다. 그래서 목표도달계약제, 행동목표제시, 책무성 프로그램, 경영체계, 표준도달졸업제 등을 통하여 학교를 발전시키려 했던 흔적이 아직도 여러 책에서 발견되고 있다. 과학적 관리시대로의 복귀와 같은 인상을 준다. 그래서 이때를 신과학적 관리 시대라고 한다.

1960년대 후반에 일어났던 여러 상황과 이에 대한 1970년대 초의 행정적 대응의 결과로 장학에도 여러 가지 영향이 미치게 되었다. 장학은 교육과정 개발 수업에 초점을 맞추려는 노력이 나타나기 시작했다.

1960년대 후반과 1970년대 초의 장학에 관한 문헌을 보면 교수학습의 과정분석과 임상장학의 개념에 초점이 맞춰진 것을 알 수 있다. 이러한 움직임으로 장학자는 비디오테이프의 사용, 교사·학생 사이의 상호작용 평가, 교수방법의 새로운 가능성 개발을 위한 현장연구 등의 기법 사용이 뚜렷하게 나타났다. 특히 하버드 대학의 Anderson, Goldhammer, & Cogan 등은 교실현장에서 장학자와 교사 간의 일대일의 친밀한 관계 속에서 계획협의회 → 수업관찰 → 피드백협의회를 골자로 하는 8단계의 과정을 거치면서 교사의 전문적 성장과 교수기술 향상을 도모하고자 하는 임상장학 모형을 개발하여 수업장학에 획기적인 발전을 가져왔다. 이와 같이 1960년대 후반과 1970년대 초는 교실에서의 교수활동에 초점을 맞춘 임상장학, 수업장학을 강조한 시기였다.

(4) 발달 장학 : 1970~현재

1970년대 후반 교육계에는 경제적·정치적 압박이 증대되어 적은 돈으로 교육경영을 해야 하기 때문에 산업계·경영계 지향으로 기울어지는 경향이 나타났다. 그래서 교육에서의 수업개선에 대한 연구와 노력에 대한 관심과 흥미가 줄어든 대신 경영적 역할로 관심을 옮기기 시작하였다. 따라서 장학에 관한 문헌에서도 경영과 관련된 행위체제, 조직이론이 많이 다루어지면서 이 시기를 신과학적 관리론에 바탕으로 둔 수정주의 장학의 시기라고도 한다. 이와 반대로 1970년대 후반에는 교사가 가지고 있는 능력을 최대한 발휘하게 하여 교사의 자아실현을 도와주어 행복하게 해 주자는 인간자원론적 철학에 기반을 둔 인간자원장학론이 대두되게 되었다. 과거의 인간관계장학이 교사를 수단시했다는 것에 대한 반성과 수정으로 발전한 중요한 철학적 변화이다. 인간자원 장학은 참여를 통해 학교의 효과성을 증대시키고 그 결과로 교사의 직무만족을 목표로 한다는 특징을 가지고 있다. 이와 같이 인간자원장학은 기본적으로 인간의 가능성에 초점을 두고, 인간은 일을 통한 자아실현을 추구한다는 가정하에 학교과업의 성취를 통한 직무만족에 초점을 두는 인본주의적 특징을 보여준다.

1980년대 들어서 장학의 역할은 행정, 교육과정, 수업 사이를 맴돌고 있으나 장학의 독특한 영역을 확보하여 장학론이라는 고유한 학문을 확고하게 굳히려는 노력이 두드러졌다. 특히 미국에서 '미국 교육의 위기(A Nation at Risk)'라는 보고서가 나오고 '우수성 추구(Excellence pursuit)'에 대한 열기가 고조되어 교육의 질적 향상을 위한 교육리더십, 수업리더십, 장학리더십이 강조되어 1980년대는 장학에 있어서 리더십이 특별히 강조된 시기라고 할 수 있다.

2) 우리나라 장학의 발전

우리나라의 경우 광복 이후 민주정부의 수립에 따라 각급 교육기관과 교육행정기구가 설치되었는데, 이 시기를 기점으로 장학 담당자의 명칭이 시학관에서 장학관으로 바뀌었다. 시대별로는 조병효(1991)의 경우 한국전쟁 이후의 재건기, 1960년대의 개혁기, 1970너대의 성장기, 1980년대의 발전기로, 정태범(2005)은 정초기의 장학(미군정기, 제1공화국의 장학, 1945~1961년), 권위주의 시대의 장학(제3,4,5,6공화국의 장학, 1961~1993년), 민주화 시대의 장학(문민정부의 장학, 1993~1998년, 국민정부, 참여정부)으로, 주삼환(2009)은 1948년 정부 수립 이후의 재건기, 1960년대 개혁기, 1970년대 발전기, 1980년대 팽창기로 구분하여 각각 설명한다.

우리나라에 근대학교가 시작된 것은 일제강점기시대로부터이다. 당시 중앙의 내무부 안에 교육을 담당하는 학무국을 두었는데 거기에 시학관 4명을 배치하여 교육에 관한 기획, 조사, 지도 및 감독의 일을 담당했던 것으로 되어 있다. 1945년 광복과 함께 미국의 영향으로 이름을 "장학"이라 하고 민주적 장학을 하고자 1946년 1월 중앙의 학무국을 3실 7과로 편성하여 초등교육과와 중등교육과에 장학관 1명씩을 배치하여 장학 임무를 맡게 하였다. 또한 각 시·도 학무과를 학무국으로 승격시켜 장학제도의 틀을 잡게 되었다.

1948년 정부 수립과 6·25전쟁을 거친 재건기, 1960년대 개혁기, 1970년대 발전기, 1980년대 팽창기를 거치면서 장학의 기구와 조직, 장학담당자의 수가 늘어나면서 일제의 시학과 독학의 독재적 장학으로부터 권위적·관료적 장학을 거쳐 민주적 장학을 향하여 꾸준히 발전해 왔다. 그러나 민주적 장학을 하려면 그만큼 장학담당자의 전문성이 신장되고 교사들이 스스로 장학에 참여하려고 해야 하는데 이러한 조건이 갖추어지지 못함으로써 최근에는 장학의 공백, 또는 장학의 부재, 장학의 포기상태가 연출되고 있는 실정이다. 즉 과거의 권위적 시찰식 장학을 대체할 만한 전문적 민주장학방법이 개발되지 못하거나 실천으로 옮길 수 없는 상황 때문에 말로만의 민주장학뿐이고 실제로 교사의 전문적 성장과 수업개선에 장학적 영향이 미치지 못하여 결과적으로 장학력의 약화만 초래되었다고 할 수 있다(주삼환, 2009).

3. 장학의 유형

장학의 개념이 관점에 따라 다양하게 정의되는 것과 마찬가지로 장학의 유형도 관점에 따라 다양하다. 장학의 기본형태에 대해 Glatthorn(1984)은 임상장학, 동료장학, 자기장학, 확인장학으로 나누어 설명하였으며, Sergiovanni와 Starratt(1998)은 임상장학, 동료장학, 개인장학, 비형식장학으로 분류하였다. 윤정일 등(2008: 272)은 장학의 유형을 장학 행위의 주체에 따라 중앙장학, 지방장학, 지구별 자율장학, 교내 자율장학, 자기장학 등으로 나누었다. 그리고 지방장학은 다시 장학활동이 이루어지는 방식에 따라 종합장학, 확인장학, 개별장학, 요청장학, 특별장학으로 나누고, 교내 자율장학은 장학의 방법에 따라 임상장학, 동료장학, 약식장학으로 나누어 설명하고 있다. 이와 같이 장학의 조직, 주체, 내용, 방법 등에 따라 다양하게 구분할 수 있다. 장학의 유형은 장학조직, 주체에 따라 중앙장학, 지방장학, 지구별 자율장학, 교내 자율장학, 자기 장학 등으로 구분할 수 있다. 또한 장학의 지도 및 협의 방법에 따라 임상장학, 동료장학, 약식장학, 발전장학, 자기장학, 선택적 장학 등으로 구분할 수 있다.

1) 중앙장학

중앙장학은 중앙 교육행정조직인 교육과학기술부에서 이루어지는 모든 장학활동을 말한다. 교육인적자원부가 교육과학기술부로 개편되고, 초·중등교육과 관련된 다수의 업무가 지방으로 이양되었기에 중앙장학은 다소간 위축되어 있다(윤정일 외, 2008: 272). 교육과학기술부의 최근 조직표를 보면 중앙장학은 학교지원국(2010. 1. 기준)을 중심으로 이루어진다고 볼 수 있다. 학교지원국에서는 교육과정의 개정과 후속지원, 교과서 제도의 개선, 교육공무원의 관리 등에 관한 업무를 담당하면서 교육과정과 수업의 질을 관리하는 업무를 한다고 볼 수 있다. 중앙장학은 교육활동의 전반을 기획, 조사, 연구, 관리, 지도하는 형태로 이루어지고 있다고 볼 수 있다.

2) 지방장학

지방장학은 지방 교육행정조직인 시·도 교육청과 단위교육청에서 이루어지는 장학활동을 말한다. 시·도교육청 및 단위교육청은 학교와 가장 가까운 장학조직으로, 주로 시·도교육청의 교육정책국과 단위교육청의 교육지원국(과)을 중심으로 장학활동이 이루어진다. 지방장학활동을 파악하기 위한 실례로 부산광역시교육청의 경우, 학교정책국소속의 학교정책과에서는 학교교육 주요정책의 기획·조정·추진, 학교평가, 중등학교 교육과정의 편성·운영 지도를, 초등교육과에서는 초등장학,

초등교육과정의 운영 지도, 교실수업개선, 기초·기본학력 향상, 유치원 교육과정 운영 및 교단지원자료 개발·보급을, 중등교육과에서는 중등학교 장학지도, 중등학교 교실수업 개선 및 평가, 중등학교 학력 증진 등의 업무를 각각 담당하고 있다. 시·도 교육청 소속의 장학사들은 장학 업무의 기획, 교실수업개선 기획·운영, 학력증진 지원관리, 교육연구회 및 연구대회 운영, 연구학교 운영, 수업연구발표대회 운영, 우수수업 공개 및 동영상 자료 제작 등의 업무를 담당하면서 보다 실질적인 장학 활동을 하고 있다. 또한 단위교육청에서도 교수학습지원과 등에서 장학업무 및 학교교육계획 지원, 교수학습방법 개선 지원, 학교자율장학 지원 등의 보다 실질적인 장학업무를 담당하고 있다.

3) 지구별 자율 장학

지구별 자율장학이란 지구별 장학협력회가 중심이 되어 지구 내 학교간·교원 간의 협의를 통해 독창성 있는 사업을 선정·운영함으로써 교수-학습 방법을 개선하고자 하는 장학활동을 말한다. 즉, 지구별 자율장학에서는 학교 간 방문과 교육 활동을 통해 학교교육 활동의 우수사례를 일반화 하고 현안 문제의 해결 방안을 모색하여 지역 특성에 맞는 창의적·협동적 교육활동을 전개하고자 한다. 이러한 지구별 자율장학을 통해 지구별 교육 현안을 협의·조정하고, 교육 프로그램 및 우수 교육정보를 교환하여 수업 개선을 위한 교원들의 협력체제 구축과 공동 연구를 추진할 수 있고, 지역적 특성 및 여건에 맞는 교육활동을 전개할 수 있을 것이다.

실례로, 서울특별시 교육청(2010 중등장학계획: 8-15)에서는 자율장학의 효율적 추진을 위해 총 26개의 지구 자율장학회를 조직·운영하고 있다. 지구 자율장학회별로 간사학교와 부간사학교를 선정하여 업무를 추진하고, 간사학교가 주관하여 지구 자율장학회의 연간 사업계획 및 단위 사업계획을 수립하여 활동을 전개한 후 교육청 업무 담당부서에 지구 자율장학 활동의 실적 등을 보고하게 하였다. 자율장학 활동의 성과와 문제점은 분석하여 차기년도 지구 자율장학회 활동에 환류하게 하고, 발굴된 우수사례를 중심으로 지구별 자율장학 활동 우수사례집을 발간하여 일반화 하며, 우수 학교 및 우수 교원은 국내외 연수·가산점 부여 및 상훈에 반영하도록 하는 계획을 수립하였다.

부산광역시 교육청에서도 자율장학협의회 구성·운영, 지역별 협의회 운영, 지구별 학생선도협의회 운영 등을, 부산광역시 단위교육청에서는 수업개선을 위한 컨설팅 지원단을 운영 등을 통해 지구별 자율 장학을 지원하고 있다.

4) 교내장학

교내장학이란 단위학교가 주체가 되어 실시하는 장학이다. 교내 장학에 대하여 주삼환(1997: 142)은 학교의 계획하에 교사의 교수기술 향상과 전문직적 성장을 위하여 학교 지체 또는 교육청과의 협동적 노력으로 학교 수준에서 실시하는 장학, 이윤식(1999)은 단위학교에서 교육활동의 개선을 위하여 자율적으로 교장·교감을 중심으로 전체 교직원들이 상호 이해와 협력을 기초로 하여 지도·조언하는 활동으로 각각 정의였다. 이와 같이, 교내장학은 교사의 교수 기술 향상과 교육활동의 개선을 위하여 단위학교가 주체가 되어 실시하는 장학이라고 정의할 수 있다. 교내장학 혹은 학교장학에는 다양한 장학의 방법들이 동원되는데, 대표적인 장학의 방법으로 임상장학, 발달장학, 동료장학, 자기장학, 약식장학, 컨설팅장학, 요청장학, 담임장학, 선택적장학 등을 살펴본다.

(1) 임상장학

임상장학(Clinical supervision)은 교사들의 수업 기술 향상을 위한 체계적이고 개별적인 과정이다. 이는 1950년대 하버드 대학교에 있던

Cogan(1973)과 그의 동료에 의해 교사지망생의 수업방법 개산을 위한 하나의 방법으로 개발되었다가 후에 교사의 직전 교육뿐만 아니라 현직 교육의 한 방법으로 발달된 장학이다(변영계, 1997). 임상(clinical)은 병리라는 말을 함축하고 있으나, 장학에서는 교사의 장학 담당자 간의 대면성(face to face relationship)과 교실 내에서 이루어지고 있는 교사의 실제 수업행동에 초점을 두고 있다는 의미로 사용한다. 다시 말하면, 교수의 실제를 직접적으로 관찰하여 자료를 얻으며, 교수행동과 교수 능력 향상을 위한 활동을 분석하면서 장학 담당자와 교사 간에 상호작용을 수반하는 수업장학의 한 형태이다.

임상장학은 교육현장인 교실에서, 장학자와 교사의 친밀한 관계 속에서, 교사의 전문적 성장과 교수기술 향상에 목적을 두고, 수업과 장학에 임하기 전에 사전 계획협의회를 하여 여러 가지 약속을 하고 약속대로 수업관찰을 하려 자료를 수집하고 이를 분석하고 협의회전략을 세워 다시 만나서 피드백협의회를 하여 다음의 수업전략을 세우고 장학의 과정에 대하여 종합적인 반성을 하는 특수한 과정과 절차를 밟는 하나의 장학대안이라고 할 수 있다(주삼환, 2009: 161).

Achesen과 Gall은 임상장학이 전문적 성장과 교실수업 개선에 근본적인 목적을 두고 있다고 하였다. 구체적으로는 수업 상황에 대한 객관적인 피드백을 교사에게 제공하며, 교수-학습에서의 문제를 진단·해결하고, 교사들이 수업 전략을 수립·사용할 수 있도록 도와주며, 객관적인 교사평가를 가능하게 하고, 계속적인 전문적 신장에 대해 긍정적인 태도를 가질 수 있도록 도와주는 것이다. 그들은 임상장학을 계획협의회 → 수업 관찰 → 환류협의회의 과정으로 설명하였다(김정한, 2002: 285). 이들 임상장학의 과정을 비교하면 〈표 9-1〉과 같다.

〈표 9-1〉 임상장학의 단계

Cogan(1973)	Achesen & Gall(1980)	주삼환(2009)
교사-장학담당자 간의 관계 수립	계획협의	사전 계획협의
교사와의 협의를 통한 수업계획		수업관찰을 위한 자료 수집
교사와 공동으로 수업관찰계획		
교실수업 관찰	수업관찰	수업 관찰
교수·학습과정 분석		수업 및 자료 분석
교사와의 협의회 진략계획		피드백 협의회
교사와의 협의	환류협의	후속 전략 수립
후속계획 수립		종합 반성

임상장학의 대상은 주로 초임교사나 수업 기술 향상의 필요성을 느끼는 교사들이라고 할 수 있다. 임상장학의 주요특징은 다음과 같다(한국교육행정학회, 1995).

- 교사의 수업기술 향상이 주된 목적이다.
- 교사와 장학담당자 간의 대면적 관계와 상호작용을 중요시한다.
- 교실 내에서의 교사의 수업행동에 초점을 둔다.
- 일련의 체계적이고 집중적인 지도·조언 과정이다.

(2) 발달장학

발달장학은 Glickman(1981)이 개발한 것으로 교사의 발달정도와 장학방법에 맞게 장학하여 교사의 발달수준을 높인다는 원리에 근거하고 있는데 근본정신은 선택적 장학과 마찬가지이다. 장학을 비지시적(nondirective), 협동적(collaborative), 지시적(directive) 지향으로 구분하고 교사의 발달정도에 맞게 적용하여 교사를 최상의 발달상태로 변화시키자는 것이다. 교사의 발달정도는 참여수준과 추상적 사고의 수준이라는 두 기준을 통해 측정하여 각 교사에게 알맞은 장학을 한다는 의도이다. 그러나 교사들의 발달정도를 단순히 두 가지의 기준을 통해 분류한다는 것, 바쁜 장학담당자가 각 교사를 평가하여 발달수준에 따른 적절한 장학을 실시하기가 현실적으로 어렵다는 문제점을 가지고 있다(주삼환, 2009).

(3) 동료장학

동료장학은 동료교사 간에 그들의 교육활동의 개선을 위하여 공동으로 노력하는 과정으로 동료교사에 의해 이루어진다. 이들의 주요 활동은 동학년·동교과 협의회나 같은 부서의 동료간 수업 연구, 동료 간 상호작용 등을 통하여 이루어진다.

교사들은 장학자보다 동료 교사에게 더 자연스럽고 용이하게 도움을 요청할 수 있으며, 수업 개선을 위하여 교사가 다른 교사를 돕는 일은 매우 자연스러운 일로 받아들인다. 즉, 교사 상호 간에 이루어질 수 있는 동료 지원은 매우 직접적이고 실제적인 효과가 있는 장학과정이 될 수 있는데, 이것이 곧 동료장학이다.

동료적 관계에서 장학을 실행하려면 교사는 서로 도와줄 수 있는 자질과 기술을 가지고 있어야 하며, 동료에게 조력을 제공하고 교수방법의 개선을 돕기 위해서 교사는 기술적·임상적·인간적·비평적 자질을 보유하고 있어야 한다. 또한 관찰하고 자료를 분석하는 기술이 필요하고, 문제를 발견하고 대안을 제시할 수 있어야 한다. 대화하고 라포를 형성하고 협의를 원활하게 수행할 수 있는 기술이 있어야 하며, 장학의 원리와 규칙에 대한 기초적 이해도 필요하다(김정한, 2002: 306).

동료장학은 장학방법에 대한 연수를 실시하여 장학할 수 있는 능력을 기른 다음 실시해야 효과를 거둘 수 있다. 동료교사끼리 팀을 만들어 임상장학방법을 적용하는 방법, 교과 혹은 학년 단위에서 새로운 교수전략이나 교수자료 혹은 수업구조 등을 모색하고 아이디어와 경험을 나누는 방법, 비슷한 입장에 있는 교사들 간에 자발적 집단을 구성하여 같이 수업을 계획하고 관찰·분석하는 방법, 경험 있는 유능한 교사를 초임교사와 짝을 지어 주는 방법 등은 자연스럽게 동료로부터 배우고 사회화 하는 방법이 될 수 있다(주삼환, 2009).

(4) 자기장학

자기장학은 교사 개인이 자신의 전문적 발달을 위하여 스스로 체계적인 계획을 세우고 이를 실천하는 과정으로써 각종 자기연찬 활동이다. 자기장학의 주요 방법으로는 수업의 녹음 및 녹화, 교사평가 체크리스트 이용, 평가・분석, 학생과의 면담, 의견조사(수업, 특별활동, 생활지도, 학급경영 등), 1인 1과제 연구 및 현장 연구, 전문서적과 자료 탐독・활용, 대학원 과정 수강, 교직 전문단체, 연구기관, 학술단체, 대학 또는 관련 사회기관이나 전문기관의 방문, 전문가와의 면담활동, 현장방문, 견학활동, 연수회, 교과연구회, 학술 발표회, 강연회, 시범수업 공개회 참석, 학교 상호방문 프로그램 참여, TV와 라디오 방송매체가 제공하는 교원연수 프로그램, 비디오 분석 등의 다양한 방법이 있다(박세훈 외, 2008: 284).

자기장학은 다른 사람에게 의존하는 것이 별로 없으므로 혼자 일하기를 원하는 경력 교사에게 적합하고 시간과 경비의 효율성을 높이는데 용이하다. 이 접근은 자기발전 지향적이고 반성적 사고에 익숙한 교사에게 효과적이다. 그러므로 성공적인 자기장학을 위해서는 교장과 교감이 교사의 성향을 정확히 파악하고 자기장학을 지원・격려하며, 필요한 조언이나 정보를 제공하는 역할을 해야 한다. 또한 자기장학도 연간계획에 의하여 계획적으로 이루어져야 할 것이다(주삼환, 2009).

(5) 전통적 장학

전통적 장학은 교장, 교감이 간헐적으로 짧은 시간(5~10분) 동안 학급 순시나 수업 참관을 통하여 교사의 학급경영과 수업활동을 관찰하고 교사에게 지도・조언을 제공하는 장학활동으로 약식장학, 일상장학, 확인장학이라고도 한다. 전통적 장학은 교장・교감의 계획과 주도하에 전개되는 비공식적인 성격이 강한 활동이다(한국교육행정학회, 1995:

166).

전통적 장학은 교장과 교감의 주도하에 전개되며, 학급 순시나 수업 참관을 중심으로 하며, 다른 장학 형태의 보완적이고 대안적인 성격을 지닌다. 전통적 장학을 통하여 행정가는 학교경영과 학교풍토 전반에 대한 정보를 수집하여 개선방안으로 활용할 수 있다. 전통적 장학의 취지를 이해하지 못하는 교사는 거부 반응을 표시하기도 하지만, 교장·교감은 단위학교의 최종적인 교육 책임자 및 1차 장학 책임자로서 전통적 장학을 수행할 책무성과 당위성을 지닌다(박세훈 외, 2008: 285).

전통적 장학이 간헐적으로 짧은 시간에 학급 순시를 하는 데 그쳐서는 안 된다. 교사에게 피드백이 주어지지 않는다면 전통적 장학은 단순한 감독 수준에 머무를 수밖에 없고, 이러한 감독의 수준으로 인식되기에 교사들에게 부정적으로 인식되어 왔다. 전통적 장학이 효과적으로 수행되기 위해서는 체계적인 계획에 따라 이루어져야 한다. 한국교육행정학회(1995: 168-174)는 전통적 장학의 과정을 계획수립(학급순시 및 수업참관 계획의 수립, 전통적 장학에 대한 자체연수), 전통적 장학의 실행, 전통적 장학의 결과 활용(학급순시 및 수업참관 결과의 정리, 교사에게 피드백 제공)이라는 3단계로 나누어 계획·운영할 것을 제시하였다.

(6) 컨설팅 장학

컨설팅 장학은 장학의 새로운 접근방법으로써 전문성 개발 활동 중 하나인 '컨설팅'이론을 학교조직에 적용한 것이다. 이는 전문성을 갖춘 장학 요원이 교원의 의뢰에 따라 그들의 직무 수행상 필요로 하는 문제와 능력에 관해 진단하고, 그것의 해결과 개발을 위한 대안을 마련하며, 대안을 실행하는 과정을 지원 또는 조언하는 활동을 말한다(진동섭 외, 2005:7). 컨설팅 장학은 운영 범위에 따라 교내 컨설팅 장학, 지구별 컨설팅 장학, 시·군·구 교육청별 컨설팅 장학으로 구분할 수 있다.

실례로, 서울시 교육청의 컨설팅 장학 활동을 위한 계획(2010 중등장학계획)에 따르면, 컨설팅 장학은 특히 학교평가 결과 미흡한 부분에 대하여 교육청의 주관으로 전문성을 갖춘 장학위원이 현안 관제를 진단하고 해결 방안을 마련하여 학교의 발전을 도모하기 위해 실시한다. 컨설팅 장학을 통해 단위학교의 현안 과제의 해결 방안을 모색하여 문제를 해결하고, 교수·학습 방법의 개선을 통해 단위학교의 교육력을 제고하며, 학교평가의 결과로 나타난 개선 사항에 대한 컨설팅·협의·지원할 수 있게 된다. 컨설팅 장학의 내용으로는 학교평가 결과 중 개선 사항으로 평정된 사항 및 학교가 요청하는 현안 과제 등이나. 컨설팅 장학 대상 학교에 대하여 컨설팅 장학 장학반을 구성·운영하여 담당 장학사가 사전에 학교와 협의하여 조정·시행한 후 단위학교 현안 과제에 대한 공동의 협의·지원 과정을 거치게 된다. 컨설팅 장학의 결과는 학교에 통보하고, 학교에서는 컨설팅 결과에 따라 보완 대책을 수립하고 자구 노력을 강구하게 되며, 담당 부서에서는 장학 결과를 분석·협의한 후 현안 과제 해결을 모색하게 된다.

(7) 요청 장학

요청 장학은 단위학교의 자율적·창의적 교육활동 전개와 학교가 요구하는 교육활동의 협의·지원, 그리고 단위학교에서 개선이 필요한 교육활동의 진단 및 문제 해결을 위해서 단위학교에서 요청하는 교과·교육활동에 대한 전문적·심층적 장학 활동을 전개하는 것이다.

요청 장학은 학교 주도의 요청 장학과 교육청 공동의 요청 장학으로 구분할 수 있다. 학교 주도의 요청 장학은 단위학교의 문제점을 진단한 후 계획 수립·장학 요원 섭외·협의 및 결과 정리까지의 전 과정을 학교가 자체적으로 시행 한 후 결과보고서만 교육청에 제출하는 형태다. 교육청과 공동으로 이루어지는 요청 장학은 단위학교에서 문제점을 진단한 후 교육청에 요청하여 교육청에서 해당 영역의 상설 장학단으로 장학반을 구성하여 시행하는 형태다.

요청장학의 영역으로는 학교의 요청에 의하여 교육활동 개선이 필요하다고 판단되는 영역(교수학습자료 제작·활용에 대한 협의, 학업성적 평가를 위한 도구 및 문항 개발에 대한 지도 등), 수업 개선을 위한 특정 교과의 공개 수업 참관 및 교과협의회를 통한 교과장학, 교과 지도 등 전 영역에 대한 교육활동 개선을 위한 주제별 협의(중장기 학교발전계획, 교육과정 운영, 방과후 학교운영, 수준별 수업 등) 등 학교가 요청하는 제반 사항을 대상으로 한다. 장학의 결과는 학교와 업무 담당자에게에 통보·제출하고 우수·특색 사례를 적극적으로 발굴하고 홍보한다(서울시교육청, 2010; 30-32)

(8) 담임 장학

담임 장학은 교내 자율장학의 기능을 강화하고 학교와 교육청 간의 신뢰로운 교육 풍토를 조성하기 위하여 학교 현안 문제의 해결을 위한 지원을 통해 교육력을 제고하는 데 목적을 둔다. 담임 장학은 정기 담임 장학, 수시로 이루어지는 온라인 담임 장학, 방학 중 실시하게 되는 자율 담임 장학, 긴급 사안 발생 시 담당 부서에서 실시하는 특별 담임 장학 등의 형태로 구분된다.

담임 장학은 교수·학습 활동, 학업 성적 평가 및 관리 상황, 학생생활 지도, 교육과정 운영, 방과후 학교 운영, 직업·진로교육, 체육·보건 교육, 급식, 교원 복무상황, 교육시설 및 환경, 교육관련 자료의 활용 및 관리 실태 등의 다양한 영역에 대하여 실시되며, 담임 장학의 시행 계획 통보 시 상세 항목을 안내하게 된다.

교육청은 담임 장학 시행 계획을 수립하여 안내하고, 장학의 결과를 통보·정리하는 역할을 담당한다. 학교는 담임장학사가 학교 홈페이지를 열람할 수 있도록 조치하고, 장학관련 자료(학교교육계획서, 학교홍보 자료, 수업 자료 등)를 담임장학사에게 제시할 수 있도록 준비하여 담임 장학이 실시되는 당일 부장교사 및 업무담당 교직원이 함께 참여할 수 있도록 사전에 준비한다.

담임 장학에서는 연간 장학 업무를 효율적으로 추진하고 학교 교육활동에 대한 일관성 있는 장학 지원과 환류를 위하여 학교별 담임장학사를 배정하여 운영하고 있다. 1일 1학교 장학을 원칙으로 하되 업무의 필요상 기간 및 방문 학교를 탄력적으로 조정하고, 협의록 등을 통해 현황을 분석하고 학교의 교육력 제고를 위한 변화를 유도한다. 담임장학사는 교육청의 주요 장학 내용을 전달·협의하고, 교육 방법의 개선에 중점을 둔 학교 운영 전반에 대해 협의하는 등 업무 관련 교직원과의 폭넓은 대화를 실시하여 전문적·심층적 협의와 지도가 필요한 사항에 대해서는 상설 장학단에 요청하여 학교의 현안 문제 해결을 위해 노력하게 된다(서울시교육청, 2010; 26-29.

(9) 선택적 장학

장학에서 여러 가지 상황이 고려되어야 하지만 학교의 조직적 변인과 교사의 개인적 변인이 주가 되어야 한다. 가능하면 교사로 하여금 자신에게 알맞은 장학방법을 선택할 수 있는 기회를 제공하는 것이 바람직하며, 여러 가지 다양한 장학방법 중에서 자신에게 맞는 방법을 선택하고 학교의 사정에 따라 조종하는 하는 것을 선택적 장학이라 한다(주삼환, 2003).

임상장학은 초임교사나 경력이 많은 교사의 갱생을 위해 좋다는 것이고, 동료장학은 동료의식이 강한 유능한 교사에게 알맞으며, 전통적 장학은 아무것도 선택하지 않은 교사에게, 단위학교의 자체 연수를 모든 교사가 대상이 된다. 이러한 여러 가지 장학을 종합적으로 혼합하여 섞어서 쓴다고 하여 절중적 장학이라고도 한다.

이상에서 살펴본 장학의 유형 중 교내장학의 주요 내용을 정리하면 〈표 9-2〉와 같다.

〈표 9-2〉 교내장학의 유형

유형	개념	형태	대상자	장학담당자
임상장학	교수행동과 교수 능력 향상을 위한 활동을 분석하면서 장학 담당자와 교사 간에 상호작용을 수반하는 장학	수업연구	초임 교사 및 수업기술 향상의 필요를 느끼는 교사	장학사 교장 교감
발달장학	교사의 발달 정도에 맞게 적정한 형태의 장학을 제공	발달수준 분석	전체 교사	장학사
동료장학	동료교사 간에 그들의 교육활동의 개선을 위하여 공동으로 노력하는 과정	동학년협의회 동교과협의회 동부서협의회 동료간 수업연구 동료간 상호작용	전체교사 동학교/ 동교과/ 동부서 교사	동료 교사
자기장학	교사 개인이 자신의 전문적 발달을 위하여 스스로 체계적인 계획을 세우고 이를 실천하는 과정	자기 수업 연구 1인 1과제 연구 대학원 수강 문헌연구, 논문 자료개발 각종 자기연찬활동	전체 교사	교사 개인
전통적장학	교장, 교감이 간헐적으로 학급 순시·수업 참관을 통하여 교사의 학급경영과 수업활동을 관찰하고 교사에게 지도·조언을 제공하는 활동	학급순시 수업참관	전체 교사	교장, 교감
컨설팅장학	전문성을 갖춘 장학 요원이 교원의 의뢰에 따라 직무 수행상 필요로 하는 문제와 능력에 관해 진단, 해결과 개발을 위한 대안 마련, 대안을 실행하는 과정을 지원 또는 조언하는 활동	수업관찰	컨설팅을 요청한 교사	컨설턴트
요청장학	단위학교에서 요청하는 교과·교육활동에 대한 전문적·심층적 장학 활동	장학 요청 내용과 영역을 고려한 장학단의 협의·지원	전체 학교	장학사
담임장학	연간 장학 업무의 효율적 추진을 위하여 학교별 담임장학사를 배정하여 학교 운영 전반에 대한 지도·조언·협의를 이루어가는 장학 활동	담임장학 시행 계획에 따른 장학 자료 검토, 교내 순회, 수업 참관	전체 학교	장학사
선택적장학	다양한 장학방법 중에서 자신에게 맞는 방법을 선택하고 학교의 사정에 따라 조정하는 하는 것	상술한 모든 형태	전체 교사	장학사 교장, 교감 동료교사 교사 개인 컨설턴트

참고문헌

김정한(2002). 『장학론』. 서울: 학지사
박세훈 외(2008). 『교육행정 및 교육경영』. 서울: 학지사
변영계(1997). 『수업장학』. 서울: 학지사
윤정일 · 송기창 · 조동섭 · 김병주(2008). 『교육행정학원론』(5판). 서울: 학지사
정태범(2005). 『장학론』. 서울: 학지사
조병효(1991). 『현대장학론』. 서울: 교육과학사
주삼환(1997). 『변화하는 시대의 장학』. 서울 : 원미사
______(2003). 『장학의 이론과 기법』. 서울: 학지사
______(2009). 『장학의 이론과 실제(I, II)』. 서울: 한국학술정보(주)
진동섭 · 김도기(2005). "컨설팅 장학의 개념 탐색", 『교육행정연구』, 23(1), 1-25.
한국교육행정학회(1995). 『장학론』. 서울: 하우출판사
2010 중등장학계획(2010). 서울 : 서울특별시교육청 중등정책과
교육과학기술부 http://www.mest.go.kr
부산광역시교육청 http://www.pen.go.kr
Acheson, K. A., & Gall, M. P. (1980), *Techniques in the Clinical Supervision of Teachers : Preservice and Inservice Applications*, N. Y. : Longman, Inc.
Cogan, M. (1973). *Clinical Supervision*, N. Y. : Houghton Mifflin.
Glickman, C. D. (1981). Developmental *Supervision : Alternative Practices for Helping Teachers Improve Instruction*, Alexandria Va. : ASCD

부록 〈수업개선 장학 평가지(자기장학, 동료장학)〉

<table>
<tr><td>교과</td><td></td><td>단원명</td><td></td><td>수업교사</td><td colspan="5"></td></tr>
<tr><td>대상</td><td>학년 반</td><td>일시</td><td></td><td>평가자</td><td colspan="5"></td></tr>
<tr><td rowspan="2">구분</td><td colspan="4" rowspan="2">평가내용</td><td colspan="5">평점</td></tr>
<tr><td>5</td><td>4</td><td>3</td><td>2</td><td>1</td></tr>
<tr><td rowspan="6">수업계획</td><td colspan="4">1. 다양한 수업기술을 위해 사전 교재 연구를 철저히 하였는가?</td><td></td><td></td><td></td><td></td><td></td></tr>
<tr><td colspan="4">2. 교수・학습 계획이 학습 유형에 알맞게 짜여 있는가?</td><td></td><td></td><td></td><td></td><td></td></tr>
<tr><td colspan="4">3. 학습 자료는 다양하게 준비하였는가?</td><td></td><td></td><td></td><td></td><td></td></tr>
<tr><td colspan="4">4. 학습 분량은 수업시간에 맞게 조절되었는가?</td><td></td><td></td><td></td><td></td><td></td></tr>
<tr><td colspan="4">5. 학생들이 학습목표를 성취할 수 있도록 동기화시켰는가?</td><td></td><td></td><td></td><td></td><td></td></tr>
<tr><td colspan="4">6. 효과적인 질문을 활용하였는가?</td><td></td><td></td><td></td><td></td><td></td></tr>
<tr><td rowspan="7">수업과정</td><td colspan="4">7. 시청각 매체 등의 다양한 자료가 효율적으로 이용되었는가?</td><td></td><td></td><td></td><td></td><td></td></tr>
<tr><td colspan="4">8. 판서는 구조화 되었으며 명료성, 정확성, 간결성이 지켜졌는가?</td><td></td><td></td><td></td><td></td><td></td></tr>
<tr><td colspan="4">9. 학생 개개인의 학습수준이 고려된 학습활동이 이루어졌는가?</td><td></td><td></td><td></td><td></td><td></td></tr>
<tr><td colspan="4">10. 학생들의 자기주도적 학습이 이루어졌는가?</td><td></td><td></td><td></td><td></td><td></td></tr>
<tr><td colspan="4">11. 학습활동에 대하여 학생들이 스스로 평가할 수 있도록 도와주었는가?</td><td></td><td></td><td></td><td></td><td></td></tr>
<tr><td colspan="4">12. 형성평가를 실시하였는가?</td><td></td><td></td><td></td><td></td><td></td></tr>
<tr><td colspan="4">13. 차시 예고, 자료 안내 등을 하였는가?</td><td></td><td></td><td></td><td></td><td></td></tr>
<tr><td rowspan="3">학습환경</td><td colspan="4">14. 학생과 교사 간에 상호 존중의 분위기를 조성하였는가?</td><td></td><td></td><td></td><td></td><td></td></tr>
<tr><td colspan="4">15. 개방적이고 허용적인 학습 분위기가 형성되었는가?</td><td></td><td></td><td></td><td></td><td></td></tr>
<tr><td colspan="4">16. 정서 순화에 도움이 되는 학습 환경이 조성되었는가?</td><td></td><td></td><td></td><td></td><td></td></tr>
<tr><td></td><td colspan="4">※수업 소감</td><td colspan="5">평점</td></tr>
<tr><td></td><td colspan="4">※우수 사항 및 개선 사항</td><td colspan="5">/100</td></tr>
</table>

※자료: 서울시교육청 중등정책과(2010). 2010 중등 장학 계획. p. 244

제10장 교육인사행정

人事는 萬事라고 모든 일의 근본은 사람과 관련되어 있다는 말이나, 교육의 변화는 교원의 변화를 의미한다고 Sergiovanni(1975)가 역설한 것처럼 교육의 질적 향상과 교육체제의 변화·혁신을 주도하는 데 있어서 무엇보다 중요한 요인은 교육 조직의 구성원, 교원이다. 교원을 확보하고 적재적소에 배치하며, 이들이 교육활동에 전념할 수 있는 환경에서 복무할 수 있도록 하는 교육인사행정은 교육행정에 있어서 중요한 부분이다. 학교조직의 인사는 유능한 인재를 확보, 임용, 배치, 복무, 휴·복직, 상훈 및 징계, 연수 및 능력개발, 평정, 승진, 전직 및 전보, 후생복지 등을 다루는 포괄적인 활동이다.

본 장에서는 교육인사행정제도의 구조와 관련 법령, 교원의 신규임용, 교원의 능력계발, 후생복지 등으로 나누어 살펴보고자 한다.

1. 학교인사행정의 기초

1) 교원인사제도의 개념 및 구조

교육인사행정은 교육에 관한 인사행정을 의미하며, 학자들은 인사행정의 개념에 대하여 다양한 견해를 밝히고 있다(윤정일 외, 2008; 292-293).

- 조직원들로 하여금 그들의 직장에 대하여 최대의 공헌을 하는 동시에 최대의 만족을 얻을 수 있도록 도와주고 지도하는 활동(Yoder, 1959; 6)
- 유능한 인력을 획득·개발하고 그들로 하여금 최선을 다할 수 있는 조직 환경 내지 근무조건을 창출하는 일련의 과정(Nigro, 1976; 78)
- 조직원의 모집, 시험, 자격검정, 직급, 보수, 직무분장, 감독, 훈련, 승진, 근무평정, 징계, 면직, 안전, 복지시설, 재해보상, 퇴직, 전문직단체, 노동조합, 사기, 신분보장, 직업공무원제도 창설 등에 관련된 문제를 다루는 것(White, 1955; 306)
- 유능한 인적 자원을 확보·배치하고, 그들의 계속적인 능력 계발을 도모하며, 높은 사기와 긍지를 지니고 직무에 최선을 다할 수 있도록 제반 여건을 조성하는 활동(윤정일 외, 2008; 293)

이와 같이 교육인사행정은 조직의 목적을 효과적으로 달성하기 위한 주체인 인적 자원을 임용하고, 능력을 개발 할 수 있도록 지원하며, 사기를 진작시키기 위한 제반 요소를 관리하는 일을 모두 포함하는 포괄적인 활동이라고 할 수 있다.

이러한 교원인사제도는 크게 충원, 인사 및 능력개발, 그리고 후생복지 및 사기의 세 부분으로 구성되어 있다. 기존에는 인사제도의 핵심을 유능한 인재의 채용 및 통제에 두었으나 점차 조직 구성원의 사기가 중요시되기 시작하였으며, 최근에는 조직 구성원의 능력 개발이 사기 못지않게 중요시되었다. 따라서 채용, 능력개발, 사기는 인사제도의 근간을 이루는 3대 요인으로 자리 잡게 되었다. 채용에는 교원수급계획, 예비교사 모집, 임용시험, 신규임용이, 인사 및 능력 개발에는 현직교육과 연수, 근무성적 평정, 승진, 전직과 전보 등이, 후생복지 및 사기에는 보수 및 근무환경을 포함한 물리적 조건과 사회심리적 요인이 포함된다(송기창 외, 2009; 202).

2) 교원인사제도 관련 법령

교원 및 교육전문직 인사 관련 법령으로는 「국가공무원법」, 「교육공무원법」, 「교원지위향상을 위한 특별법」, 「교육공무원임용령」, 「교육공무원승진규정」, 「교육공무원인사관리규정」, 「교육공무원징계령」, 「교원자격검정령」, 「교원소청에 관한 규정」, 「교원예우에 관한 규정」, 「교육공무원 인사기록 및 인사사무 처리규칙」등이 있다. 또한 교원지위향상을 위한 특별법을 제정하여 교원에 대한 예우와 교원의 신분을 특별히 보장하고 있고, 「교육기본법」, 「초·중등교육법」, 「사립학교법」 등에서도 교원의 제반사항을 규정하여 교육인사행정의 기초를 제공하고 있다.

주요 법령에서 규정하고 있는 교원인사제도와 관련된 내용은 다음과 같다.

- **국가공무원법** : 공무원 임용의 원칙(제26조), 결원 보충 방법(제27조), 신규채용(제28조), 파견(제32조의4), 결격 사유(제33조), 임용상 특례(제42, 43조) 등
- **교육공무원법** : 교사의 자격(제6조), 임용의 원칙(제10조), 특별채용(제12조), 보직관리의 원칙(제17조), 겸임(제18조), 초빙교원(제31조),

기간제교원(제32조) 등

• **교육공무원임용령** : 임용권의 위임(제3조), 결원의 적기 보충(제4조), 임용일자 소급 금지(제6조), 겸임(제7조의2), 파견근무(제7조의3), 특별채용의 요건(제9조의2), 원로교사의 우대(제9조의4), 초빙교원(제12조의4), 기간제교원의 임용(제13조) 등

• **교육공무원인사관리규정** : 신규임용교사의 배치(제3조), 교원의 교육전문직공무원으로의 전직(제14조), 전직 등의 제한(제17조) 등

• **교육공무원 인사기록 및 인사사무 처리규칙** : 인사관리서류(제5조), 전자적 인사기록의 관리 등(제6조의2), 임명장 혹은 임용장(제17조), 인사보고(제20조) 등

3) 교육직원의 정의

교육인사행정은 교육직원을 대상으로 하는 인사사무를 의미하므로, 교육인사행정의 명확한 개념을 규정하기 위해서는 교육활동에 종사하는 교육직원의 범위를 규정할 필요가 있다. 교육직원은 교육활동에 관련된 모든 사람을 지칭하며, 국·공립의 각급 학교에 근무하는 교원과 교육전문직(협의), 교육행정직과 관련 기술직·기능직·별정직 및 사립학교 교원까지(광의)를 모두 포함한다. 교육직원의 주요 대상이 되는 국·공립의 각급 학교에 근무하는 교원과 교육전문직은 공무원이다. 「국가공무원법」 제2조에는 공무원을 경력직과 특수경력직으로 구분하였다. 경력직 공무원은 실적과 자격에 의해 임용되고 그 신분이 평생 보장되는 공무원으로 일반직, 특수직, 기능직으로 구분된다. 특수 경력직 공무원은 경력직 공무원 외의 공무원으로 직업공무원제의 적용을 받지 않으며, 정무직, 별정직, 계약직, 고용직으로 구분하고 있다. 이러한 공무원의 구분은 〈표 10-1〉과 같이 정리할 수 있다.

〈표 10-1〉 공무원의 구분

경력직 공무원	일반직	기술·연구·행정 일반 업무를 담당하며, 직군·직렬별로 분류되는 공무원
	특정직	교육공무원·법관·검사·외무공무원·경찰공무원·소방공무원·군인·군무원 헌법재판소 헌법연구관·국가정보원 직원과 특수 분야의 업무를 담당하는 공무원
	기능직	정보통신 현업, 교환, 운전, 타자, 방호 등 기능적인 업무를 담당하는 공무원
특수 경력직 공무원	정무직	선거, 국회 동의에 의하여 임용되는 공무원, 고도의 정책 결정 업무를 담당하거나 이를 보조하는 공무원으로서 법령에서 정무직으로 지정하는 공무원
	별정직	특정한 업무를 담당하기 위하여 별도의 자격 기준에 의하여 임용되는 공무원으로서 법령에서 별정직으로 지정하는 공무원
	계약직	국가와 채용 계약에 의하여 일정 기간 동안 전문 지식·기술이 요구되거나 임용에 있어서 신축성 등이 요구되는 업무에 종사하는 공무원
	고용직	단순한 노무에 종사하는 공무원

교육직원은 이 중에서 특정직인 교육공무원, 일반직 공무원, 기능직 공무원, 정무직 공무원(장·차관, 교육감, 교육의원), 별정직 공무원(비서관, 비서), 계약직, 고용직 공무원 등이 포함되는 광범위한 개념이다. 즉, 교육직원은 국·공립학교, 국·공립계통의 교육행정기관 및 교육연구기관에서 교육과 교육행정 활동에 종사하는 직원은 물론이고 사립교육기관의 직원도 포함(광의)한다. 교육공무원은 국·공립의 교육기관에 근무하는 교원 및 조교, 교육행정기관에 근무하는 장학관·장학사, 교육기관·교육행정기관·교육연구기관에 근무하는 교육연구관 및 교육연구사를 지칭한다. 교육행정기관이란 교육과학기술부 및 그 소속기관과 서울특별시·광역시·도의 교육 관서를, 교육연구기관이란 교육에 관하여 전문적으로 조사·연구하기 위하여 설립된 국·공립의 기관을 각각 지칭한다. 일반직 공무원 중 교육직원으로는 교육행정 공무원이 포함되고, 기타에는 정무직과 별정직의 비서, 기능직, 고용직이 포함된다.

교육직원과 관련된 개념으로는 교원과 교직원, 교원과 교사, 교원과 교육공무원이 있으며, 이를 구분하여 살펴보면 다음과 같다. 먼저, 교원은 국·공·사립의 각급 학교에서 아동과 학생을 직접 지도·교육하는 자를, 교직원은 교원과 행정직원을 함께 지칭하는 개념이다. 다음으로, 교원은 아동·학생을 직접 지도·교육하는 교사를 포함한 교(원)장·교(원)감·조교·전임 강사·조교수·부교수·정교수·부학장·학장·부총장·총장을 포함하는 개념이고, 교사는 아동·학생을 직접 지도하고 교육하는 자로 교(원)장·교(원)감을 포함하지 않는 개념이다. 마지막으로, 교원은 국·공·사립의 각 학교에 근무하는 교원으로 시간 강사 및 무급의 조교까지를 포함하여 각 학교에 근무하는 교원만을 지칭하고, 교육공무원은 국·공립학교의 교원, 전임 강사 및 법령상의 정원 내 조교, 공립학교의 교원과 교육행정기관, 교육연구기관 등에 근무하는 교육장·장학관·장학사·교육연구관·교육연구사 등을 모두 이르는 개념으로 각각 구분할 수 있다.

2. 교원의 자격과 임용

1) 교원자격제도

우리나라는 1949년 말 최초로 교육법에 각급 학교 교원의 종류와 직무 및 자격제도를 규정 한 이후 현재 「초·중등교육법」 및 「교육공무원법」, 「교육공무원임용령」, 「교원자격검정령」 등을 통해 교원의 법정 자격제도를 채택하고 있다. 이는 교직의 전문성을 보장하고 사회적 공신력을 높이기 위한 제도적 장치가 된다. 더불어, 교원의 자격 취득 후 종신 효력을 인정하고 있다.

교원의 자격은 학교급별로 차이는 있지만, 초·중등학교의 경우 교장, 교감, 정교사(1급, 2급), 준교사, 전문상담교사(1급, 2급), 사서교사

(1급, 2급), 보건교사(1급, 2급), 영양교사(1급, 2급), 실기교사 등으로 구분된다. 준교사에서 2급 정교사가 되려면 2년 이상의 교육경력을 가지고 소정의 재교육을 받아야 하며, 2급 정교사에서 1급 정교사가 되려면 3년 이상의 교육 경력을 가지고 소정의 재교육을 받거나 교육대학원에서 석사학위를 받고 1년 이상의 교육 경력이 있어야 한다.

교원자격의 검정은 무시험검정과 시험검정으로 구분된다. 「초·중등교육법」 [별표2]에서 규정하는 각급 학교의 교사 자격 기준에 합당한 교원양성기관(대학, 교육대학원, 교육과학기술부 장관이 지정하는 대학원의 교육과)을 졸업한 자는 무시험검정을 통해 교원 자격을 취득하게 된다. 시험검정은 주로 초·중등학교의 준교사 일부에 대하여 실시하며, 교육과학기술부 실장을 위원장으로 하는 교육과학기술부 내의 교원자격 검정위원회가 주관하도록 규정하고 있다. 현행 신규 교원자격증은 일반적으로 교원양성체제를 통한 무시험검정으로 발급되고 있다. 교원자격에 대한 규정한 「초·중등교육법」 제21조, 「교육공무원법」 제3장, 「사립학교법」 제52조와 「교원자격검정령 및 동령시행규칙」등에서 규정한 중등학교 교사·교감·교장의 자격기준은 다음의 〈표 10-2〉와 같이 정리할 수 있다.

〈표 10-2〉 중등학교 교사·교감·교장의 자격 기준

자격급별		자격 기준
교사	정교사 (2급)	- 사범대학 졸업자 - 교육대학원 또는 교육과학기술부 장관이 지정한 대학원 교육과에서 석사학위를 받은 자 - 임시 교원양성기관을 수료한 자 - 대학에 설치하는 교육과 졸업자 - 대학·산업대학 졸업자로서 재학 중 소정의 교직과 학점을 취득한 자 - 중등학교 준교사 자격증을 가진 자로서 2년 이상의 교육경력을 가지고 소정의 재교육을 받은 자 - 초등학교의 준교사 이상의 자격증을 가지고 대학을 졸업한 자 - 교육대학·전문대학의 조교수·전임 강사로서 2년 이상의 교육 경력이 있는 자

	정교사(1급)	- 중등학교의 정교사(2급) 자격증을 가지고 교육대학원 또는 교육과학기술부 장관이 지정하는 대학원 교육과에서 석사학위를 받은 자로서 1년 이상의 교육 경력이 있는 자 - 중등학교 정교사 자격증을 가지지 아니하고 교육대학원 또는 교육과에서 석사학위를 받는 후 교육과학기술부 장관으로부터 중등학교 정교사(2급) 자격증을 수여받은 자로서 3년 이상의 교육 경력이 있는 자 - 중등학교의 정교사(2급) 자격증을 가진 자로서 3년 이상의 교육 경력을 가지고 소정의 재교육을 받은 자 - 교육대학·전문대학의 교수·부교수로서 3년 이상의 교육 경력이 있는 자
교감		- 중등 정교사(1급) 자격증을 가지고 3년 이상의 교육경력과 소정의 재교육을 받은 자 - 중등 정교사(2급) 자격증을 가지고 6년 이상의 교육경력과 소정의 재교육을 받은 자 - 교육대학의 교수·부교수로서 6년 이상의 교육 경력이 있는 자 - 특수학교의 교감 자격증을 가진 자
교장		- 중등학교의 교감 자격증을 가지고 3년 이상의 교육 경력과 소정의 재교육을 받은 자 - 학식과 덕망이 높은 자로서 대통령령이 정하는 기준에 해당된다고 교육과학기술부 장관의 인정을 받은 자 - 교육대학·전문대학의 학장으로 근무한 경력이 있는 자 - 특수학교의 교장 자격증을 가진 자

장학관, 장학사, 교육연구관, 교육연구사를 포함하는 교육전문직의 경우에는 자격기준만 명시하고 있으며, 자격제도는 존재하지 않는다. 교육전문직의 자격 기준은 각·시도의 자체 인사관리 규정을 통해 보다 엄격하게 설정되어 있으나, 일반적으로 교육 경력 9년 이상, 근무 성적 '우'이상의 교사를 지원 자격으로 하고 있다. 「교육공무원법」 제9조 [별표1]에 규정된 교육전문직의 자격 기준은 다음과 같다(〈표 10-3〉 참조).

2) 교원의 임용

「교육공무원법」제2조제5항에 의하면, 임용이란 신규 채용을 시작으로 승진, 승급, 전직, 전보, 겸임, 파견, 강임, 휴직, 직위 해제, 정직, 복직, 면직, 해임 및 파면을 포함하는 개념이다. 교육공무원의 임용은 자격,

재교육 성적, 군무 성적 및 기타 능력의 실증에 의해서 이루어지며, 임용에 있어서는 자격을 갖추고 임용을 원하는 모든 자에 대하여 능력에 따라 균등한 임용의 기회가 보장되어야 한다. 사립학교의 경우「사립학교법」제53조의2 제1항 등에서는 임용을 '임면'이라고 용어 정의하며, 임용과 동일한 의미로 사용하고 있다.

〈표 10-3〉 교육전문직의 자격 기준

구분	자격 기준
장학관 교육연구관	- 대학·사범대학·교육대학 졸업자로서 7년 이상의 교육 경력이나 2년 이상의 교육경력을 포함한 7년 이상의 교육행정 경력 또는 교육연구 경력이 있는 자 - 2년제 교육대학 또는 전문대학 졸업자로서 9년 이상의 교육 경력이나 2년 이상의 교육 경력을 포함한 9년 이상의 교육행정 경력 또는 교육연구 경력이 있는 자 - 행정고등고시 합격자로서 4년 이상의 교육 경력이나 교육행정 경력 또는 교육연구 경력이 있는 자 - 2년 이상의 장학사·교육연구사의 경력이 있는 자 - 11년 이상의 교육 경력이나 2년 이상의 교육 경력을 포함한 11년 이상의 교육연구 경력이 있는 자 - 박사학위를 소지한 자
장학사 교육연구사	- 대학·사범대학·교육대학 졸업자로서 5년 이상의 교육 경력이나 2년 이상의 교육경력을 포함한 5년 이상의 교육행정 경력 또는 교육연구 경력이 있는 자 - 9년 이상의 교육 경력을 포함한 9년 이상의 교육행정 경력 또는 교육연구 경력이 있는 자

(1) 신규 채용

교원양성기관을 통해 교원자격증을 수여받은 자는 소정의 임용과정을 거쳐 교사로 채용된다. 국·공립학교와 사립학교의 신규 교사 채용 및 교장의 신규 임용 과정은 다음과 같다.

국·공립학교의 신규 교사 채용 국·공립학교의 신규 교사 채용은 채용 예정직에 해당하는 교사자격증 취득자 또는 졸업예정자를 대상으로 공개전형에 의해 선발하며 필기시험, 실험·실기시험, 심층면접 및 수업실연 등의 방법에 의해 이루어진다. 교사의 공개 전형은 당해 교사의 임용권자가 실시하며, 국립학교의 장은 그 전형을 당해 학교가 소재하는 교육감에게 위탁하여 실시할 수 있다. 시험 실시 공고는 시험기일 20일 전까지 공고하여야 하고, 시험 실시 시관은 시험 합격자가 결정된 때에는 지체 없이 이를 공고하여야 한다. 제1차 및 제2차 시험 합격자는 시험 단계별 매 과목 4할 이상을 득점한 자 중에서 시험 성적의 다득점자 순으로 하되, 제1차 시험 합격자는 임용 예정 인원의 2배 이상, 2차 시험 합격자는 임용 예정 인원의 1.5배수 이상으로 하며, 최종 합격자는 1,2,3차 시험의 성적을 각각 100점 만점으로 환산하여 합산한 시험 성적의 다득점자 순으로 결정한다. 동점자가 있을 경우는 제3차 시험의 고득점자, 병역 의무를 필한 자, 시험 실시 기관이 정하는 기준에 해당하는 자의 순위에 의해 결정하게 된다. 중등학교의 신규 교사가 채용 시험을 통과하면 교사임용후보자에 대한 직무연수를 거쳐 순위명부의 작성에 따라 중학교 교사의 지역교육청 배정 및 교육감에 의한 고등학교 교사의 임용이 이루어지고, 중학교 교사의 경우 교육장에 의한 임용이 이루어진다. 교원 신규 채용자는 가급적 그생활 근거지 또는 근무 희망지를 고려하여 배치하여야 한다.

사립학교의 신규 교사 채용 사립학교 교원의 신규 교사 채용은 원칙적으로 사학의 자율성을 보장한다는 측면에서 그 임용의 권한을 학교경영자에게 부여하고 있다. 학교법인은 법인내 학교별 학급수 변동에 따른 현원에 대한 관리를 하게 되고, 학교에서는 3년간의 인가예정학급수 및 교원 정원을 파악하여 신규교원채용 계획을 수립하게 된다. 채용계획에 따라 채용 분야·채용 인원 및 지원 자격, 공개 전형 방법 등을 결정하는 교원인사위원회의 심의와, 학교장의 이사회 제청이 이루어진다. 교원인사위원회의 심의 사항 의결을 위한 이사회 의결이 이루어지면 지원마감일 30일 전까지 신규채용에 대한 사항을 공고하고, 필기시험 등을 통한 공개 전형이 이루어진다. 공개 전형이 이루어지면 당초의 심의사항에 맞는 절차가 준수되었는지 등에 대하여 교원인사위원회의 심의가 이루어지고, 학교장의 제청과 이사회의 의결을 거쳐 임면한 날로부터 7일 이내에 임면에 대한 보고가 이루어진다. 임면권자는 인사기록을 NEIS로 작성·유지·보관하되, 각종 기재사항(특히 자격·면허, 병적, 경력, 학력 사항 등)은 조회·확인한 사항을 정확히 기재하여야 하며, 기타 임용관련 서류는 별도 보관하여 비치한다.

교장의 신규 임용 교장은 해당 자격증을 취득한 자로, 교육과학기술부 장관의 제청으로 대통령이 임용하며, 임기는 4년으로 하고 1차에 한하여 중임할 수 있다(초빙 교장으로 재직하는 횟수는 산입하지 않음). 정년 전에 임기가 만료되는 교장으로서 교사로 근무할 것을 희망하는 자에 대해서는 수업 담당 능력 및 건강 등을 참작하여 교사(원로 교사)로 임용할 수 있고, 원로 교사에 대하여는 수업 시간의 경감·당직 근무의 면제·명예퇴직 대상자 선정에 있어서의 우선 고려·기타 교내·외 각종 행사 등에서 우대하여 한다.

사립의 경우 유자격자를 교장으로 임명하거나 동일법인의 유지학교로 전입하고자 할 경우에는 이사회의 의결을 거쳐 임명하고, 임면권자가 교장을 임면한 때에는 임면한 날로부터 7일 이내에 관할청에 보고하여야 한다.

(2) 보직교사의 배치

보직교사는 학교장의 합리적인 의사결정과정으로부터 교사의 교육활동에 이르기까지의 연락·조정·지도의 교량적 역할을 능동적으로 수행하고, 해당 부서의 업무 수행을 원활히 하기 위하여 자격, 경력, 학력 등의 제반사항을 고려하여 임용한다. 보직교사의 임면은 당해 학교의 실정을 감안하여 학교장이 하며, 명칭은 부장교사로 하고, 1년 단위(3월 1일부터 2월 말까지)로 임용함을 원칙으로 한다. 보직교사의 임용은 교육행정정보시스템(NEIS)에 임면을 발령하고, 3월 1일자로 임면 사항을 발령대장에 등재하며, 임용 2주 이내에 관할 교육청에 보고(사립의 경우 관할청 보고는 생략)한다.

「초·중등교육법 시행령」 제34조(중학교 교원의 배치 기준) 및 제35조(고등학교 교원의 배치 기준)에 따르면 보직교사의 수는 중학교의 경우 3~8학급 이내 1인, 9~11학급 이내 2인, 12~17학급 이내 8인, 18학급 이상 11인 이내를 둘 수 있고, 고등학교의 경우 3~5학급 이내 2인, 6~8학급 이내 3인, 9~17학급 이내 8인, 19학급 이상 11인 이내로 둘 수 있다. 중학교 및 고등학교의 학교의 장은 미리 교육감의 승인을 얻어 필요한 보직 교사를 더 둘 수 있으며, 보직교사의 명칭은 관할청이, 학교별 보직교사의 종류 및 업무분장은 학교의 장이 정한다.

(3) 전직과 전보

전직이란 교육공무원의 종별과 자격을 달리하는 임용을 말한다(「교육공무원법」 제2조 제7항). 교육공무원은 크게 교육직·교육전문직으로 나누고, 교육전문직은 다시 장학직과 교육연구직으로 나눌 수 있는데, 이들 상호간의 인사 교류를 전직이라고 한다. 즉, 교원이 장학사(관), 교육연구사(관) 등으로 이동하거나, 장학사(관)나 교육연구사(관)가 교원으로 이동하는 경우, 학교급간 교원이 이동하는 경우가 이에 해당된다. 교원의 전직 임용에 대하여「교육공무원 인사 관리 규정」제4장에서는 교원의 학교급별 전직, 교원과 교육전문직 간의 전직, 교육전문직 간의 전직 등을 규정하고 있다.

• **교원의 학교급별 전직** : 시·도 교육감은 교원 수급상 필요한 경우 교원이 희망하는 바에 따라 당해인이 소지한 교원자격증과 관련 있는 학교급의 교원으로 전직 임용할 수 있다.

• **교원의 교육전문직으로의 전직** : 장학관·교육연구관으로의 전직 임용에 관한 사항을 임용권자가 정하며, 장학사·교육연구사는 추천을 받아 공개 전형을 거쳐 임용하되 전형 기준·방법·절차 등은 임용권자가 정한다. 교장을 교육전문직 공무원으로 전직시키고자 할 경우에는 본인의 동의를 얻어야 하고, 교사를 교육전문직으로 전직 임용할 경우 전직 임용에 필요한 연수를 받도록 한다.

• **교육전문직의 교원으로의 전직** : 교육전문직이 교원으로 전직할 경우 교원에서 교육전문직으로 전직할 당시의 직위로 전직하여야 한다. 다만 교육전문직 2년 이상 근속한 자는 임용권자가 정한 기준에 따라 교장 또는 교감으로 전직가능하다. 다만, 교육 경력 10년 이상이고 교육전문직 10년 이상 근속한 자는 전직될 직위에 제한을 받지 않는다.

• **교육전문직 간의 전직** : 교육전문직 간의 전직은 장학관과 교육연구관, 장학사와 교육연구사간의 전직 임용으로, 전직 임용에 관한 사항은 임용권자가 결정한다.

전보란 교육공무원의 동일 직위 및 자격에서의 근무 기관이나 부서를 달리하는 임용을 말한다(「교육공무원법」 제2조 제8항). 교장·교감·교사가 근무학교를 이동하거나 장학관, 장학사가 기관 간 이동하는 것이 전보에 해당된다. 「교육공무원 인사 관리 규정」 제18조에는 임용권자는 소속 교육공무원의 동일 직위 또는 지역에 있어서의 장기 근무로 인한 침체 방지와 능률적 직무 수행을 위해 매년 전보 계획을 수립·실시하여야 함을 규정하고 있다. 또한 동 규정 제19조에는 임용권자는 전보를 함에 있어서 거리·교통 등 지리적 요건과 문화시설의 보급 등을 고려하여 설정한 인사 구역 및 인사 구역별 근무 기간 등을 정한 전보 기준을 전보 발령 3개월 이전에 공개하여야 함을 규정하고 있다.

사립학교에 있어서 전보는 당해 학교법인 또는 사립학교 경영자가 임면하되, 「사립학교법」 제53조의3에 의거 전입·전출 대상 학교별 교원인사위원회 심의를 거쳐 현 소속 학교장의 동의와 전보하고자 하는 학교장의 제청을 받아야 한다. 또한, 임면권자가 각각 다른 타 법인간의 전보는 불가하며 사립학교법 제53조의2에 의거 공개전형에 따른 신규교원으로 채용되어야 한다.

(4) 파견

파견은 국가의 각급 기관장이 국가적 사업의 수행 또는 그 업무 수행과 관련된 행정 지원이나 연수, 기타 능력 개발 등을 위하여 필요한 때에 소속 공무원을 다른 국가기관, 공공단체, 국내외 교육기관 또는 연구기관, 기타 필요한 기관에 일정 기간 파견할 수 있음을 규정한 「국가공무원법」 제32조4 및 「교육공무원 임용령」 제7조의3에 근거하고 있다. 교육공무원법 제40조(특별연수)의 규정에 의한 1년 이상의 장기 특별연수를 위한 파견 외의 파견의 경우에는 미리 행정안전부장관의 승인을 얻어 결원을 보충할 수 있으며, 파견 사유가 소멸되었거나 파견의 목적 달성 가망이 없는 경우에는 지체 없이 소속 기관에 복귀시켜야 한다. 교육공무원임용령 제7조3(파견근무)에서 규정한 파견의 주요 내용은 다음과 같다.

- 교육기관, 교육행정기관 및 교육연구기관 외의 기관 또는 단체에서 국가적 사업으로 교육·연구·학술 진흥 등의 업무를 수행하기 위하여 특히 필요한 경우 - 2년 이내(1년 범위 안에서 연장 가능)
- 법령 또는 조례의 규정에 의한 교육공무원 연수기관의 교수 요원으로 선발된 경우 - 1년 이내(1년 범위 안에서 연장 가능)
- 학술 진흥과 지역 간 교육의 균형 발전을 도모하기 하여 교육기관 상호간, 교육행정기관 상호간에 필요한 경우 - 2년 이내(1년 범위 안에서 연장 가능)
- 교육공무원의 능력을 개발하기 위하여 국내의 교육기관 또는 교육연구기관에 파견할 필요가 있는 경우 - 1년 6월 이내(6월의 범위 안에서 연장 가능)
- 교육공무원법 제40조(특별연수)에 근거한 교원 장기 해외 유학 및 한국교원대학교, 서울대학교 파견 연수의 경우 - 연수 기간
- 재외국민의 교육에 관한 규정 및 해외파견 교육공무원 인사관리규칙에 의거 해외의 재외국민 교육기관에 파견하는 경우 -3년(2년의 범위 안에서 연장 가능)

(5) 휴직

휴직은 공무원이 재직 중 일정한 사유로 직무에 종사할 수 없는 경

우 면직(공무원의 관계를 소멸시키는 것)시키지 않고 일정 기간 동안 신분을 유지하면서 직무에 종사하지 않고 질병치료, 법률상 의무이행, 능력 개발을 위한 연수기회를 부여하는 등 공무원의 신분을 보장하기 위한 제도이다(「교육공무원법」 제44조 및 제45조). 휴직 중인 공무원은 신분은 보유하나 직무에는 종사하지 못하며, 휴직 기간 중 휴직 사유가 소멸되면 30일 이내에 임용권자 또는 임용 제청권자에게 신고하면 복직 조치되며, 휴직 기간 만료시 30일 이내에 복귀 신고하면 당연 복직 조치한다. 당연 휴직은 크게 직권휴직과 청원 휴직으로 구분된다.

직권휴직이란 본인의 의사와 관계없이 사유가 발생하여 명하는 휴직으로, 휴직 사유가 발생하면 임용권자(6개월 미만은 학교장)가 휴직여부를 판단하여 휴직 발령을 하게 되며, 질병 휴직, 병역 휴직, 생사불명, 법정 의무 수행, 노조전임자로 활동하기 위한 휴직 등이 해당된다.

청원휴직이란 본인이 원하는 경우에 명하는 휴직으로, 본인이 휴직을 신청하고 휴직 사유 및 관련 서류를 제출하면, 임용권자(6개월 미만은 학교장)가 휴직 여부를 판단하여 휴직 발령을 하게 된다. 청원휴직으로는 유학휴직, 고용휴직, 육아휴직, 연수휴직, 간병휴직, 동반휴직 등이 있다. 직권휴직 및 청원휴직의 사유 및 기간은 「교육공무원법」 제44조 제1항 및 「사립학교법」 제59조 1항에 근거하여 다음의 〈표 10-4〉, 〈표 10-5〉와 같이 정리할 수 있다.

〈표 10-4〉 직권휴직의 사유 및 기간

종류	질병휴직	병역휴직	생사불명	법정의무수행	노조전임자
근거	제1호	제2호	제3호	제4호	제11호
요건	신체·정신상의 장애로 장기요양을 요할 때	병역의 복무를 위하여 징·소집된 때	천재·지변·전시·사변, 기타 사유로 생사·소재가 불명한 때	기타 법률상 의무수행을 위해 직무를 이탈하게 된 때	교원노동조합전임자로 종사하게 된 때
기간	1년 이내	복무기간	3월 이내	복무기간	전임기간

재직 경력 인정	· 경력평정 : 미산입 단, 공무상질병인 경우 산입 · 승급제한. 단, 공무상질병인 경우는 포함	· 경력평정 : 산입 · 승급인정	· 경력평정 : 제외 · 승급제한	· 경력평정 : 산입 · 승급인정	· 경력평정 : 산입 · 승급인정
보수 지급	· 봉급 7할지급(결핵은 8할) · 공무상 질병은 전액지급	지급안함	지급안함	지급안함	지급안함
수당	· 공통수당 : 보수와 같은 율 지급 · 기타수당 : 휴직사유별 차등 지급	지급안함	지급안함	지급안함	지급안함

〈표 10-5〉 청원휴직의 사유 및 기간

종류	유학휴직	고용휴직	육아휴직	연수휴직	간병휴직	동반휴직
근거	제5호	제6호	제7호	제8호	제9호	제10호
요건	학위취득을 목적으로 해외유학을 하거나 외국에서 1년 이상 연구·연수하게 된 때	국제기구, 외국기관 또는 재외국민교육기관에 임시로 고용된 때	6세미만의 자녀를 양육하기 위하여 필요하거나, 여교원이 임신 또는 출산하게 된 때	교육과학기술부장관이 지정하는 국내의 연구기관·교육기관 등에서 연수하게 된 때	부모, 배우자, 자녀 또는 배우자의 부모의 간호를 위하여 필요한 때	배우자가 국외근무를 하거나 제5호에 해당된 때
기간	3년 이내 (학위 취득의 경우 3년 연장가능)	고용기간	1년 이내 (여교원의 경우 2년 연장가능)	3년 이내	1년 이내 (재직기간중 총3년)	3년 이내 (3년 연장가능)
재직 경력 인정	· 경력평정: 5할 산입 · 승급인정	· 경력평정 : 산입 · 승급인정(비상근으로 근무한 경우는 각 5할 산입)	· 경력평정 : 최초 1년 10할 산입 · 승급인정 : 최초1년	· 경력평정: 5할 산입 · 승급제한 : 학위 취득시 승급인정	· 경력평정 : 제외 · 승급제한	· 경력평정: 제외 · 승급제한
보수	봉급5할 지급	지급안함	지급안함	지급안함	지급안함	지급안함
수당	· 공통수당: 5할 · 기타수당 : 미지급	지급안함	최초 1년 이내 월일정수당지급	지급안함	지급안함	지급안함

(6) 교원의 정년 및 퇴직

교육공무원의 정년은 만62세로 하고, 다만 「고등교육법」 제14조의 규정에 의한 교원인 경우 65세로 한다(「교육공무원법」제47조). 정년퇴직일은 정년이 달한 날이 속하는 날이 3월에서 8월 사이에 있는 경우에는 8월 31일, 9월부터 다음 해 2월 사이에 있는 경우는 다음 해 2월 말일로 한다. 퇴직에는 당연퇴직(「국가공무원법」 제69조), 정년퇴직(「교육공무원법」 제47조), 명예퇴직(「국가공무원법」 제74조의 2, 「교육공무원법」 제36조 등) 등이 있고, 이외 직권 면직, 의원 면직, 사망 등에 의한 퇴직이 있다.

당연퇴직은 금치산자 또는 한정치산자, 파산자로서 복권되지 않은 자, 금고 이상의 형을 받고 그 집행이 종료되거나 집행을 받지 아니하기로 확정된 후 5년을 경과하지 않는 자 등의 사유에 의하여 교육감(교장), 교육장(교감, 교사)이 발령한다.

정년퇴직은 62세에 달한 날이 속하는 학기의 말일로 교육감(교장), 교육장(교감, 교사)이 발령한다.

명예퇴직은 교육공무원으로서 20년 이상 근속한 자가 정년 전에 자진하여 퇴직하는 경우, 교장이 임기 만료 전에 자진하여 퇴직하는 경우, 20년 이상 근속한 자로서 정년퇴직일 전 1년 이상의 기간 중 자진 퇴직하는 자 등을 대상으로 하여 수당 등을 지급 한다.

면직이란 공무원 관계를 소멸시키는 것으로, 본인의 의사에 불구하고 면직시키는 경우를 직권 면직이라 하고, 징계위원회의 의결 절차를 거쳐 파면·해임 시키는 경우를 징계 면직, 본인의 의사 표시에 의하여 공무원 관계를 소멸시키는 경우를 의원 면직이라 한다. 면직의 경우 미리 관할 징계위원회의 의견을 들어야 하며, 사망으로 인한 면직은 사망한 다음 날에 면직된 것으로 본다.

(7) NEIS 교원 인사 관리

교육행정정보시스템(NEIS)은 2002년 11월부터 단위학교 내의 행정 정보는 물론 교육행정기관에서 처리해야 하는 업무를 인사, 예산, 교무/학사 등의 27개 영역으로 나누어 전자적으로 처리하기 위한 시스템으로 도입되었다. 각 시·도 교육청에 데이터베이스 서버를 두고 권한을 인증 받은 각급 학교의 담당교사가 필요한 개인 정보 등을 입력·관리하는 교육행정 정보 시스템으로, 교육행정기관 및 각급 학교의 인사 권한 관리자와 인사 업무 담당자는 NEIS에 '교육공무원인사기록카드' 수기 장부를 전산 입력 하여 관리하고 있다.

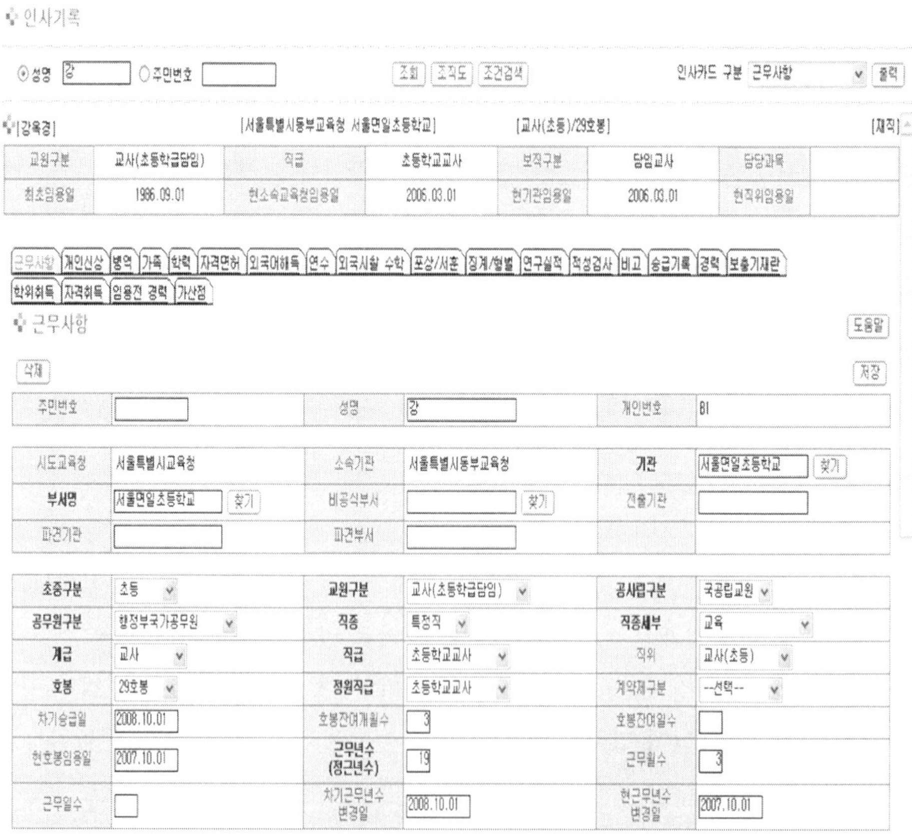

인사기록

⊙성명 [강] ○주민번호 [ ] 조회 조직도 조건검색 인사카드 구분 [근무사항] 출력

[강욱경] [서울특별시동부교육청 서울면일초등학교] [교사(초등)/29호봉] [재직]

교원구분	교사(초등학급담임)	직급	초등학교교사	보직구분	담임교사	담당과목	
최초임용일	1986.09.01	현소속교육청임용일	2006.03.01	현기관임용일	2006.03.01	현직위임용일	

근무사항 | 개인신상 | 병역 | 가족 | 학력 | 자격면허 | 외국어해독 | 연수 | 외국시찰 수학 | 포상/서훈 | 징계/형벌 | 연구실적 | 적성검사 | 비고 | 승급기록 | 경력 | 보충기재란 | 학위취득 | 자격취득 | 임용전 경력 | 가산점

근무사항 도움말

삭제 저장

주민번호		성명	강	개인번호	BI

시도교육청	서울특별시교육청	소속기관	서울특별시동부교육청	기관	서울면일초등학교 찾기
부서명	서울면일초등학교 찾기	비공식부서	찾기	전출기관	
파견기관		파견부서			

초중구분	초등	교원구분	교사(초등학급담임)	공사립구분	국공립교원
공무원구분	행정부국가공무원	직종	특정직	직종세부	교육
계급	교사	직급	초등학교교사	직위	교사(초등)
호봉	29호봉	정원직급	초등학교교사	계약제구분	--선택--
차기승급일	2008.10.01	호봉잔여개월수	3	호봉잔여일수	
현호봉임용일	2007.10.01	근무년수(정근년수)	19	근무월수	3
근무일수		차기근무년수 변경일	2008.10.01	현근무년수 변경일	2007.10.01

[그림 10-1] NEIS 인사기록

특히, NEIS의 인사인사기록관리는 인사업무 시 인사기록카드 문서위주의 수작업으로 업무수행의 질 저하되고, 인사기록카드와 NEIS 인사기록의 이중 관리로 인한 행정력 낭비 및 인사기록카드의 장기간 보관 및 잦은 활용에 따른 훼손 등 관리문제 등이 제기되면서 2009년 6월 1일자로 시행되었다. 2009. 6. 1.이후 개인별 인사사항 기록은 인사기록 등재 절차에 의하여 NEIS 교원인사기록에만 기재함을 원칙으로 한다.

NEIS의 인사 기록에는 근무사항, 개인신상, 병역, 가족, 학력, 자격면허, 외국어해독, 연수, 외국시찰수학, 포상서훈, 징계/형벌, 연구실적, 직성검사, 승급기록, 경력, 학위취득, 자격취득, 임용전 경력, 가산점, 재직상태, 보직교사임용, 임용전보, 정기승급, 호봉재획정, 연가가산, 근무상황, 초과근무, 출장관리 및 기간제 교원의 등록·조회·퇴직에 이르는 항목이 포함되어 있다.

3. 교원의 능력 개발

1) 교원연수

일반적으로 교사 교육은 직전교육과 현직교육을 모두 포함한다. 직전교육은 교직 입문 전 대학에서 받는 교육을, 현직교육은 교직 입문 후 현직에서 받는 재교육과정을 의미한다. 특히, 현직교육은 교원연수라고 하며, 직무연수, 자격연구, 특별연수뿐만 아니라 단위학교에서 실시하는 연구수업과 교과연수, 개별교사의 자체적인 연구 활동 등을 모두 포함하고 있다. 교원은 다양한 연수 활동을 통해 교직생활의 전 과정에 걸쳐 경험하게 되는 교육적·사회적 변화에 능동적으로 대처하고, 전문가로서의 능력을 배양할 수 있다.

(1) 교원연수의 유형

교원연수는 자격연수와 직무연수, 특별연수, 자율연수 등으로 구분할 수 있다.

• **자격연수** : 자격연수는 교원의 자격을 취득하기 위한 연수로, 취득하고자 하는 자격증의 유형에 따라 2급 정교사 연수, 1급 정교사 연수, 전문상담교사(1급)연수, 사서교사(1급)연수, 보건교사(1급)연수, 영양교사(1급)연수, 원감연수, 원장연수, 교감연수, 교장연수 등으로 구분된다. 각각의 자격연수에 참여할 수 있는 연수대상자의 선발에 관한 사항 및 연수의 내용은 교육과학기술부령으로 정하도록 되어 있다. 교사 1급, 교감, 원감 등의 자격연수 기간은 30일 이상 180시간 이상으로, 교장 및 원장의 자격연수 기간은 50일 이상 360시간 이상으로 「교원 등의 연수에 관한 규정」으로 정하고 있다.

2008년 3월 1일부터는 각 교육연수원이 교원 자격 연수 교육과정을 임의로 편성·운영하여 연수원 간의 편차가 크고 연수의 질적 수준이 기대에 못 미치는 점을 개선하고자 자격 연수의 종별에 따라 국가 수준의 표준 교육과정을 제시하여 교육과학기술부 장관이 고시하고 있다. 중등 1급 정교사 자격 연수의 표준 교육과정으로 고시된 내용을 보면, 기본소양(사회변화와 교육, 국제사회와 통일교육, 문화와 예술, 인간과 환경, 현장 체험, 선택 교과) 18~36시수, 교직일반(교사 전문성, 학급 경영, 생활 지도 및 진로 교육, 교육 법규 및 사무 관리, 교육 과제의 이해, 선택 교과) 18~36시수, 전공(교과교육론 및 교과 교육과정, 교과 교육학, 교수·학습 방법, 교수·학습 평가, 특별 활동, 방과 후학교 활동, 교과연구 및 교육 공학, 현장 교육 탐구, 평가, 선택 교과) 108~144 시수로 구성되어 있다.

• **직무연수** : 직무연수는 교육의 이론과 방법, 직무수행에 필요한 능력 배양을 위한 목적으로 시행되는 연수로 학력, 경력, 연수 과정의 내용 및 본인의 희망 등을 고려하여 지명한 자 그리고 육아 휴직 및 동

반 휴직으로 2년 이상 휴직한 교원이 복직하고자 할 경우 연수 대상자로 선발된다. 직무연수의 과정 및 기간은 당해 연수원장이 정하며, 교육방법연수, 논리논술연수, 컴퓨터활용능력연수 등과 같이 매우 다양한 내용으로 이루어진다.

2008년 3월 1일부터 직무연수 이수학점제가 시행됨에 따라 모든 교원은 교직 입직 후 4년차부터 3년 주기로 최소 6학점(90시간) 이상의 연수를 의무로 이수하게 되었다. 이러한 직무연수 이수학점은 전보, 해외연수, 표창, 전문직임용, 성과 상여금 지급 우대 등의 인센티브로 연계·운영되고 있다. 직무연수의 이수 결과는 학점으로 산정되어 매년 12월 31일 작성되는 교육공무원 연수이수 평정표에 기록된다.

교사는 직무연수의 내용과 시기를 선택한 후 이를 고려하여 자신에게 맞는 연수방법을 선택하고, 연수비 지원 여부 및 직무연수 이수 결과 등록 방법을 확인 한 다음 연수에 참여하게 된다. 직무연수에 소요되는 비용은 교육청 또는 학교에서 지원하기도 하지만, 자비 연수의 경우 선발과정을 거치지 않고 본인의 선택과 학교장의 동의에 따른 간단한 절차를 거쳐 이루어진다.

• **특별연수** : 특별연수는 전문지식 습득을 위한 국내외 특별연수 프로그램을 의미하는 것으로, 일정기간 동안 현직 활동에서 벗어나 국내외의 교육기관 또는 연수기관에 일정기간 체류하면서 실시된다. 교육과학기술부 장관 또는 교육감은 특별연수자를 선발하는 데 있어서 교직과과 국가관, 근무성적 우수, 학력 및 경력, 연수 후 상당 기간 근무 가능, 외국어 능력(국외연수) 등의 요건을 갖춘 자를 선발하고, 특별 연수자의 연수 상황을 정기 또는 수시로 파악하여 지도·감독해야 한다.

특별연수자는 연수 이후 후 직무에 복귀해야 하며, 6개월 이상 특별연수를 받은 교원의 경우 6년의 범위 내에서 연구 기간과 동일한 기간을 연수 분야와 관련된 직무 분야에 복무해야 한다.

• **자율연수** : 국·내외 교육기관에서의 학위취득, 학회 참여, 개인별 연수 등을 통해 개별적·자율적으로 실시하는 연수이다.

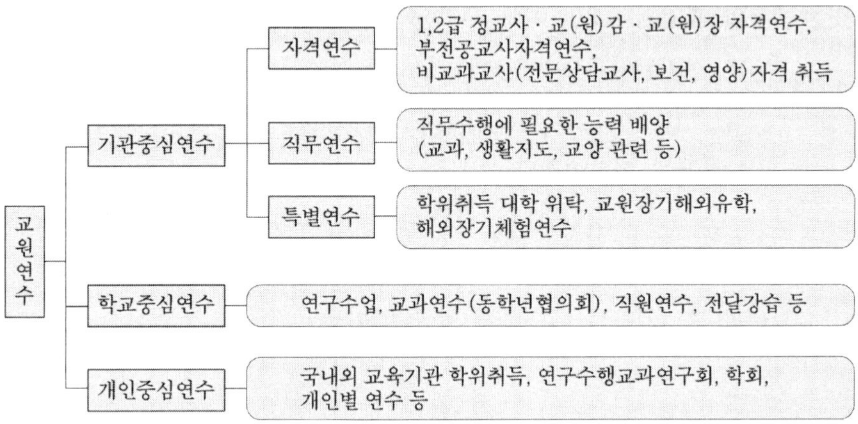

[그림 10-2] 교원연수의 종류 및 내용

(2) 연수학점 관리

교원의 연수·연구 실적 학점화 시행에 따라 대학원에서의 학위 취득, 자격취득, 연수 이수, 연구활동실적 등을 통해 연수학점을 인정받을 수 있다.

• **연수학점** : 연수학점으로 인정받을 수 있는 대학원에서의 학위 취득은 개인이 자율적으로 대학원(국내외 및 주야간제, 계절제 대학원 모두 포함)에 등록하여 학점을 이수하고 학위를 취득한 경우이다. 초등교원의 경우 대학원 취득 학점 전부를 인정하나, 중등 교원의 경우 교육대학원의 경우 취득 학점 전부를, 여타 대학원의 경우 당해 교원의 대학 전공과 동일하거나 유사한 경우에는 취득 학점의 전부를 동일(유사)하지 않은 경우는 취득 학점의 1/2을 인정하고 있다.

• **자격취득** : 연수학점으로 인정받을 수 있는 자격취득은 기능사, 기사, 기능장, 기술사 및 서비스계 기술자격과 기타 교육과학기술부 장관이 정하는 직무능력인증자격으로 구분된다. 취득자격증이 당해 교원의 직무와 직접 관련된 경우에는 인정학점(3~10학점)의 전부를, 직접 관련되지 않을 경우에는 인정학점의 1/2을 인정한다. 교육과학기술부 장

관이 정하는 직무능력인증자격 가운데 학점인정 대상이 되는 어학 관련 능력검정은 교원의 직무와 직접 관련된 경우 인정 학점(3학점) 전부를, 직접 관련되지 않을 경우 1/2을 인정하며, 동일 언어에 대해서는 1회만 인정한다.

• **영어권** : TOEFE 500점 이상, 서울대학교 · 한국외구어대학교 · 부산외국어대학교에서 시행하는 LATT 어학 검정 55점 이상, IELTS 5점 이상, G-TELP 60점 이상, TOEIC 590점 이상

• **비영어권** : 서울대학교 · 한국외국어대학교 · 부산외국어대학교에서 시행하는 어학능력검정 55점 이상

• **연수 이수** : 「교원 등의 연수에 관한 규정」 등에 규정한 국 · 공립의 대학 및 사범대학 부설 연수 기관, 교육과학기술부 장관 또는 교육감이 지정한 특수 분야 연수 기관, 특별 연수 기관, 기타 교육과학기술부와 그 소속 기관 직제에 의거해 교원 등의 연수를 직무를 담당하는 기관 등에서 연수한 자로, 관할 교육감 또는 국립학교의 장이 지명한 자에 대해서는 연수 이수를 학점으로 인정한다. 학점은 연수 과정 단위로 산정하고, 15시간미만 연수는 학점 인정에서 제외하며, 15시간마다 1학점으로 계산한다.

• **연구활동실적** : 학점으로 인정받을 수 있는 연구활동실적으로는 연구대회입상실적, 연수 · 시범 · 실험학교 참여실적, 시 · 도교육청에서 주관한 연구교사입상실적, 과학발명품전시회 입상실적, 저작물 또는 학회지에 발표한 개인 연구보고서 등이 있다.

연구대회 입상 실적으로 학점화 대상은 전국 규모(6학점)와 시 · 도 규모(4학점)의 연구대회이며, 입상 등급은 구별하지 않는다.

연수 · 시범 · 실험학교 참여실적에서 학점화 대상학교는 교육과학기술부장관 또는 교육감이 지정한 연구 · 시범 · 실험학교로 정하며, 교육감 및 국립학교의 장이 승인한 인원의 교사에 한하여 전국규모의 1년

과정(3학점), 2년 과정(6학점), 시·도규모의 1년 과정(2학점), 2년 과정(4학점), 시·군·구 규모의 1년 과정(1학점), 2년 과정(2학점)으로 인정한다.

시·도교육청이 주관한 연구교사 입상 실적의 경우 입상 등급은 구별하지 않고, 1년 과정은 4학점, 2년 과정은 6학점을 인정한다.

과학발명품전시회의 경우 학점화 대상이 되는 전시회는 국가, 지방자치단체, 공공기관, 공공단체가 개최하는 전국 규모(6학점) 및 시·도 규모(4학점)로 하며, 입상 등급은 구별하지 않는다.

저작물 또는 학회지 연구보고서 발표 실적의 학점화 대상은 저작물(1편당 5학점)의 경우 학생교육과 관련된 출판물 및 저서와 교과용 도서 집필로 하여, 교과용 도서를 이용한 부교재는 제외한다. 학회지 발표 연구보고서(1편당 3학점)의 경우 학술단체연합회에 가입한 학술단체에서 발간한 학술지에 발표, 게재한 연구논문과 외국에서 발간한 학술지에 발표, 게재한 연구논문으로 한다. 단, 직무와 직접적으로 관련된 저작물 또는 연구보고서의 경우 인정학점의 전부를, 직무와 간접적으로 관련된 경우 인정학점의 1/2을 인정한다. 또한 공동으로 발표한 저작물 및 연구보고서는 2인 공동의 경우 인정학점의 60%, 3인 공동의 경우 인정학점의 40%, 4인 이상의 경우 인정학점의 30%를 각각 인정한다.

이상에서 살펴본 학점으로 인정되는 연수 학점은 매년 12월 31일 작성되는 〈표 10-6〉과 같이 교육공무원 연수성적평정표에 기록된다.

〈표 10-6〉 연수성적평정표

연수성적평정표(제31조제2항관련)

1. 평정대상자
   ○소속: ○직위(급): ○성명:

2. 교육성적평정

교육구분	교육명	교육기간	교육시간	교육성적 또는 환산성적	평정점
자격연수					
직무연수					
직무연수					
직무연수					
계					

3. 연구대회입상실적평정

대회주관기관	대회명	입상일자	전국규모			시 · 도규모			평정점 합계
			1등급	2등급	3등급	1등급	2등급	3등급	
계									

4. 학위취득실적평정

석 · 박사구분	직무관련구분	학위명	학위수여기관	학위취득일자	평정점
석사	직무관련				
	기타				
박사	직무관련				
	기타				

5. 연수성적평정점	

6. 평정자 · 확인자 성명

구분	소속	직위(급)	성명	서명(인)
평정자				
확인자				

2) 교원의 평가 및 승진제도

현재 교원에 대한 평가는 인사관리형 교원평가와 능력 개발형 교원평가로 구분할 수 있다. 인사관리형 교원평가는 「교육공무원 승진 규정」에 근거하여 승진, 보수, 전직, 전보 등 교원의 인사에 반영하기 위한 평가로 교사의 경력평정, 근무성적평정, 연수성적평정, 가산점평정 등이 대표적이다. 능력 개발형 교원평가는 교원의 능력 개발 자료로 활용하기 위한 평가로 2006년 이후 사회적 논란이 되면서 교원평정제도와 별도로 실시되는 교원평가제가 이에 해당된다(송기창 외, 2009: 214).

평정이란 인사 행정 업무상의 의미로 승진 임용 또는 상위 자격 연수 대상자 차출을 위한 후보자 명부를 작성하기 위하여 대상자의 능력(경력, 근무 성적, 연수 성적, 가산점)을 점수화하여 순위를 정하는 업무를 지칭한다. 각급 학교 교감으로 동·등급 학교의 교장 승진 대상자, 각급 학교의 교사로서 동·등급 학교의 교감 자격증을 받은 자, 장학사 또는 교육연구사로서 장학관 또는 교육연구관의 자격 기준에 달한 자, 교장 자격 연수 대상 또는 교감 자격 연수 응시 대상자 등을 평정의 대상으로 한다.

〈표 10-7〉 중등학교 교원의 평정에 있어서의 평정자, 확인자, 조정자

평정 대상자	평정자	확인자		조정자	
		경력, 연수, 가산점평정	근무성적평정	경력, 연수, 가산점평정	근무성적평정
교사	교감	교장	교장	-	조정위원회 (부교육감)
교감	교장	중학교: 학무국장 고등학교: 교원정책과장	부교육감		

승진후보자 명부 작성권자는 동일인이 아닌 각각의 평정자와 확인자를 정하여야 한다. 〈표 10-7〉과 같이 경력평정, 연수성적 및 가산점 평정에 있어서는 평정자와 확인자를, 근무성적평정에 있어서는 평정자,

확인자, 조정자를 정한다(「교육공무원 인사 관리 규정」 제6조).

「교육공무원 승진 규정」에 따라 교원 승진의 평정점은 다음의 〈표 10-8〉과 같이 구성된다.

〈표 10-8〉 승진 평정점의 구성

대상 / 요소	경력평정	근무성적 평정	연수성적평정			가산점	합계
			교육성적		연구실적		
			자격연수	직무연수			
교감 승진 후보자	70	100	9	18	3	α	200+α
교장 승진 후보자	70	100	9	6	3	α	188+α

교원 승진의 기준이 되는 경력평정, 근무성적평정, 연수성적평정, 가산점 평정의 제 영역을 다음과 같이 살펴본다.

(1) 경력평정

경력평정은 매년 12월 31일을 기준으로 정기적으로 실시한다. 2007년 5월 이루어진 「교육공무원 승진 규정」의 개정에 따라 기존의 평정 기간인 25년을 2008년부터 매해 1년씩 단축하여 2012년부터는 20년에 대하여 평정하게 된다. 기본 경력은 최근 15년을 평정기간으로 하고, 초과경력은 기본경력 전 5년을 평정기간으로 한다.

평정대상 경력은 교육 경력, 교육행정경력, 교육연구 경력 및 기타 경력으로 하고, 경력의 내용에 따라 가, 나, 다 경력으로 나눈다. 경력의 등급별 평정점은 기본경력의 경우 가경력 64점, 나경력 60점, 다경력 56점을 만점으로 하고, 초과경력의 경우 가경력 6점, 나경력 5점, 다경력 4점을 만점으로 한다. 경력평정의 채점은 기본경력과 초과경력 평정점수를 합산하게 되며, 평정대상자가 경력평정 결과를 요구할 경우 알려주어야 한다.

〈표 10-9〉 평정 대상 경력 종별

평정 대상자	경력 등급	경력 종별
교감	가	- 각급 학교 교장 또는 교감 경력 - 장학관, 교육연구관, 장학사, 교육연구사의 경력
	나	- 각급 학교 교사 경력 - 교육과학기술부 장관이 지정하는 법인인 교육연구기관에서 당해 직위와 상응한 직무를 담당한 경력 - 교육공무원으로 임용되기 전에 병역법 및 그 밖의 법률에 의한 의무를 수행하기 위하여 징집 또는 소집되거나 근무한 경력
	다	- 임용권자가 임용하여 전임으로 근무한 강사(대학의 전임강사 제외) 또는 기간제 교원(임시 교원 경력 포함)으로 근무한 경력
교사	가	- 각급 학교의 교장, 교감 또는 교사의 경력 - 장학관, 교육연구관, 장학사, 교육연구사의 경력 - 교육공무원으로 임용되기 전에 병역법 및 그 밖의 법률에 의한 의무를 수행하기 위하여 징집 또는 소집되거나 근무한 경력
	나	- 임용권자가 임용하여 전임으로 근무한 강사(대학의 전임강사 제외) 또는 기간제 교원(임시 교원 경력 포함)으로 근무한 경력

(2) 근무성적평정

• 근무성적평정 규정

근무성적평정은 교사, 교감, 교육전문직 전원을 대상으로 하여 매년 12월 31일을 기준으로 정기적으로 실시한다. 근무성적평정은 교원의 근무 실적, 근무 수행 능력, 근무 수행 태도 등을 종합적으로 평가한다. 근무성적평정결과는 평정 대상자의 요구가 있을 때에는 특별한 사정이 없는 한 본인의 최종 근무 성적 평정점을 알려주어야 하며, 그 결과는 승진, 전직, 전보 등 교원의 인사에 반영하게 된다. 명부작성시 근무성적평정점수의 산정 기간은 교사의 경우 5년, 교감과 장학사, 교육연구사는 3년이다. 개정 전 근무성적평정의 기간은 2년 이었으므로, 2010년 1월 31일 작성하는 명부에서부터는 매해 1년씩 가산하여 2016년도에 대한 평가부터는 10년의 기간에 대하여 평정하게 된다. 2017년 1월 31일 승진후보자 명부 작성시 근무성적 평점점 산정은 최근 1년 이내 평정점 25% + 최근 1년 전 2년 이내 평점점 20%, 최근 2년 전 3년 이내 평정점 15%, 최근 3년 전 4년 이내 평정점 13%, 최근 4년 전 5년 이내 평정점 10%, 최근 5년 전 6년 이내 평정점 및 최근 6년 전 7년 이내 평정점의 각각 5%, 최근 7년 전 8년 이내 평정점 4%, 최근 8년 전 9년 이내 및 최근 9년 전 10년 이내 평정점의 각각 3% 비율로 산정한다.

교사의 근무성적평정점수는 근무성적 70점에 대하여 평정자(교감)가 30%, 확인자(교장)가 40%로 평정하고, 동료 교사인 다면평가자의 다면평가 점수 30점을 합산하여 100점으로 산정한다.

교사의 근무성적평정은 크게 자질 및 태도에 대한 평정과 근무실적 및 근무수행능력에 대한 평정으로 구분된다. 교사의 근무성적평정은 다음의 〈표 10-10〉과 같이 자질 및 태도(20점)는 교육자로서의 품성, 공직자로서의 점수로 구분되고, 근무실적 및 근무수행 능력(80점)은 학습지도, 생활지도, 교육연구 및 담당업무로 구분된다. 평정대상자의 평정점은 수(95점 이상) 30%, 우(90점~95점미만) 40%, 미(85점~90점미만) 20%, 양(85점미만) 10% 비율의 상대평가로 이루어지며, 특별한 사정이 없는 한 총점평점을 동점으로 부여할 수 없다.

또한 교사는 평정대상 기간 동안의 업무수행 실적에 대하여 매년 12월 31일을 기준으로 〈표 10-11〉과 같은 '교사자기실적평가서'를 작성·제출하여야 한다. 근무성적평가자는 이러한 교사자기실적평가소를 참작하여 직위별로 타당한 요소의 기준에 따라 평정자의 주관을 배제하고 객관적 근거에 의하며 신뢰성과 타당성을 보장할 수 있도록 평정대상자의 근무실적으로 종합적으로 분석·평가하게 된다.

〈표 10-10〉 교사의 근무성적평정표(「교육공무원 승진 규정」)

교사근무성적평정표(제28조의3제1항관련)										
① 평정기간				② 확인자				③ 평정자		
. . .부터 . . .까지				직위(급) 성명 (인)				직위(급) 성명 (인)		
평정사항			자질 및 태도		근무실적 및 근무수행능력			⑨ 평정점	⑩ 환산점	⑪ 총점
평정요소 평정점			④ 교육자로서의 품성	⑤ 공직자로서의 자세	⑥ 학습지도	⑦ 생활지도	⑧ 교육연구 및 담당업무			
평정대상자		평정자	10	10	40	20	20			
소 속	성명	확인자	10	10	40	20	20			
		평정자								
		확인자								
		평정자								
		확인자								
		평정자								
		확인자								
		평정자								
		확인자								
		평정자								
		확인자								
		평정자								
		확인자								
		평정자								
		확인자								

※ 비 고 : 평정자의 환산점 = 평정점×30/100, 확인자의 환산점 = 평정점×40/100

〈표 10-11〉 교사자기실적평가서

교사자기실적평가서(제28조의2제2항관련)

1. 평가 지침
근무실적평정의 신뢰성과 타당성이 보장되도록 객관적 근거에 따라 종합적으로 평가하여야 한다.

2. 평가 기간 :　　　년　　월　　일부터　　　년　　월　　일까지

3. 평가자 인적사항

○ 소 속 :　　　　　○ 직 위(급) :　　　　○ 성 명 :

4. 평가자 기초 자료
- ○ 담당 학급 :　　　　　○ 담당 과목 :
- ○ 담당 업무 :　　　　　○ 연간 수업시간 수 :
- ○ 연간 학생상담 시간 수(교과) :　　　○ 연간 학부모상담 시간 수(교과) :
- ○ 연간 학생상담 시간 수(생활) :　　　○ 연간 학부모상담 시간 수(생활) :

5. 자기실적 평가

가. 학습 지도
- ○ 학습지도 추진 목표(학년초 또는 연초에 계획되었던 학습지도 목표)
- ○ 학습지도 추진 실적(학년초 또는 연초에 목표한 내용과 대비하여 추진 실적을 구체적으로 작성)

나. 생활지도
- ○ 생활지두 추진 목표
- ○ 생활지도 추진 실적

다. 교육연구
- ○ 교육연구 추진 목표
- ○ 교육연구 추진 실적

라. 담당 업무
- ○ 담당업무 추진목표
- ○ 담당업무 추진실적
- ○ 창의적 업무개선 사항

※ 자기 평가 종합 상황

자기 평가	목표달성도	당초 설정한 목표에 대한 달성 정도	만족	보통	미흡
	창 의 성	학습지도, 생활지도, 교육연구 및 담당업무 등에서 창의적인 업무수행 정도	만족	보통	미흡
	적 시 성	학습지도, 생활지도, 교육연구 및 담당업무 등을 기한내 효과적으로 처리한 정도	만족	보통	미흡
	노 력 도	목표달성을 위한 노력, 공헌도	만족	보통	미흡

년　　월　　일

작성자(본인) 성명　　　　　서명(인)

• 다면평가

다면평가는 학년별 · 교과별로 교육과정의 편성과 운영이 이루어지고, 교실 내의 활동이 주가 되는 교원 업무의 특성상 교장 · 교감의 평가만으로는 근무성적평정의 객관성 및 타당성을 확보하기 어렵다는 지적에 따라 교사에 대하여 동료 교사에 의한 다면평가를 실시하여 그 결과를 근무성적평정 결과와 합산하여 승진에 반영함으로써 현행의 관리자 중심 근무 성적 평정을 보완하기 위한 제도로 2008년 12월 31일 평정에서부터 반영하고 있다.

교사에 대한 다면평가는 매년 12월 31일을 기준으로 하여 학교별로 해당 교사의 근무 실적, 근무 수행 능력 및 근무 수행 태도를 잘 알고 있으며, 공정하고 객관적으로 평가할 수 있는 3인 이상의 교사로 선정된 단일의 다면 평가단이 실시한다. 다면평가자로 선정된 교사에게는 서약서를 제출받고 서약서의 내용을 위배한 경우 평가자에서 제외시키며, 해당교사의 다면 평가 행위를 무효화 한다. 다면 평가자 구성에 관한 기준 및 절차 등에 관한 필요 사항은 승진후보자 명부 작성권자가 정한다. 평가 방법은 평가 점수의 변별력 확보를 위해 5개 평가 요소별로 등급별 분포 비율(수: 95점 이상 30%, 우: 90~95점미만 40%, 미: 85점~90점미만 20%, 양: 85점미만 10%)에 맞춰 상대평가를 실시하고, 평가요소별로 총 집계한 결과 최고점과 최저점을 제외한 점수의 평균을 평가요소별 평가점으로 한다. '교사 근무 성적평정 및 다면평가 합산표'의 총점은 근무성적평정 환산점(70점 만점)과 교사다면평가 환산점(30점)을 합산하여 산출하고, 조정점은 근무성적평정조정위원회에서 조정점 부여에 대한 심의를 하여 분포 비율에 맞게 부여한다.

〈표 10-12〉 교사다면평가표

<table>
<tr><td colspan="10">교사다면평가표(제28조의3제1항관련)</td></tr>
<tr><td colspan="3">① 평정기간</td><td colspan="4">② 확인자</td><td colspan="3">③ 평정자</td></tr>
<tr><td colspan="3">. . .부터
. . .까지</td><td colspan="4">직위(급)
성명 (인)</td><td colspan="3">직위(급)
성 명
(인)</td></tr>
<tr><td colspan="3" rowspan="2">평정사항 / 평정요소 / 평정점 / 평정대상자</td><td colspan="2">자질및태도</td><td colspan="3">근무실적 및 근무수행능력</td><td rowspan="3">⑨ 평가점</td><td rowspan="3">⑩ 환산점</td></tr>
<tr><td>④ 교육자로서의 품성</td><td>⑤ 공직자로서의 자세</td><td>⑥ 학습지도</td><td>⑦ 생활지도</td><td>⑧ 교육연구 및 담당업무</td></tr>
<tr><td>소 속</td><td>성명</td><td>평가자</td><td>10</td><td>10</td><td>40</td><td>20</td><td>20</td></tr>
<tr><td></td><td></td><td>다면평가자</td><td></td><td></td><td></td><td></td><td></td><td></td><td></td></tr>
<tr><td></td><td></td><td>다면평가자</td><td></td><td></td><td></td><td></td><td></td><td></td><td></td></tr>
<tr><td></td><td></td><td>다면평가자</td><td></td><td></td><td></td><td></td><td></td><td></td><td></td></tr>
<tr><td></td><td></td><td>다면평가자</td><td></td><td></td><td></td><td></td><td></td><td></td><td></td></tr>
<tr><td></td><td></td><td>다면평가자</td><td></td><td></td><td></td><td></td><td></td><td></td><td></td></tr>
<tr><td></td><td></td><td>다면평가자</td><td></td><td></td><td></td><td></td><td></td><td></td><td></td></tr>
<tr><td></td><td></td><td>다면평가자</td><td></td><td></td><td></td><td></td><td></td><td></td><td></td></tr>
</table>

※ 비 고 : 평정자의 환산점 = 평정점×30/100, 확인자의 환산점 = 평정점×40/100

(3) 연수성적평정

연수성적의 평정은 매년 12월 31일을 기준으로 하여 실시하거나 승진 후보자 명부 조정 시기에 실시한다. 연수정적의 평정은 교육성적평정과 연구실적평정으로 나뉘며 합계 30점 만점이다.

• 교육성적평정

교육성적평정은 직무연수성적과 자격연수성적으로 나누어 평정한 후 합산한 성적으로 한다. 직무연수성적의 평정은 당해 직위에서 「교원 등의 연수에 관한 규정」에 의한 연수 기관 또는 교육과학기술부 장관이 지정한 연수 기관에서 10년 이내에 이수한 60시간 이상의 직무연수 성적을 「교육공무원 승진 규정」 제33조 제1항의 규정에 의하여 환산한 직무 연수환산 성적 및 이수 실적으로 평정한다. 자격연수성적은 하나의 자격연수가 2회 이상 분할되어 실시된 경우 그 성적이 2개 이상인 경우 이들 성적을 합산 평균하여 자격연수성적으로 평정한다. 직무연수 및 자격연수성적 평정시 그 성적이 평어로 평가된 경우 최상위 등급의 평어는 만점의 90%, 차상위 등급의 평어는 만점의 85%, 3등급 이하의 평어는 만점의 80%로평정한다. 또한 교육대학원이나 교육과학기술부장관이 지정하는 대학원 교육과에서 취득한 석사 학위를 자격연수로 대체할 경우 자격연수 성적은 A학점 이상은 만점의 9-%, B학점 이상은 만점의 85%, D학점 이상은 만점의 80%로 평정한다.

〈표 10-13〉 교육성적평정

구분	승진후보자명부 작성 대상자	평정점	평정방법	비고
직무연수	교장, 장학관, 교육연구관	6점	6점×직무연수환산성적/직무연수성적만점	직무연수 1개 평정
	교감	18점	6점×직무연수환산성적/직무연수성적만점 + 6점×직무연수횟수(2회)	직무연수 3개 평정
자격연수	교장, 교감, 장학관, 교육연구관	9점	9점-(연수성적만점-연수성적)×0.05	

• 연구성적평정

연구실적평정은 연구대회입상실적과 학위취득 실적으로 나누어 평정한 후 합산한 성적으로 3점을 만점으로 한다. 연구대회 입상 실적 평정은 다음의 각 사항에 대하여 당해 직위 혹은 전직된 경우 전직 이전의 직위 중 입상 실적을 포함하여 평정한다.

- 국가 · 공공기관, 공공단체가 개최하는 교육에 관한 연구대회로 교육과학기술부 장관이 인정하는 전국 규모의 연구대회에서 입상한 연구 실적
- 시 · 도 교육청, 지방 공공기관 및 공공 단체 등이 개최하는 교육에 관한 연구대회로 시 · 도 교육감이 인정하는 시 · 도 규모의 연구대회에서 입상한 연구 실적

교육공무원이 당해 직위에서 석사 또는 박사학위를 취득하였을 경우 그 취득 학위 중 하나를 평정 대상으로 하고, 전직된 경우에는 전직되기 직전 직위 중 학위취득실적을 포함하여 평정한다. 그러나 자격연수 성적으로 평정된 석사 학위 취득 실적은 학위 취득 실적 평정 대상에서 제외한다. 다만, 자격 취득에 사용된 석사 학위 취득 논문이라도 자격 연수 성적이 연수 성적 평정에 쓰이지 않으면 연구 실적으로 인정한다. 연구대회입상실적 및 석 · 박사 학위 취득 실적을 〈표 10-14〉와 같이 평정한다.

〈표 10-14〉 연구대회입상실적 및 석 · 박사학위 취득실적 평정

<table>
<tr><th colspan="3">연구대회입상 실적</th><th colspan="4">학위취득 실적</th></tr>
<tr><th rowspan="2">입상등급</th><th rowspan="2">전국 규모 대회</th><th rowspan="2">시 · 도 규모 대회</th><th colspan="2">박사</th><th colspan="2">석사</th></tr>
<tr><th>직무관련학위</th><th>그 밖의 학위</th><th>직무관련학위</th><th>그 밖의 학위</th></tr>
<tr><td>1등급</td><td>1.50점</td><td>1.00점</td><td rowspan="3">3점</td><td rowspan="3">1.5점</td><td rowspan="3">1.5점</td><td rowspan="3">1점</td></tr>
<tr><td>2등급</td><td>1.25점</td><td>0.75점</td></tr>
<tr><td>3등급</td><td>1.00점</td><td>0.50점</td></tr>
</table>

※ 연구대회입상실적이 공동 연구일 경우의 평정점
2인 공동작 : 입상실적의 7할 3인 공동작 : 입상실적의 5할 4인 공동작 : 입상실적의 3할

(4) 가산점평정

평정대상이 되는 가산점은 당해 직위에서의 가산점 평정 대상 실적 또는 경력이 된다. 가산점 평정은 매년 12월 31일을 기준으로 실시하거

나 명부 조정 시기에 실시된다.

가산점은 공통가산점과 선택가산점으로 구분된다. 공통가산점(총점 3점)은 가산점 취득 사유가 있는 모든 교육공무원에게 적용되는 것으로, 교육과학기술부 장관이 지정한 연구학교의 교원으로 근무한 경력(월 0.021점 총 1.25점한도), 교육공무원으로서 재외국민교육기관 파견근무 경력(월 0.021점 총 0.75점한도), 「교원 등의 연수에 관한 규정」제6조 제1항의 규정에 의한 직무연수 중 연수이수 실적이 학점으로 기록」관리되는 연수이수학점(연 0.08점 총 1점한도) 등이 포함된다.

선택가산점(총점 10점)은 「도서·벽지교육진흥법」 제2조에 따른 도서 벽지에 있는 교육기관 또는 교육행정기관에 근무한 경력, 농어촌교육의 진흥을 위하여 특별히 지정한 지역의 학교에 근무한 경력, 그 밖의 교육발전 또는 교육공무원의 전문성 신장을 위하여 명부작성권자가 필요하다고 인정하는 경력이나 실적이 있는 경우 항목 및 점수 기준을 정하여 산정할 수 있으며, 그 기준은 평정기간이 시작되기 6개월 전에 공개하여야 한다. 가산점평정점은 평정 항목별 평정점의 총 합계가 10점을 초과하지 않는 범위 내에서 항목별 평정점으로 자율적으로 정할 수 있다. 선택가산점은 시·도 교육청에 따라서 다양하며, 보직교사 근무 경력, 전문직 근무 경력, 도서벽지 근무 경력, 농어촌 지정 학교 근무 경력, 교육감 지정 연구학교 근무 경력, 각종 자격증 소지 등이 포함될 수 있다.

4. 교원의 후생 복지

1) 교원의 보수

보수는 교원의 사기 앙양, 직무의 안정적 수행, 교육의 실적 향상을 유도하는 핵심적인 관건이며, 오늘날과 같은 자본주의 사회에서 직업의 사회·경제적 지위를 직·간접적으로 반영하고 그 직업에 대한 유인가를 결정짓는 중요한 잣대가 된다. 특히 교원보수를 교원의 직무수행과 관련하여 중요하게 취급되어야 할 대상으로 간주할 뿐만 아니라 교육 발전과 교육문제 해결을 위한 핵심 과제로 인식하고 있다.

교원의 보수는 「공무원보수규정」 및 「공무원수당 등에 관한 규정」을 근거로 하며, 교육재정의 틀 안에서 운용된다. 현재 초·중등 교원의 보수는 시·도교육청의 초·중등교육의 실시에 필요한 재원으로 국가가 지원하는 지방교육재정교부금과 지방자치단체의 법정전입금을 통해 지급된다.

교원은 신규 임용시 교육공무원 등의 경력 환산율표에 의하여 산출된 경력 연수와 학력 가감산 산정표에 의하여 산출된 연수를 가감한 후 기산 호봉으로 합산하여 초임 호봉을 획정받은 후 새로운 경력을 합산할 사유가 발생하거나 승급 제한 기간을 승급 기간에 합산할 경우, 당해 공무원에게 적용되는 호봉 획정 방법이 변경되는 경우에 따라 호봉을 재획정하게 된다.

교원의 봉급월액은 「공무원보수규정」의 해당봉급표 [별표 11]에 명시된 금액으로 지급되며, 이와 함께 「공무원수당 등에 관한 규정」에서 명시한 각종 수당을 직무, 경력 등에 따라 차등적으로 지급하고 있다. 〈표 10-15〉는 연봉을 기준으로 봉급과 제 수당을 합산한 교원의 보수를 나타낸 것이다.

〈표 10-15〉 중등 교원의 경력별 보수 지급 실제

(단위: 원, 연봉기준, 2008)

구분		초임	5년	10년	15년	20년	25년	30년 (교감)	35년 (교장)
자격급	기본급	14,108,400	16,114,800	19,953,600	24,055,200	28,478,400	33,232,800	37,774,800	41,242,800
연공급	정근수당	-	671,450	1,662,800	2,004,600	2,373,200	2,769,400	3,147,900	3,436,900
	정근수당가산금	-	600,000	720,000	960,000	1,200,000	1,200,000	1,200,000	1,200,000
	정근수당추가가산금	-	-	-	-	120,000	360,000	360,000	360,000
직무급	교직수당	3,000,000	3,000,000	3,000,000	3,000,000	3,000,000	3,000,000	3,000,000	3,000,000
	교직수당가산금2)	1,320,000	1,320,000	1,320,000	2,160,000	2,160,000	2,160,000	600,000	600,000
	시간외수당3)	772,500	772,500	772,500	863,900	863,900	931,300	998,600	-
	보전수당	180,000	-	-	-	-	-	-	-
직위급	직급보조비	-	-	-	-	-	-	3,000,000	4,800,000
	관리업무수당	-	-	-	-	-	-	-	3,711,852
생활급	가족수당	-	480,000	960,000	960,000	960,000	960,000	480,000	480,000
	자녀학비보조수당4)	-	-	-	-	499,200	3,573,600	-	-
	정액급식비	1,560,000	1,560,000	1,560,000	1,560,000	1,560,000	1,560,000	1,560,000	1,560,000
	교통보조비	1,560,000	1,560,000	1,560,000	1,560,000	1,560,000	1,560,000	1,680,000	2,400,000
	가계지원비	2,356,103	2,691,172	3,332,251	4,017,218	4,755,893	5,549,878	6,308,392	6,887,548
	명절휴가비	1,410,840	1,611,480	1,995,360	2,405,520	2,847,840	3,323,280	3,777,480	4,124,280
실적급	성과상여금5)	2,812,450	2,812,450	2,812,450	2,812,450	2,812,450	2,812,450	3,204,210	3,708,180
총액		29,080,293	33,193,852	39,648,961	44,845,688	53,290,883	62,992,708	67,0911,382	76,941,560

※자료: 2008년도 「공무원보수규정」, 「공무원 수당 등에 관한 규정」, 『교육공무원 보수업무 편람』『성과상여금 지급 지침』 등을 토대로 중등교원의 대표적인 보수액을 가정하여 산출함.

---

2) 교직수당가산금은 학급담당교원(초임~25년 경력자 해당) 및 보직교사(15년~25년 경력자 해당)에게 지급하는 수당을 합산한 금액임.

3) 시간외수당은 정액분(19호봉 이하:7,725원, 20~29호봉:8,639원, 30호봉 이상:9,313원, 교감:9,986원)*10에 해당하는 금액으로 통일하여 산정하였음. 개별 교원은 1일 4시간, 월 67시간 이내의 시간외수당을 수령할 수 있으나, 이를 표준화할 수 없어 정액분*10시간으로 제한하였으며, 방학기간에는 시간외수당이 지급되지 않으므로 (정액분*10시간)*10개월의 금액으로 산정하였음.

4) 자녀학비보조수당은 서울시교육청의 「2008년도 국공사립학교 수업료 및 학교운영지원비 상한액 지침」을 기준으로 산정하였음. 경력 10년을 전후하여 두 자녀 출생을 가정하면, 경력 20년의 교원은 2명의 중학생 자녀가 납부하는 학교운영지원비를, 경력 30년의 교원은 2명의 고등학생 자녀가 납부하는 수업료와 학교운영지원비를 각각 자녀학비보조수당으로 지급받는 것으로 산정하였음.

5) 성과상여금은 「성과상여금 지급 지침」에 의거 3단계로 구분한 모형 중 해당 학교 교원(교사, 교감, 교장 각각)의 40%가 지급받게 되는 B등급을 산정의 기준으로 가정하였음.

2) 후생복지

교원의 후생복지는 생활 안전과 가족에 대한 부양책임을 덜어줌으로써 교직에 대한 성실한 근무를 할 수 있도록 여유를 마련해 주기 위한 조치라고 할 수 있다(박세훈 외, 2008: 234). 교원에 대한 후생복지 조치로는 연금제도, 자녀학비 및 장학금 보조, 주택과 보건 관련지원, 맞춤형 복지제도 등을 들 수 있다.

교원 연금제도는 교원이 퇴직 또는 사망과 공무로 인한 부담에 대하여 적절한 급여를 실시하여 교원 및 유가족의 생활안정과 복지 향상에 기여하기 위한 것이며, 교원의 생활안정과 복지증진을 목적으로 설립된 교원공제회의 장기 급여, 연금 급여, 학자금 급여, 주택 지원, 대부금, 복지시설 등의 사업 등도 후생복지의 일원이다. 이 외에도 교원에게 배정된 복지예산을 자율적으로 선택·활용할 수 있는 맞춤형 복지제도 등이 운영되고 있다.

• 맞춤형 복지제도

교원의 후생 복지를 위해 교육과학기술부 장관은 「국가공무원법」 제52조에서 규정한 능률 증진을 위한 실시사항과 「공무원 후생복지에 관한 규정」에 근거하여 「맞춤형 복지제도 업무처리지침」을 통해 맞춤형 복지제도를 운영하고 있다.

맞춤형 복지제도란 개개인에게 주어진 예산의 범위 내에서 사전에 설계되어 제공되는 복지 혜택 중에서 본인의 선호와 필요에 따라 자신에게 적합한 복지 혜택을 선택하도록 하는 제도이다. 기존의 후생복지가 공무원 개인이 원하는 복지 수요와 관계없이 일률적으로 마련되어 개인의 욕구충족에 미흡하고 행정환경 변화에 따른 대응에 유연하지 못하다는 지적에 따라 공무원 개인에게 배정된 복지예산(포인트)의 범위 내에서 의무적으로 선택하는 기본항목과 개인 선호에 따라 선택하는 자율항목으로 나누어 선택할 수 있는 맞춤형 복지제도가 도입·운영되고 있다.

맞춤형복지 제도를 운영하는 기관은 후생복지운영위원회를 설치하여야 하며, 위원회는 위원장을 포함하여 7인 이내의 위원으로 구성한다. 위원회에서는 맞춤형복지제도 운영계획 및 예산에 관한 사항, 복지 항목의 구성 및 복지점수 부여기준 등에 관한 사항, 보험 계약 및 건강검진 기관 선정에 관한 사항, 맞춤형복지카드 운영수익(기부금 등)의 처리에 관한 사항 등을 심의한다. 또한 각 기관에서는 매년 2월말까지 맞춤형 복지의 운영현황을 맞춤형복지 통합관리시스템을 통한 통계자료 등으로 제출하게 된다.

〈표 10-16〉 맞춤형 복지제도의 구성

복지항목		구 성	사 례
기 본 항 목	필수기본항목	· 정부차원에서 필요성을 판단하여 설정 하고 전체 공무원이 의무적으로 선택 하여야 하는 항목	생명/상해보험
	선택기본항목	· 운영기관의 장이 정책적 필요에 따라 설정하고 구성원이 의무적으로 선택하여야 하는 항목	본인 및 가족 의료비, 보장보험, 건강검진 등
자 율 항 목		· 운영기관의 장이 필요에 따라 설정하고 각 구성원이 자유롭게 선택할 수 있는 항목	건강관리, 자기개발, 여가활용, 가정친화

필수기본 항목은 교원과 그 가족의 복지 및 생활안정을 보장하기 위하여 정부에서 그 필요성을 판단하여 전체 교원이 의무적으로 선택하도록 하는 항목으로 생명보험, 상해보험 등으로 구성한다. 맞춤형복지 제도의 운영 원칙은 정부 조직의 효율적 운영과 공무원 개개인의 복지 욕구가 조화와 균형을 이루도록 하는데 있으므로, 맞춤형복지 기본항목은 조직이 구성원 개개인의 건강과 안전을 보장함으로써 조직의 목표를 보다 효과적으로 달성할 수 있도록 구성하였다. 이를 통해 구성원의 안전보장을 위한 최소한의 혜택을 제공하여 교원이 직무에 전념할 수 있는 환경을 제공하기 위한 것이다.

선택기본항목은 운영기관의 장이 조직운영의 목적이나 기타 정책적 필요에 따라 설정하는 항목으로, 당해 기관 구성원이 모두 의무적으로 선택하게 하거나 일정요건에 해당하는 경우 자동적으로 선택한 것으로 처리할 수 있다. 따라서 구성원의 복지 선호도와 조직의 목표달성, 생산성 향상 등에 직·간접적으로 기여할 수 있는 항목을 중심으로 구성하고, 운영기관의 자체 후생복지운영위원회는 가급적 다양한 선택안을 제시하여 복지 수혜자의 선택권을 보장해 줄 수 있어야 한다.

자율항목이란 구성원의 능력발전 및 삶의 질 향상에 기여할 수 있도록 운영기관별로 설계하여 제공하는 것으로 교원이 자율적으로 선택 가능한 항목이다. 자율항목은 직·간접적으로 조직의 업무성과에 기여할 수 있는 건강관리, 자기개발, 여가활용, 가정친화 등의 분야와 관련된 항목으로 구성되며, 운영 기관별로 필요에 따라 다양한 항목을 구성할 수 있다.

개인별 복지점수는 매년 1월 1일을 기준으로 공무원에게 공통적으로 부여되는 기본복지점수와 운영기관별로 근속복지점수, 가족복지점수 및 추가복지점수로 구성하여 배정하고 있다. 전 구성원에게 기본점수 300포인트를 일률적으로 배정하고, 1년 근속당 10포인트를 가산하여 최고 30년까지 300포인트의 근속점수를 부여하고 있으며, 가족점수는 배우자 포함 4인으로 하되, 자녀는 인원수와 관계없이 모두 배정한다.

참고문헌

송기창 외(2009). 『중등 교직실무』. 서울: 학지사

박세훈 외(2008). 『교육행정 및 교육경영』. 서울: 학지사

윤정일 · 송기창 · 조동섭 · 김병주(2008). 『교육행정학원론(5판)』. 서울: 학지사

이지영(2008). 초 · 중등 교원의 보수체제 변천 분석. 『교육행정학연구』 26(1). 서울: 한국교육행정학회.

사립학교 교원 인사업무 실무메뉴얼(2009). 서울: 서울특별시교육청

중등인사 실무메뉴얼(2009). 서울: 서울특별시교육청

한국교원단체총연합회 · 한국교육신문사(2008). 『교육행정실무백과(2)』. 서울: 한국교육신문사

Nigro, F. A. & Nigro, L. G. (1976). *The New Public Personnel Administration*. F. E. Peacock Publishers, Inc.

Thomas J. Sergiovanni(ed)(1975). *Professional Supervision for Professional Teachers.* Washington, D. C.: Association for Supervision and Curriculum Development

White, L. D. (1986). *Introduction to the Study of Public Administration.* New York : Macmillan Co.

Yoder, D. (1959). *Personnel Management and Indusarial Relations,* 4th ed. New Jersey : Prentice-Hall.

교육과학기술부 http://www.mest.go.kr/

국가법령정보센터 http://www.law.go.kr

서울특별시교육청 http://www.sen.go.kr

제11장

교육재정

교육재정은 교육활동을 위해 필요한 재정적 자원을 확보, 배분, 운영, 지출하는 일련의 활동이다. 교육재정은 교육활동에서 필요로 하는 재원을 충분히 확보하여 평등하고 공평하게 배분하고, 배분된 자원을 효율적이고 자율적으로 운영하며, 지출된 재원의 효과를 투명하게 평가하는 일련의 과제를 염두에 두어야 한다. 본 장에서는 교육재정의 본질과 교육의 비용과 수익, 그리고 교육재정의 확보와 단위학교의 교육재정 운영 등에 관한 사항을 살펴보고자 한다.

1. 교육재정의 본질

1) 교육재정의 개념

교육재정이란 국가재정의 일부이며, 국가재정 중 교육활동에 관한 재정이다. 재정(Public finance)이란 일반적으로 국가 및 공공단체가 공공욕구를 충족하기 위하여 필요한 수단을 조달하고 관리 · 사용하는 경제활동 또는 정부의 경제라고 정의된다. 즉, 교육재정은 국가 및 공공단체가 교육을 위해 필요한 수단을 조달, 관리, 사용하는 경제활동이라 할 수 있다.

교육재정(Educational finance)에 대하여 윤정일(2000)은 국가 및 공공단체가 공공의 교육 욕구를 충족하기 위하여 필요한 수단을 조달하고 관리·사용하는 경제활동으로, 박병량·주철안(2005)은 국가나 지방공공단체 등이 설립한 각급 학교에 필요한 재정적 자원의 확보, 배분, 지출, 평가하는 활동으로, 손영환·신수균(2009)은 사회적·공공적 활동으로서 교육활동을 위하여 재원을 확보·보관·운용하는 활동, 교육활동을 위한 금전의 수입·보관·지출에 관련된 일련의 활동이라고 정의하고 있다.

2) 교육재정의 특성

교육재정은 국가재정의 한 부분으로, 재정의 일반적인 성격과 교육재정만의 특수한 성격을 함께 가지고 있다.

(1) 재정의 일반적 성격

• **공공성** : 재정은 사적 이익을 위해서가 아니라 국민 전체의 공공복지를 향상시키는 데 주안점이 있다. 교육은 공적인 비영리 활동의 성격이 크므로 이를 지원하는 교육재정도 공공성을 갖추어야 마땅하다. 따라서 사립학교의 교육비에도 수익자나 설립자 부담의 원칙보다는 공비부담의 원칙을 확대·적용하고 있는 추세이다.

• **강제성** : 재정은 시장경제와 같은 합의에 의한 등가교환의 원칙이 적용되지 않고, 국민들로부터 조세 및 그 이외의 경비를 강제적으로 조달하여 정부의 수입으로 이전시키는 강제 원칙이 지배한다. 교육재정도 국가의 일방적인 결정에 따라 가격이 결정되는 조세수입과 학부모가 부담하는 수업료·입학금 등의 수입을 재원으로 한다.

• **양출제입(量出制入)의 원칙** : 재정은 민간부문과 달리 국가활동에

필요한 경비를 산출한 후 수입을 확보하는 양출제입의 원칙이 적용된다. 교육재정도 수립된 교육계획에 따라 재정 지원액을 결정하는 과정을 거친다.

(2) 교육재정의 특수한 성격

- **장기성** : 교육의 결과는 교육받은 자의 전 생애를 통하여 장기적으로 나타나기에 교육에는 장기적인 안목에서 꾸준한 투자가 필요하다. 그런데 일부에서는 교육의 성과가 즉각 나타나지 않으며 비가시적이라고 해서 교육재정을 긴급한 것이 아니고 비생산적인 투자로 생각하는 경향이 있다. 그리하여 일반적으로 국가의 투자 우선순위 결정과정에서 교육 부문이 하위로 밀려나게 되는 일도 있다. 특히, 단기적이고 전시적인 성과를 중요시하게 될 경우 교육에 대한 투자는 적어질 수밖에 없다. 그러나 교육은 개인적으로 보나 국가적으로 보나 언제나 긴급한 과제이며, 투자를 잠시 중단하고 소홀히 해서는 안 되는 것이다. 이를 단기성, 비긴요성, 비생산성으로 설명하기도 한다.
- **수단성** : 교육재정은 근본적으로 교수학습활동의 목표를 달성하기 위한 수단으로 교육재정 자체가 목적이 되어서는 안 된다. 따라서 교육목표의 달성을 위한 제조건을 정비·확립하는 데 필요한 경비를 효과적으로 조달하고 운영하는 것에 의미를 두어야 한다.
- **일반재정으로부터의 독립** : 교육재정은 국가재정의 일부로 운영되며 일반재정의 특성을 따른다. 그러나 교육의 자주성과 정치적 중립성, 전문성을 살리기 위해 일반재정으로부터 분리 독립시키고 있다.

(3) 교육행정과 교육재정의 관계

개념상으로 교육재정은 교육행정의 한 분야이다. 교육행정을 '교육목적 달성을 위한 인적·물적 제 조건을 정비·확립하는 일련의 활동'이라고 정의할 때, 교육재정은 이러한 조건을 정비·확립하는 데 필요한 경비를 확보·배분·관리하는 활동이다. 그러므로 교육재정은 교육행정

활동이 효율적으로 이루어지도록 하는 수단적 · 조장적 성격을 지닌다. 따라서 교육행정의 양과 질은 교육재정의 의해서 결정되며, 그것은 교육활동을 위한 필요조건을 설정하는 불가결한 요건이 된다. 이러한 의미에서 교육재정은 교육행정의 가장 중요한 영역을 차지한다고 볼 수 있다.

이론적으로는 교육활동이 결정되고 이에 따라 교육행정이 요청되며, 교육행정의 실제가 교육재정의 규모를 결정한다. 이는 재정의 특성인 양출제입의 원칙과도 부합하는 것이다. 그러나 현실적으로 교육을 위한 재원이 크게 부족한 상태에서는 교육재정의 규모가 교육행정의 제반 사항을 결정한다(박세훈 외, 2008).

3) 교육재정의 이념

교육재정을 국가나 지방공공단체가 교육활동을 지원하는 데 필요한 자원의 확보 · 배분 · 지출 · 평가하는 활동으로 정의할 때, 교육재정의 각 활동에서 고려되어야 할 이념과 가치가 있다. 일반적으로 교육재정에서 지향해야 할 가치로는 충분성, 평등성, 공정성, 효율성, 자율성 등이 있다(Berne & Stiefel, 1984; Garms et al., 1988; Monk, 1991; 박병량 · 주철안, 2005: 397 재인용).

(1) 충족성

교육활동을 운영하는 데는 어느 정도 적정 수준의 재화와 용역이 확보되어야 한다. 소기의 교육 목적 달성을 위한 교육사업을 추진해 나갈 수 있도록 하기 위해서 충족성은 가장 먼저 달성되어야 할 원리이다. 충족성의 지표로는 GNP 대비 공교육비 비율, 학생 1인당 교육비 수준 등을 들 수 있다.

(2) 평등성

동일한 여건에 있는 사람을 동일하게 취급해야 한다는 원칙이다. 다른 조건이 동일한 경우 배분이 지역별, 성별, 사회·경제적 계층별, 학교 설립별 등의 요인으로 인해 불평등하게 이루어지지 않아야 한다. 이는 학생당 균등한 교육비 지출, 학생 대 교사비율의 균등한 수준 등의 지표로 측정된다. 그러나 많은 경우 학생들이 실제로 동일하다는 가정이 성립되지 않으므로 평등성의 기준은 학생들 간의 동등성이 성립되는 집단의 학생에게 제한적으로 적용될 수 있다.

(3) 공정성

학생 개인의 능력이나 다른 정당한 차이로 인정되는 특징들을 설정하고, 이에 따라 재정배분이나 지출에서 차등을 두어 지원하는 것이 공정성의 이념이다. 이는 학생들 간의 정당한 차이로 인정하는 특징을 먼저 선정하고 이들 특징을 가지고 있는 학생에 어느 정도로 차등을 두어 지원해야 하는가를 프로그램별 1인당 경비의 차이도, 정책결정자의 가치 판단 등에 따라 결정한다. 정당한 차이로 인정하는 대표적인 차이로는 학생의 학습상 장애, 신체적 장애, 학교가 속한 지역의 교육환경의 차이, 학교 단계, 교육프로그램, 정책 목표의 우선 순위 등을 들 수 있다.

교육재정의 공정성 개념은 수평적 공정성, 수직적 공정성, 재정적 중립성 또는 세대 간 공평성으로 분류할 수 있다. 그런데 공정성을 구성하는 각각의 개념 중 어느 한 가지를 모든 상황에 동일하게 적용할 수는 없으며, 이들 각각은 상호 배타적인 개념이 아니라 상호 결합되었을 때 완전한 공정성이 실현될 수 있다(한국교육재정경제학회, 2001).

• 수평적 공정성(Horizontal equity) : 동등한 것을 동등하게 처리하는 것으로 모든 학생은 균등하기 때문에 균등한 교육 투입, 과정, 결과를 얻어야 한다는 것이다.

• **수직적 공정성(Vertical equity)** : 차등한 것은 차등하게 처리해야 한다는 원리로, 학생들이 지니고 있는 능력, 재능, 그리고 신체적 차이를 인정하고 그에 따라 교육자원을 보다 건설적으로 차등 지원해야 한다는 것이다.

• **재정적 중립성(Fiscal neutrality) 또는 세대간 공평성(Intergenerational equity)** : 교육청이나 부모의 재정 능력에 따라 학생들에게 제공되는 교육 서비스가 차이가 나서는 안 된다는 것이다.

〈표 11-1〉 공정성의 유형

구분	내용
수평적 공정성	- 동등한 것을 동등하게 취급 - 학생당 교육비, 교육프로그램, 교사당 학생비율 등을 균등하게 지원
수직적 공정성	- 동등하지 않은 것을 동등하게 취급 - 서로 다른 학생의 개인, 지역, 프로그램 특성 등을 교육재정 배분시 고려
재정적 중립성	- 정당하지 못한 요인에 의해 재정상의 차이가 나지 말아야 함

교육재정의 공정성을 실현하기 위한 구체적인 배분제도로 다음의 네 가지 영역의 접근이 있다.

• **표준 교육비의 보장** : 표준 교육비란 정상적인 교육활동을 수행하는 데 필요한 최소한의 교육비로서 적정(단위)교육비라고 한다. 교육다운 교육의 제공이 보장되지 않는 한 평등성은 아무 의미가 없다.

• **소득계층 간 교육비 부담의 형평** : 재원의 형평한 배분은 교육비가 확보되는 방식부터 공평성이 보장되어야 한다. 교육 서비스의 공급이 조세로 확보된 재원보다 납입금에 의존하는 비율이 높으면 소득계층 간 교육비 부담 능력에 따라 교육의 격차가 벌어지므로 교육의 균등한 배분이 어렵게 된다.

• **지역간 평등성** : 대부분 국가에서는 지역 간 부의 형평이 이루어지지 않고 있으므로 중앙정부가 지방교육재정을 지원하는 교부금 혹은

교부세 제도를 활용한다.

• **교육 프로그램 간의 교육비 차이도 반영** : 교육 프로그램 간 정확한 교육비가 산출되고 이를 바탕으로 교육비 차이도가 합당하게 적용될 때 교육과정상의 평등과 결과의 평등이 이루어질 수 있다.

〈표 11-2〉 교육비 차이도 계수

구분	유치원	초등학교	중학교	고등학교				특수학교
				일반	공업	상업	농수해운	
특별시·광역시	1.20	1.00	1.26	1.51	2.55	2.16	2.24	5.53
50만 이상 시	1.20	1.00	1.26	1.51			2.24	5.53
기타 시	1.36	1.13	1.37	1.74			2.75	7.64
읍	2.17	1.81	2.23	2.44			4.06	7.64
면	4.87	4.06	5.25	3.40			5.34	7.64
도서벽지	10.92	9.10	11.48	8.96			7.99	-

※자료: 교육인적자원부(2005). 지방교육재정 보통교부금 교부 보고, 한국교육개발원(2007). 한국교육재정 구조개편 방향 설정 연구 p. 131에서 재인용함.

(4) 효율성

효율성이란 최소의 비용으로 최대의 효과를 거두려는 것이다. 효율성을 제고하기 위해 교육의 효과는 동일하되 투입된 자원을 최소화하는 방법과 동일한 교육자원을 투입하여 최대의 교육효과를 가져오도록 하는 방법이 있다. 교육투자의 효율성은 투자에 대해서는 어느 정도 측정 가능하지만, 교육의 산출은 상당히 모호하므로 효율성을 계량화 하는 일은 쉽지 않다.

(5) 자율성

자율성은 단위학교가 재정운영에서 선택할 수 있는 정도를 말한다. 단위학교에서 교육활동을 수행하는 데 필요한 재원의 확보, 예산편성 및 집행에서 얼마나 자율적으로 결정하고 선택할 수 있는가에 관련되어 있다. 단위학교에는 2001년부터 학교회계예산제도가 시행되어 현재 국·공립의 초등학교·중학교·고등학교 및 특수학교에는 학교회계가 설치 · 운영되고 있다. 학교회계제도는 단위학교가 실정에 맞게 자율적으로 재정을 운영할 수 있도록 제도적 틀을 만들어 놓은 것이라 할 수 있다.

2. 교육의 비용과 수익

1) 교육의 비용

교육비는 한 국가의 질적 기준을 결정하고 교육에 대한 정부의 부담 정도를 제시하며 교육에 대한 국민의 참여도를 포함한다. 교육비는 교육에 소요되는 비용이다. 그런데 교육비는 교육의 범위와 비용의 의미를 어떻게 정하는가에 따라 달라질 수 있다. 여기서는 교육비를 '학교 교육활동에 투입된 경비 중 금전적으로 표시된 경비'에 한정하기로 한다. 교육비는 [그림 11-1]과 같이 분류할 수 있다.

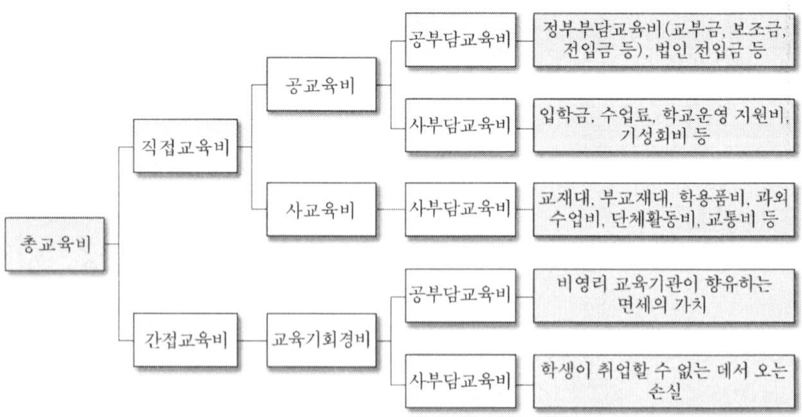

[그림 11-1] 교육비의 분류

(1) 직접교육비와 간접교육비

교육비를 직접교육비와 간접교육비로 구분하는 것은 하나의 경제재로써 교육이 다른 경제재와 경쟁적인 대체관계에 있다고 보고, 그 직접적 효용과 기회비용의 비교를 통해 교육의 경제적 측면을 설명하기 위한 것이다(천세영, 2001).

직접교육비는 교육활동에 직접적으로 지출되는 비용으로 중앙 및 지방 정부가 부담하는 비용, 학생이나 학부모가 부담하는 비용, 학교법인에서 부담하는 비용 등을 말한다. 이에 비해 간접교육비란 교육활동을 함으로써 포기되는 모든 형태의 유실소득(foregone earning) 또는 기회비용(opportunity cost)이다. 예를 들어, 교육기간 동안 학생이 취업할 수 없기 때문에 포기된 유실소득, 학교교육기관에 주어진 각종 면세혜택 비용, 학교 건물과 교육시설을 경제적 수익사업을 위해 사용하지 않았기 때문에 발생하는 비용, 학교시설 감가상각비, 취업하지 않고 가정에서 교육적인 봉사를 수행하는 어머니들의 포기된 소득 등이 있다.

우리나라의 경우는 학력간 임금격차가 매우 커서 상대적으로 간접교육비가 낮기 때문에 개인의 교육수요가 매우 높고, 그 결과가 극심한 입시 경쟁과 많은 직접교육비 지출로 나타난다. 이처럼 우리나라에서 직접교육비와 간접교육비의 관계는 서로 반비례의 관계에 놓여 있다. 간접교육비는 노동시장의 임금 자료를 통해서 산출되는 비용이기 때문에 교육적 변수보다는 경제적 변수에 의해 영향을 받는다(박세훈 외, 2008).

(2) 공교육비와 사교육비

원칙적으로 공교육비는 공교육에 투입되는 비용이며, 사교육비는 사교육에 투입되는 비용이다. 여기서 공교육이라 하면 국가 공교육체계 안에서 이루어지는 모든 교육으로 학교교육을 그 대표적인 예로 들 수 있다. 이에 비해 사교육은 개인의 자유의지에 의해서 이루어지는 교육이라 할 수 있다. 따라서 부담 주체가 누구든 간에 공교육에 투입되면 공교육비, 그렇지 않으면 사교육비로 분류되는 것이다. 공교육비는 부담주체에 따라 국가의 조세 수입에 의한 공부담 교육비(국가, 지방자치단체, 학교법인 등이 부담하는 교육비)와 사부담 교육비(학부모가 부담하는 수업료, 입학금, 학교운영 지원비 등)로 구분한다. 그런데 사부담 교육비 중에는 학교교육에 투입되는 비용이라 할지라도 우리나라에서 사교육비로 분류되는 것들이 있다. 예를 들며, 교재비, 교복 구입비, 수학여행비, 특기적성 교육비 등은 학교교육과 관련 있는 비용이지만 우리나라에서는 사교육비로 분류한다. 이들 경비의 대부분은 개인의 자유계획에 의해 집행되며 비용을 지불한 자에게만 수익이 돌아가는 비용으로써 개인에게 형평한 서비스를 제공한다는 공교육의 이념에 맞지 않음으로 사교육비로 분류된다.

사교육비는 경비의 확보 및 배분이 공공의 회계 절차를 따르지 않으며, 그 사용 효과가 공적이 아닌 사적으로 나타나는 비용으로 학부모나 학생이 교육을 위해 자의적으로 지출하는 비용이다. 그 성격에 따라 정상적 사교육비, 재능과외 사교육비, 입시과외 사교육비로 구분할 수 있다(김홍주 외, 1998).

• **정상적 사교육비** : 학교 교육활동에 지출되는 사교육비로 교재구입비, 학용품비, 단체활동비, 교통비, 급식비 등 학교교육의 정상적 운영을 위하여 필요한 경비다. 이는 교육재정이 부족하여 공적인 경비로 부담하지 못하고 학부모에게 전가하는 비용이다. 그러므로 사교육비 중 공부담화가 가장 절실히 요청되는 부분이라 할 수 있다.

• **재능과외 사교육비** : 학교가 학생의 욕구에 맞는 재능교육 프로그램과 시설을 확충하지 못함으로써 발생하는 비용이다. 대표적인 예가 특기 재능 학원비다.

• **입시과외 사교육비** : 한국적인 대학입학 경쟁 구조 속에서 대학 진학을 위해 학업성취도를 높이기 위한 방편으로 학부모 간에 경쟁적으로 지출하는 보습교육 비용이다. 대표적인 예가 바로 입시 학원비와 개

인 과외비다. 이는 학교교육이 양질화되어도 제한된 교육기화와 입학경쟁 구조가 존재하는 한 좀처럼 없어지기 어려운 비용이다.

2) 교육의 수익

교육의 효과, 교육으로부터 얻어지는 수익이나 산출은 일반적으로 막연하고, 추상적이며, 교육을 받은 개인이 생존하는 한 지속적이다. 교육의 수익은 교육을 받은 개인이나 가족에게만 발생하는 것이 아니라 다른 가족과 사회 전체에 발생한다(윤정일 외, 2008: 350). 과거에는 교육의 소비적 측면이 강조되었으나, 인간자본론이 발달하면서 교육에의 투자는 소비가 아니라 상품을 생산하는 데 필요한 노동력을 증대시키기 위한 투자라고 보는 교육의 투자적 성격이 부각되었다(박병량 · 주철안, 2005: 401).

Schultz(1963)는 교육의 수익을 교육연구로부터 얻는 경제적 수익, 재능(가능성)의 계발과 발견, 직업 기회의 변화에 대한 적응력 증진, 교육양성, 경제적 성장을 위지하기 위해 필요한 인력양성 등이라고 보았다. Kiras 등은 교육투자에서 발생하는 수익을 개인소득 증대, 개인의 소비적 수익, 새로운 환경 · 직업 · 직업기회에 대한 적응력 향상이라는 사적 수익과 경제성장을 위한 인력공급, 사회의 생산성 증대, 교육 수준의 향상에 의해 발생하는 발명과 혁신, 보다 훌륭한 시민정신, 세대 간 효과, 타인에 의한 외부 효과, 교육체제에 의한 재능의 발견과 계발 등의 사회적 수익으로 설명하였다(윤정일 외, 2008: 351).

이와 같이 교육은 개인적 수익뿐만 아니라 생산성의 향상, 지역사회 및 경제성장에의 기여, 유출효과에 더해 비금전적 수익까지 다양하게 나타난다.

3. 교육재정의 구조

교육재정은 국·공립학교의 경우 크게 정부재원과 학부모재원의 두 차원, 사립학교의 경우 여기에 법인부담재원이 추가되어 재원확보가 이루어진다.

• **정부 재원** : 중앙정부는 지방교육재정교부금, 국고보조금 등을 통해서, 지방정부는 중앙정부로부터의 이전수입, 지방자치단체로부터의 이전수입, 기타 기관으로부터의 이전수입, 자체수입, 차입금 등을 통해서 교육재정을 확보한다. 지방정부의 교육재정 확보 구조를 [그림 11-2]로 제시한다.

• **학부모 재원** : 학부모로부터 확보되는 재원으로는 수업료 및 입학금, 기성회비, 학교운영지원비 등이 있다.

• **사립학교 법인 전입금** : 우리나라의 경우 공교육에서 사학이 차지하는 비율과 역할이 상당하다.[1] 사립학교의 재원은 정부의 지원금, 학생납입금, 사학법인으로부터의 학교운영비 전입금으로 구성되어 있다. 사학법인의 전입금은 사립학교법의 규칙에 따라 법인의 수익용 자산운용 수입액의 100분의 80을 당해 연도의 학교운영비로 전입하도록 규정하고 있다.

---

1) 우리나라 공교육 기관 중(2008년 기준), 중학교 22.9%, 고등학교 45%, 전문대학 90.5%, 대학 84.8%가 사학이다.

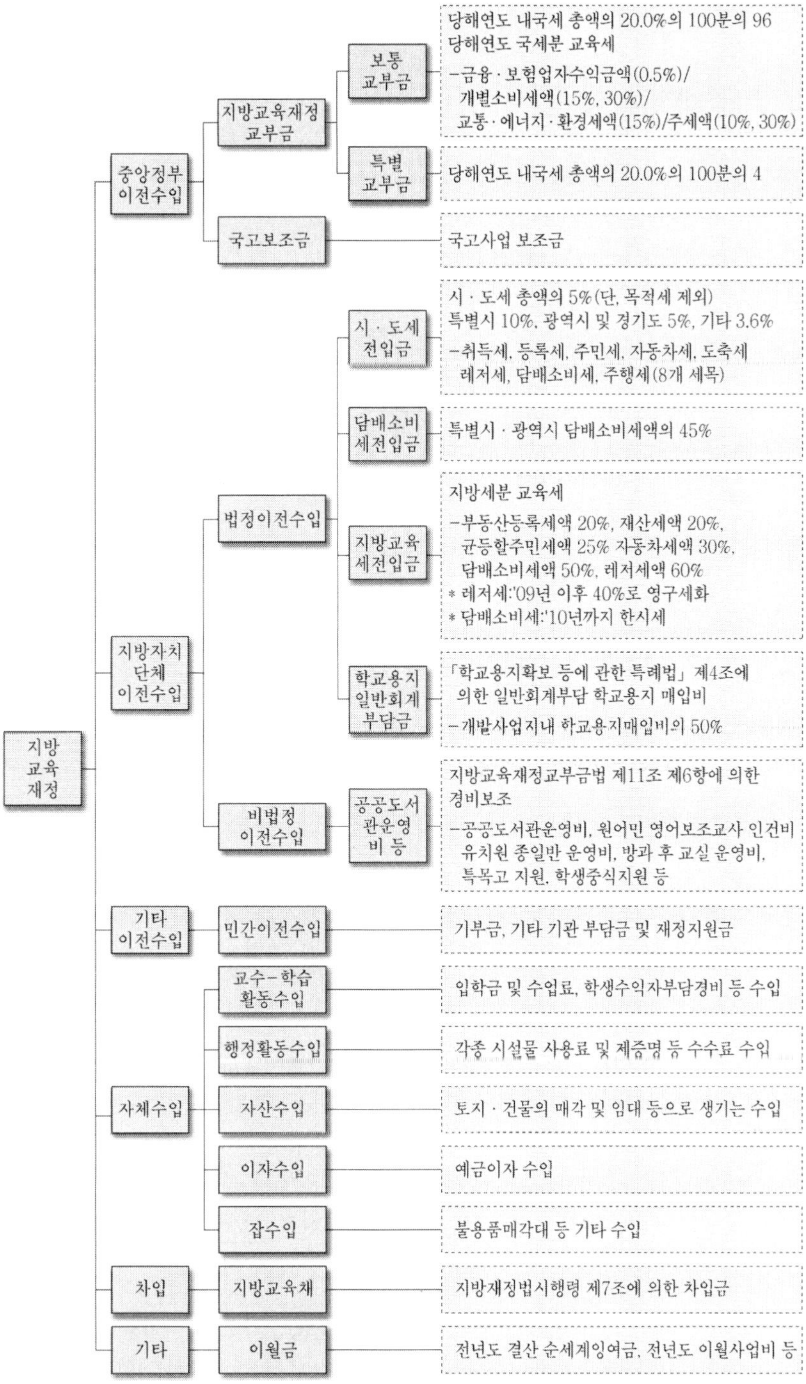

[그림 11-2] 지방교육재정의 구조

4. 학교재정의 구조

단위 학교의 재정으로 확보된 재원을 교육활동에 투입하기 위해서는 일련의 예산편성과정을 거친다. 단위 학교의 예산은 한 회계연도 동안 학교시설의 유지·보수, 공과금 납부, 수업활동, 특별활동 지원, 교육과정 운영, 급식 및 수학여행 등 학교를 운영하기 위한 주요 정책과 사업을 수행하는 데 소요되는 재원이다. 단위 학교에서는 전입금의 규모, 사업 계획 등을 고려하여 세입·세출에 관한 예산을 책정하고, 확보·조달된 학교예산안에 의거하여 교육활동의 목적을 달성하기 위한 예산을 지출하게 된다. 단위학교의 예산은 크게 수입(세입)과 지출(세출)로 나뉘며, 그 내용을 명백히 하기 위해 시·도교육청이 정한 기준에 따라 일정 기준에 따라 구분된다.

학교회계란 단위학교 중심의 자율적이고 효율적인 재정운영을 통해 다양한 교육활동을 효과적으로 지원하여 학교교육의 질적 수준을 높이기 위하여, 하나로 통합된 세입재원을 학교장 책임하에 교직원 등의 예산요구를 받아 단위학교의 우선순위에 따라 자율적으로 세출예산안을 편성하고 학교운영위원회의 심의를 거쳐 집행하는 제도다(교육인적자원부, 2003: 127).

학교회계의 예산 편성은 회계연도 개시 3개월 전인 11월말까지 관할청으로부터 단위학교에 학교회계 예산편성 기본 지침이 시달되는 것으로부터 시작된다. 즉, 학교회계예산편성 기본지침의 시달 → 학교 교육과정계획서 초안 작성 → 학교 재정규모 추정 → 예산편성회의 → 연간 총전입금 교부계획서 통지 → 예산의 조정 및 예산안 확정·제출 → 예산심사소위원회 구성 → 학교장의 제안 설명 및 관계자 의견 청취 → 예산심의 결과 송부 → 예산확정과 공개라는 다소 복잡한 과정을 거친다. 이렇게 예산이 확정되고 나면, 단위학교에서는 학교운영위원회의 심의를 거쳐 회계연도 개시와 함께 소요 경비를 지출하는 예산의 집행이 이루어진다. 이후, 매 회계연도가 종료하는 시점을 기준으로 단위학교의 재정 활동 전반에 대한 학교회계 세입·세출 결산이 이루어지게 된다. 이와 같이 단위학교에서는 학교회계의 예산과 집행 결산이라는 과정을 통해 당해 회계연도내의 교육활동을 지원하게 된다.

1) 학교회계 세입예산의 구조

학교회계 세입은 교육비 특별회계 전입금, 선택적 교육수입, 자체수입, 학교발전기금 전입금, 보조금 및 지원금, 이월금 등으로 확보된다.

- **교육비특별회계 전입금** : 시·도교육청의 교육비 특별회계에서 단위학교에 재원을 할당하여 배분하는 금액이다. 교육비 특별회계 전입금은 학교교육비와 목적사업비로 분류할 수 있다. 교육비특별회계전입금은 교육청에서 목적지정 없이 총액으로 교부하는 학교교육비와 단위학교의 특정사업 수행을 위해 지원되는 목적사업비로 구성된다.
- **선택적 교육 수입** : 선택적 교육 수입은 학교운영위원회의 심의를 거쳐 조성·운영하는 학부모 회비인 학교운영지원비, 현장학습·학생수련활동·학교급식·특기적성교육활동·졸업앨범·청소년단체활동·기타 수익자부담(생활관 사용, 기숙사 운영, 스쿨버스 운영 등) 경비로 등으로 구성된다. 학부모가 부담하는 경비인 선택적 교육 수입은 당해 교육활동의 수익자에게 징수하여 당해 목적에만 사용하도록 되어 있으므로 사업별로 각각의 목으로 편성하여 별도의 계정으로 관리한다.
- **단위학교의 자체 세입** : 학교의 자체수입은 사용료 및 수수료와 기타 수입으로 구분할 수 있다. 사용료는 체육시설이나 교실 등 학교의 행정재산을 사용·수익 허가하는 경우에 발생하는 수입 및 물품을 대부하는 경우에 발생하는 수입을 말하며, 수수료는 각종 증명 수수료 징

수 규칙과 조례 또는 규칙에 의하여 징수하는 각종 수수료를 말한다. 기타 수입은 실습물 매각 대금, 불용물품 매각 대금, 예금 이자, 기타 관할청이 학교 자체 수입으로 정하는 수입을 말한다.

• **학교발전기금** : 별로도 학교발전기금회계가 설치되어 있어 학교운영위원회가 주체가 되어 기금을 조성하고, 학교운영위원장이 집행하는 등 학교회계와 운영주체가 다르다. 그러나 회계가 분리되어 있어도 학교운영위원회의 의결로 조성된 발전기금을 학교회계로 전출할 경우 학교장은 학교회계에 편성하여 학교발전기금을 집행할 수 있다.

• **보조금 및 지원금** : 국가 또는 지방자치단체 등에서 부담하는 교육경비 보조금 및 지원금을 의미한다.

• **이월금** : 전년도 학교회계에서 발생한 이월금 등이 학교회계의 세입예산으로 구성된다.

2) 학교회계 세출예산의 구조

단위학교는 학교별로 다양한 예산제도를 원용하여 지출계획을 수립할 수 있으며, 또 각 품목에 어떠한 내용이 해당되는가 하는 품목 기준도 학교의 실정에 따라 다를 수 있다. 학교회계의 세출은 주로 인건비, 학교운영비, 수익자부담경비, 예비비로 구성된다.

• **인건비** : 학교 직원에게 지출되는 경비로서 교직원 인건비와 기타직 인건비로 분류된다. 교직원 인건비에는 매월 월정액으로 지급되는 교원 연구비와 제수당이 있다. 기타직 인건비는 비정규 직원의 인건비 및 각종 부담금과 퇴직적립금 등으로 구성된다. 국·공립학교의 경우 교직원 인건비는 교육과학기술부 소관 일반회계 및 시·도교육비 특별회계로 편성되므로 교직원의 봉급, 정액수당, 상여금, 복리후생비 등은 학교를 통해 지급되는 경우가 있다 할지라도 학교에서 예산을 편성해 집행하는 개념이 아니기 때문에 학교예산이라고는 볼 수 없다.

• **학교운영비** : 학생복리비, 교수-학습활동비, 일반 운영비 등으로 분류할 수 있다. 학생복리비는 학생들의 복지나 자치활동을 위해 지출되는 경비로 학교안전공제회비, 보건체육비, 장학금, 학생자치활동 지원경비 등이 포함된다. 교수-학습활동비에는 학습 준비물 구입, 실험실습 기자재 구입, 교육행사 등 교육과정 운영과 관련된 비용 등이 포함된다. 일반 운영비 중 공통운영비에는 학교 기본 운영에 소요되는 일반 행정비(공과금, 여비, 수용비, 연료비 등), 업무추진비(직책급 업무추진비, 일반 업무 추진비 등), 비품 취득비(각종 소모성 비품 및 고정자산의 취득비)가 포함된다. 시설비는 학교시설의 유지・보수와 관련된 비용을 의미한다. 시설비도 교육청이 주체가 되는 대규모 시설비는 학교회계의 세출에 포함되지 않는다.

• **선택적 교육 수입** : 당해 교육 활동의 수익자에게 징수하여 당해 목적에만 사용하도록 되어 있으므로 사업별로 편성하여 별도의 계정으로 관리한다. 그러므로 수익자부담경비인 선택적 교육수입에서 지출되는 경비는 인건비, 운영비 등 그 내용에 관계없이 해당 수익자 부담 경비의 목에 계상한다.

• **예비비** : 예측할 수 없는 예산 외 지출 또는 초과지출에 충당하기 위한 예산으로, 예산 중 일부분에 대하여 구체적 사용 목적은 정하지 아니하고 총액으로서 예산에 계상할 수 있는 합법적인 경비다.

3) 지방교육 행・재정 통합시스템의 운영

교육과학기술부는 2008년 7월 성과주의 재정운용을 위해 지방교육 재정업무의 전체 처리과정(교과부-교육청-단위학교의 예산・집행・결산)을 한 눈에 볼 수 있도록 사업별 예산과 복식 회계법을 도입하여 자동화 하는 '지방교육행・재정 통합 시스템(EDUFINE)'을 구축・하였다. 학교회계시스템에는 사업관리, 예산관리, 수입관리, 지출관리, 세무관리, 발전기금관리, 세입세출외현금관리, 예산결산, 재무결산 등으로 구분하여 사용자에 따라(교과부/교육청 담당자, 학교 행정가, 교사, 행정실 등) 이를 관리하도록 하고 있으며, 교사에게도 대부분의 업무에 대하여 조회 권한이 부여되어 있다. 이러한 디지털 학교회계시스템의 도입으로 교사는 교육목표와 세부사업이 어떻게 연계되어 있는지, 예산 및 집행 내역은 어떠한지 등에 대한 조회가 가능하다. 따라서 교사는 교육사업 및 교육과정 운영 등에는 어느 정도의 재정이 배분되고 교사는 어느 정도를 사용할 수 있는지, 학교 및 학급 단위에서 필요한 사업은 무엇인지 등을 고민하면서 교육 재정, 특히 단위 학교 재정에 대한 관심과 이해를 넓혀 가야 할 것이다.

참고문헌

교육인적자원부(2003). 『2003년 지방교육재정운용편람』. 서울 : 교육인적자원부
김홍주 · 한유경 · 김현철(1998). 『한국의 교육비 조사연구』. 서울: 한국교육개발원
박병량 · 주철안(2005). 『학교학급경영』. 서울 : 학지사
박세훈 외(2008). 『교육행정 및 교육경영』. 서울: 학지사
손영환 · 신수균(2009). 『교육행정 및 교육경영』. 서울 : 문음사
윤정일(2000). 『교육재정의 이론과 실제』. 서울: 세영사
윤정일 · 송기창 · 조동섭 · 김병주(2008). 『교육행정학원론』(제5판). 서울: 학지사
정제균(2002). "단위학교 재정평가에 관한 연구". 전북대학교 대학원 박사학위논문
주삼환 외(2005). 『교육행정 및 교육경영』. 서울: 학지사
천세영(2001). 『한국교육과 교육재정연구』. 서울: 학지사
한국교육재정경제학회(2001). 『교육재정경제학 백과사전』. 서울: 하우동설

제12장

학교경영관리

학교경영은 학교 교육의 목표를 설정하고 그것을 실현할 교육 활동을 실천, 분석, 평가해 나가는 일련의 반복적 과정이다. 즉, 학교경영은 학교 내·외의 인적·물적 자원에 대하여 계획하고, 조직을 구성하여 합리적·합목적으로 학교를 운영해 나가는 연속적 과정인 것이다.

학교경영의 영역 및 그 과정은 교육목표 및 제반 환경에 기초한 계획 수립, 교육과정 편성·운영, 교내 장학, 교직원과 학생의 인사관리, 학교의 사무 처리, 시설·설비 및 환경 관리, 재정 운영, 학부모 및 지역사회와의 대외적 유대 형성에 이르기까지 매우 다양하고 포괄적이다. 이들 광범위한 영역 가운데 이번 장에서는 학교경영의 개념과 그 영역, 관리기법, 인적·물적 자원의 관리 등 학교경영의 실제에 대하여 살펴본다.

1. 학교경영의 개념

학교경영이란 학교장을 중심으로 하는 정규의 교육조직체 내지 단위 교육기관으로서의 학교를 운영·관리하며, 변화하는 환경 속에서 이를 유지·발전시켜 나가기 위한 일련의 봉사활동(한국중등교육협의회, 1985; 윤정일 외, 2008; 371 재인용)이며, 어떤 학교가 목적을 수립하고, 수립된 목적을 달성하기 위하여 자원을 확보하고, 이를 배분하여 효율적으로 활용하고, 목표 달성을 극대화하기 위하여 계획·운영·평가하는 일련의 활동이다(박종렬, 1989; 윤정일 외, 2008; 371 재인용). 또한 학교경영은 단위학교, 특히 초·중등학교에 있어서 교육목표를 설정하고 그것을 달성하기 위한 프로그램 및 인적·물적·기타 지원조건을 정비하고 확립하여 목표달성을 위한 계획과 결성, 집행과 지노, 통제와 평가 등을 포함하는 일련의 활동을 지칭하며 학교조직 내에서의 집단적 협동행위를 위하여 효과적으로 지원하는 것을 본질로 하는 작용이다(김종철, 1992). 이와 같이, 학교경영이란 단위학교를 기점으로 학교 교육의 목적이 무엇인가를 수립하고, 이를 실현하기 위한 교육 활동을 계획·실행하며, 평가· 분석하는 일련의 연속적 과정인 것이다.

학교경영은 주로 학교행정, 학교관리, 학교운영 등의 용어와 유사하게 사용된다.

학교행정은 단위학교의 교육목적을 달성하기 위한 구체적인 지원활동이라고 정의할 때, 학교경영은 학교운영의 구체성과 효율성을 강조하는 맥락에서 선호하는 용어라 할 수 있다(박세훈 외, 2008). 학교관리는 법을 근거로 교육 조건을 통제하는 것으로 학교의 교육 활동을 위하여 인사, 재정, 법규, 시설 등을 효과적으로 운영하는 데 초점을 두었고, 학교운영은 교육 프로그램이 수행되는 과정 자체에 좀더 초점을 둔 것으로 이해할 수 있다(한국교육신문사, 2008; 26). 그러나 이들 개념은 일반적으로 서로 혼용하여 사용되고 있으며, 교육경영은 과학적 합리성과 효율성에 초점을 두었다 할 것이다.

2. 학교경영의 영역

학교경영의 영역은 교수-학습의 전 영역에 대한 포괄적인 활동으로 상호간에 긴밀한 관련을 가지고 있어서 명확한 구분을 하기는 어려우나 일반적으로 교육행정의 영역을 바탕으로 학교경영활동 내용을 구분하고 있다.

학교경영 영역에 대해 Griffiths(1970)는 수업과 교육과정개발, 교직원 인사, 학생인사, 재정과 사무관리, 학교시설건물과 봉사, 학교와 지역사회의 관계로, Lipham과 Hoea(1974)는 학교경영 영역을 교수프로그램, 교직원인사, 학생인사, 재정과 시설, 지역사회 관계의 5개 영역으로, Hughes와 Ubben(1978)은 학교·지역사회 관계, 교직원 인사개발, 학생인사 개발, 교수프로그램, 사무와 건물관리의 5개 영역으로, Loe와 Drske(1980)은 수업, 교육과정, 학생, 교직원, 지역사회, 재정, 공간의 7개 영역으로, Gorton(1983)은 교직원인사, 학생인사, 지역사회와 학교 관계에서의 지도성, 수업과 교육과정개발, 학교재정과 사무관리, 학교시설건물, 일반적 과업 등으로 각각 구분하였다(손영환·신수균, 2009: 283-284). 또한 백현기(1989)는 시설과 설비 등 물적 자원의 정비와 유지활동, 인적자원인 교직원의 유기적 조직과 학생의 기능적 편성활동, 학교의 전체 편성에 관한 활동, 학교의 안전·질서를 유지하기 위한 관리활동, 각종 교무사무 활동, 가정 및 각종 사회단체와의 섭외활동으로, 김종철 등(1990)은 경영목표 영역, 교직원 인사와 인관관계 영역, 아동·학생 지도 영역, 시설·재무·사무 등의 관리 영역, 지역사회관계 영역의 6개 영역으로, 윤정일 등(2008)은 이들 영역 외에 교육정보화 영역, 학생보건 및 복지 영역, 교육복지 영역 등을 추가로 구분하였다.

이와 같이, 학교경영 영역은 목표를 수립하고, 수립된 목표를 달성하기 위하여 인적, 물적, 재정적, 교육적 자원을 확보하고 배분·활용하기 위해 계획, 운영, 평가하는 데 관련된 전 영역으로 볼 수 있다. 즉, 학교경영 영역은 학교경영의 계획, 인적·물적·재정적·교육적 자원의 확보와 활용, 학교경영의 평가 영역으로 크게 구분할 수 있는 것이다.

1) 학교경영 계획

학교경영계획은 학교교육의 출발점이다. 학교에서는 봄방학 중에 신학년도의 1년간에 걸쳐 학교를 경영할 계획을 세워 미래지향적, 발전적, 합리적인 학교경영을 가능하게 하고 평가의 기준으로 학교의 성과를 측정할 수 있도록 한다(윤정일 외, 2008: 377).

학교경영계획의 구체적인 내용을 담고 있는 학교교육계획서는 학생, 학부모, 교직원이 함께 공유하고 설정한 비전과 교육 목표에 따라 학교교육력을 높이고 학생을 효과적으로 교육하도록 하기 위한 것이다. 교직원은 학교교육계획을 통해 연간 학사일정 및 타 부서·학년·교과의 업무를 파악하고, 자신이 담당하는 업무를 계획 내용과 같이 운영하는 데 도움을 받을 수 있다. 학부모는 학교 운영 내용을 파악하여 자녀 교육에 참고하고, 학교 운영에 협조하며, 학교 운영에 대한 요구를 할 수 있는 기본 자료로 활용 할 수 있다. 또한 학교운영위원회 위원, 장학사, 지역사회 인사들이 학교의 교육활동을 알아볼 수 있는 중요한 자료가 된다.

교육계획을 수립할 때는 모든 교직원의 참여를 유도하고 학교 구성원의 의견을 수렴하는 등 민주적 의견 수렴 절차를 거쳐 수립한다. 교육계획은 중장기 학교발전계획을 토대로 하며, 학교의 실정과 법령, 교과부 및 교육청의 정책 방향과 지침, 지역사회의 요구 등을 분석하여 반영하여야 한다. 교육계획서에는 학교 교육의 목표 달성을 위해 관련된 학교 경영의 모든 요소(조직, 인사, 예산, 시설, 교육과정 운영, 평가계획 등)를 통합적으로 포함하여야 한다. 학교 교육서의 체제는 다소간 차이는 있으나 일반적으로 학교장 경영관 및 교육목표, 중장기 학교 발전 계획, 전년도 교육활동 평가, 신학년 교육계획 수립을 위한 의견 수렴 및 환류 노력, 학교교육과정(교육과정 전반 내용, 교과별 교육과정, 교과별 평가 계획), 교육 활동별 업무 추진 계획, 역점 사업 및 특색 사업, 교육활동별 업무 추진 계획, 역점 사업 및 특색 사업, 학교 예산, 학교의 여건 등으로 구성되어 있다.

2) 인적 · 물적 · 재정적 · 교육적 자원의 확보와 활용

인적 · 물적 · 재정적 · 교육적 자원의 확보와 활용에 관련된 학교경영 영역은 대단히 광범위하다. 우선, 인적 자원으로 교사와 학생의 인사관리, 물적 자원인 시설과 설비 관리, 재정 자원인 재무관리, 교육적 자원인 교육과정 관리, 조직관리, 문서관리 등의 영역으로 보다 세분화할 수 있다. 이들 제 영역에 대해서는 제4절 학교경영의 실제에서 살펴본다.

3) 학교경영 평가

학교경영 평가는 학교경영의 전 과정을 대상으로 교육목표를 얼마나 달성하였는가를 알아보는 것으로(박세훈 외, 2008; 383), 학교경영의 가치를 판단하기 위한 준거와 기준을 개발하고 관련 자료를 수집하여 기준에 비추어 학교경영의 가치를 판단하는 활동이다(한국교육신문사, 2008; 44). 학교행정가는 학교경영 평가를 통해서 경영활동의 성취도를 확인하고 학교경영의 문제점을 확인할 수 있으며, 학교경영의 개선과 의사 결정을 위한 정보를 제공받고 경영의 책무성을 확인할 수 있다. 학교경영 평가의 주된 목적은 학교 간의 단순 비교나 무의미한 경쟁 유발이 아니라 단위 학교의 책무성을 제고하고 교육방법을 개선하여 교육의 질을 높이는 데 있다. 또한 학교 구성원이 자기 학교의 교육이 어떻게 수행되고 있는지를 파악할 수 있는 기회를 갖도록 하고, 그것을 통해 학교 교육의 개선을 위한 자발적 노력을 유도하려는 것이다. 학교 경영 평가는 자체 평가와 방문 평가가 병행되며 학교의 배경, 학교교육의 투입, 과정, 결과를 반영한 총체적 모습을 평가한다. Stufflebeam 등(1971)은 평가의 목적을 의사결정을 돕기 위한 정보 제공으로 보고, 이를 위해 다음의 [그림 12-1]과 같이 평가체제를 배경평가(context evaluation), 투입평가(input evaluation), 과정평가(process evaluation), 산출평가(output evaluation)로 제시하였다(박세훈 외, 2008; 383-386).

투입평가	과정평가	산출평가
· 인적 자원 (교사, 학생) · 물적 자원 (시설, 운영비 등) · 지식과 정보 (교육과정 등)	· 목표 : 학교 · 학년 · 학급 경영목표 · 계획 : 목표 설정, 실행, 평가계획 · 조직 : 교직원조직, 보직교사조직 교과운영조직, 교무분장조직 · 교육활동 : 교수 학습활동, 학교경영활동 · 학교와 지역사회의 관계활동	· 학생평가 · 교사평가 · 경영평가

피드백

[그림 12-1] 학교경영 평가체제

• **배경평가**: 교육, 경영목표의 설정을 포함한 경영계획을 수립하고, 경영의 여러 결정과정의 타당성을 평가한다.

• **투입평가**: 교육목표 달성을 위하여 인적 · 물적 · 재정적 운영 등과 같은 제 자원의 활용방법을 결정하는 데 정보를 제공한다. 평가내용으로는 교직원 및 학생수, 시설 투자액, 연구 · 연수비, 학교운영비, 주당 교과시간, 수업일수, 교원의 전문적 능력, 학생의 질적 수준, 전년도 교육목표 달성도 등과 같은 요소를 들 수 있다.

• **과정평가**: 모든 활동과 절차가 계획대로 운영되고 있는가를 평가하여, 현장의 담당자에게 시정 조치하는 역할을 한다. 평가내용으로는 학급수준, 학년수준, 학교수준으로 구분하여 교과진도, 학습자료 이용, 교재 연구 및 학습 준비, 생활지도, 교사 간 협조, 학년 경영계획 실천 과정, 교육과정 운영의 합리성, 지원 및 관리 자료의 효율성, 대외협조 관계 등을 예시할 수 있다.

• **산출평가**: 학교경영의 성과를 종합적으로 판단하는 과정이다. 평가 내용은 학급수준, 학년수준, 학교수준으로 구분하여 학업성취도, 학습 태도 및 행동 발달, 학습 흥미, 기초 학습 능력, 교사의 수업 기술, 교사 간 협조, 학년경영 참여도, 교수-학습 자료 및 매체 활용도, 교육 및 경영 목표 도달도, 학업성취도 및 진로지도 성과, 예산관리의 적합성 및 관리제도의 과학성, 학부모 · 지역사회의 반응도 등을 들 수 있다.

3. 학교경영의 기법

학교의 운영 계획을 수립하고 이를 실천하는 데 도움을 줄 수 있는 다양한 기법들을 적절히 활용하는 것은 중요하다. 과학적 · 합리적 경영 기법들을 통해 계획하고 운영하는 것은 계획의 질과 효율성을 증대시킬 수 있을 것이다. 학교를 합리적으로 경영하는 방법으로는 적절한 조직의 목표를 설정하고 관리하는 방법, 정보를 제공 · 관리하는 방법, 미래 상황을 예측하여 대비하는 방법, 계획을 추진하는 과정을 설계하는 방법, 예산을 편성하는 방법 등이 있다. 합리적 · 효과적인 학교 경영을 위해 활용할 수 있는 기법들을 살펴본다.

1) 목표관리기법

목표관리기법(MBO: management by objectives)은 Drucker(1954)에 의해 최초 소개되고, Ordiorne(1965)에 의해 널리 알려졌다.

Ordiorne(1965)은 목표관리란 상하관리자들이 협조하여 공통 목표를 설정 · 명확히 하고, 각자의 책임의 한계를 규정하며, 이것을 조직의 운영지침으로 활용하고, 그에 따라 조직구성원의 업적을 평가하는 과정이라고 정의하였다(박병량 · 주철안, 2005: 319). 즉, 목표관리란 상급자에 의한 일방적인 업적평가 대신 조직 구성원 스스로 혹은 상급자와의 협의해 의해 양적으로 측정 가능한 구체적·단기적인 업적 목표를 설정하고, 업적 목표 달성의 정도를 평가·보고한다는 관리제도이다(한의영, 1987; 박병량·주철안, 2005; 320 재인용).

교육경영에 적용하는 목표관리의 절차에 대하여 Hoy와 Miskel(1982)은 교육목적의 개발, 각 지위에 따른 목표 수립, 목적에 따른 목표의 통합, 측정 및 통제절차의 결정이라는 4단계로 구분하였다.

이와 같이, 목표관리기법은 조직의 구성원들이 함께 참여하여 조직의 목표를 설정하고, 목표를 달성하기 위해 활동하며, 결과에 대한 책임으로 보상을 받는 경영 방법이라 할 수 있다. 조직은 목표관리기법을 통해 목표설정, 목표달성을 위한 적극적 참여와 활동, 최종 산출물에 대한 책임과 보상이라는 전 과정에 구성원을 참여시킴으로써 구성원의 동기를 유발하고 조직의 효율성을 증진시킬 수 있다.

그러나 학교경영 기법으로 목표관리를 적용하는 것은 단기적·구체적 목표의 지나친 강조, 측정가능하고 계량적인 교육목표의 설정과 평가에 따른 학교교육의 오도 가능성, 목표 설정과 성과보고에 소요되는 교사의 잡무 부담 가중 등이 장기적이고 전인적인 목표를 내세우는 학교교육활동에는 부적합한 측면이 있다는 것이 문제점으로 지적되었다(윤정일 외, 2008; 391).

2) 정보관리체제

정보관리체제(MIS: management information system)는 의사결정자가 합리적인 결정을 내릴 수 있도록 필요한 정보를 적시에 신속하고 정확하게 제공하는 체제를 말한다. 즉, 경영관리를 위해서 필요한 각종 정보를 수집·분류·정리·분석·평가·축적하였다가 효율적으로 활용하는 정보관리의 체제라 할 수 있다. 정보란 사용자에게 의미 있고 의사결정에 도움을 주는 가치 있는 자료, 특정 목적에 대해 의미 있는 사실 또는 지식을 말한다. 이 기법은 규모가 크고 구조가 복잡한 현대 조직의 운영에 있어서 필수적인 것으로 인식되고 있다. 현대의 모든 조직은 처리·활용해야 할 수많은 정보를 가지고 있으며, 의사결정을 위해 관련 정보를 체계화하고 수시고 활용하는 일을 절대적으로 필요로 하는데, 이러한 의사결정의 효율화를 위한 자료와 정보 흐름의 조직 형태가 바로 정보관리체제인 것이다. 정보관리체제의 핵심적 과제는 필요한 자료를 정보화 하는 일이다. 조직이 요구하는 조건이 무엇인지를 확인한 후 목적과 목표의 분석, 의사결정 목록 개발, 필요한 정보 분석, 자료수집체제 구안, 소프트웨어 개발, 하드웨어의 요구 조건 설계 등의 과정을 거쳐 정보관리체제를 설계한다(한의영, 1987, 윤정일 외, 2008; 405-407).

정보처리의 효율화를 위한 정보관리체제는 학교 조직에서 다양하게 활용될 수 있다. 현재 단위학교 및 교육행정기관의 행정 정보와 업무 처리를 위해 개발된 교육행정 정보시스템(NEIS: national education information system)은 학교 경영에 활용되는 대표적인 정보관리체제다. NEIS는 교육행정의 주요 업무, 법률정보, 학교현황, 입학·진학, 교육과정과 장학정보, 교무·학사, 교원인사, 급여, 제증명, 시설·물품·교구·기자재 현황 및 관리, 예산, 회계, 급식, 보건·체육, 평생교육, 검정고시 등과 관련된 세부 자료들을 수집·분석·정리하였다가 교직원, 학부모, 행정가가 필요로 하는 정보를 효율적으로 활용할 수 있게 하였다.

3) 미래예측기법

미래예측기법은 미래의 행동노선을 설정하는 데 대한 계획이다. 어떤 지속적인 법칙성이나 재현성에 기초를 두고 설명할 수 있는 근거를 마련하여 미래를 내다보는 것을 예측(forecasting)이라 한다(Bell, 1976; 박병량·주철안, 2005; 317 재인용). 조직에서는 이러한 실증적인 자료에 입각하여 장래의 상황을 예측하고 이에 대해 대비·계획하게 된다.

미래를 예측하는 기법으로는 인간의 판단과 질적 정보에 기초한 질적 예측방법과 통계적·수량적 모형 분석에 기초한 양적 예측방법이 있다. 질적 예측방법으로는 역사적 유추법(historical analogy), 위원회 토의법(panel consensus), 델파이 기법(delphi technique) 등이 있다. 질적 예측방법은 추정하려는 문제와 관련된 모든 정보와 판단을 종합적으로 고려할 수 있으며, 이해가 용이하고 사용이 간편하다는 장점이 있으나, 주관 혹은 편견 등이 개재될 가능성이 높고 어떤 규칙성에 입각한 객관적인 설명의 근거를 제시하기 어렵다는 약점이 있다. 양적 예측방법에는 시계열분석(time series analysis), 인과분석기법 등이 있다. 양적 예측방법은 예측의 타당성을 높여준다는 장점이 있기는 하지만, 실제 함수관계의 설정이나 자료수집이 어렵다는 단점도 있다.

미래의 상황을 예측하여 계획적인 학교경영을 할 수 있게 하는 미래 예측기법은 학교의 인적 자원을 확보·배치하고, 재정 및 물적 자원의 소요치를 예측 하는 데 활용되기도 하고, 정책이나 방침을 결정하는 데 있어서의 시사점을 얻기 위한 과정으로 이루어지기도 한다.

4) 선망관리기법

선망관리기법(Network-based management procedures)은 과업의 상호 관련성과 진행과정을 시간관계에 따라 선망(network)으로 구성하여 중요한 과업을 계획·관리하는 데 사용하는 관리도구이다(Bruckner, 1970; 박병량·주철안, 2005; 322 재인용).

선망관리기법의 작성은 분석과 과업선망작성의 두 단계로 이루어진다. 분석단계에서는 임무, 기능, 과업, 방법-수단 등에 대한 분석이 이루어진다. 과업선망작성단계에서는 분석결과를 바탕으로 최종목표에 이르기까지의 활동들에 대한 선후관계, 연계성, 상호작용, 상호의존관계 등을 드러낼 수 있도록 시간 혹은 경비 등에 따라 종합적이고 체계적인 과업 선망을 작성하게 된다. 이와 같이 작성된 과업선망은 계획적인 관리의 시각적 의사소통의 매체가 되어 여러 가지 복잡한 작업 활동을 일목요연하게 파악할 수 있게 한다. 또한 관리자에게 복잡한 과업수행 과정을 효과적·효율적으로 관리할 수 있는 지침을 제공하며, 개인과 집단의 책임을 과업과 관련하여 분명히 제시해 준다.

대표적인 선망관리기법으로는 갠드도표(Gantt bar chart), 이정도표(Milestone chart), 진행도표(Flow chart), 계획평가검토기법(PERT) 등이 있다.

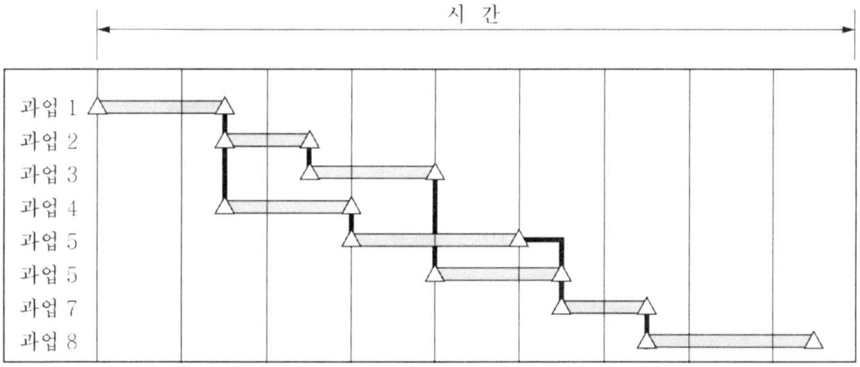

[그림 12-2] 진행도표

갠드도표는 시간단계에 따라 과업활동을 계획하고 관리하기 위해 과정 중심으로 작성된 선망조직으로 과업의 시간계획과 진행상황을 나타내어 일차적으로 계획된 과업의 진도를 측정하기 위해 사용된다. 이정도표는 시간단계에 따라 일어나는 사건(과업의 시작과 끝)을 계획하고 관리하기 위하여 결과 중심으로 작성된 선망조직이다. 갠드도표와 이정도표는 과업의 상호관련성과 계열성이 도표에 드러나지 못하는 제한점이 있다. 이러한 제한점을 극복하여 시간단계에 따른 논리적 순서를 계획하고 시각적으로 나타낸 기법이 진행도표이다. 진행도표는 활동 간의 상호관계를 규정하고 상호 의존성을 이를 시각적으로 나타내고 있다. 계획평가검토기법은 보다 발전된 기법으로, 달성해야 할 목표와 목표달성을 위한 활동과 과업, 그리고 이들에 선행해서 이루어져야 할 사항들을 논리적 순서와 관계로 배열하며, 진행과정을 시간단계나 비용 측면에서 직선 혹은 병렬적 선망조직으로 작성하는 계획도라 할 수 있다.

5) 예산편성기법

예산을 편성하는 기법은 다양하다. 대표적인 예산편성기법으로 품목별 예산제도(Line item budgeting system), 성과주의 예산제도(Performance budgeting system), 기획예산제도(Planning-programming budgeting system), 영기준 예산제도(Zero-based budgeting system) 등이 있다.

품목별 예산제도는 지출대상을 품목별로 세분화하여 지출 대상과 한계를 명확히 규정하여 금액으로 표시하는 제도이다. 이는 세출예산의 엄격한 사전·사후 통제가 가능하고, 회계책임을 분명하게 할 수 있으며, 예산에 대한 자유재량 행위를 제한할 수 있고, 차기 예산을 편성하는 데 필요한 정보를 얻을 수 있다는 장점이 있다. 반면, 지나치게 자유재량을 제한하여 예산집행시 예상치 못한 사태에 신축적으로 대응하기 어렵고, 세부적인 지출대상에 중점으로 두기 때문에 사업의 전체적인 개요를 파악하기 어렵게 하며, 예산편성시 예산항목에만 관심을 가지기 때문에 사업의 우선순위를 등한시할 수 있다는 단점이 있다. 학교회계 예산의 경우 법령이나 지침에 의해 지출한계가 명확히 규정된 사업이나 예산항목(교직원 인건비, 학교회계 직원 인건비, 특정 업무비 등)은 품목별 예산제도에 따라 예산을 편성함으로써 회계책임을 분명히 할 수 있다.

성과주의 예산제도는 예산과목을 사업계획이나 활동별로 분류하여 비용을 책정하는 방식이다. 종래의 품목별 예산제도가 물품의 종류와 수량만을 표시하는 데 치우쳐 구입 목적을 밝히지 못하고 이로 인해 사업의 성과나 내용을 파악할 수 없다는 단점을 극복하기 위해 고안된 제도로 사업계획의 목적에 따라 비용을 책정하고, 이 비용의 범위 내에서는 각 품목 간 상호 융통을 허용한다. 성과주의 예산제도는 기능, 기관, 사업계획별로 분류되고 업무의 측정단위와 업무량까지도 표시되므로 그 조직이 어떠한 사업을 어떻게 추진하고 있는지를 일반인들도 용이하게 이해할 수 있고, 계획수립이 용이하며, 예산심의가 편리하고, 예산집행에 있어서 융통성을 기할 수 있다는 장점이 있다. 그러나 업무측정 단위나 단위원가의 계산이 곤란하고, 회계책임이 불분명하며, 성과측정이 어렵다는 단점도 있다. 최근 학교예산 편성의 기본 지침(서울시교육청 2010 학교회계 예산편성 지침 등)에는 정책사업, 단위사업, 세부사업의 구조를 가지는 사업별 예산제도가 기본적으로 활용되고 있다. 이를 통해 각각의 세부사업에 대한 필요성, 목표, 비용 등이 명확히 제시·관리되어 학교예산이 단위학교 교육활동에 대한 재정계획서 역할을 하고 있다.

기획예산제도는 기본계획과 구체적인 계획을 수립하고, 이를 달성할 수 있는 최적의 프로그램을 선정하여 추진계획을 수립하고, 예산 계획을 수립하여 계획의 성공 여부를 분석·평가하는 일련의 과정 속에서 이해되어야 한다. 즉, 단편적인 예산편성 기법이라기보다는 합리적 조직의 목표를 설정하고, 목표 달성을 위한 계획과 행동 과정, 자원 배분을 수립·설계하여 조직 목표를 효과적·효율적으로 달성하기 위한 체계적인 기법이라 할 수 있다. 기획예산제도는 사업계획의 목적, 대안, 효용 및 소요자원이 잘 연결되어 있어 중앙집권적 의사결정이 용이하고, 장기적인 사업계획의 신뢰성을 높일 수 있는 예산제도로 다년도 사업에 효과적으로 적용할 수 있다. 단위학교의 급식설비 확충 3개년 계획, 컴퓨터실 확충 5개년 계획, 인성교육 프로그램 등과 같이 지속적으로 몇 년간 예산 투입이 필요한 경우 활용하면 효과적이다. 기획예산제도는 계획의 합리성을 증진시켜 예산의 절약과 지출의 효율화를 도모할 수 있다는 점에서 학교경영체제를 효율화하는 중요한 기법으로 활용할 수 있다.

영기준 예산제도는 예산편성시 전년도 예산에 구애받지 않고 모든 사업이나 활동에 대해 새롭게 검토하여 우선순위를 설정한 수 이에 따라 자원을 배분하는 방식이다. 예산을 편성할 때 전년도 예산은 아주 없는 것으로 보거나 전혀 고려하지 않고 모든 사업을 계획목표에 맞추어 재평가하며, 그 우선순위에 따라 예산을 편성하게 된다. 따라서 전년도 예산을 그대로 답습하지 않기 때문에 재정의 경직성을 극복할 수 있고, 우선순위가 낮은 사업에서 우선순위가 높은 사업으로 재원을 전환함으로써 합리적인 예산배분을 가능하게 한다. 그러나 영기준 예산제도는 모든 사업과 활동을 영(zero)의 상태에서 분석해야 하므로 시간과 노력의 부담이 과중하며, 우선순위를 결정하는 데 어려움이 있다. 영기준 예산제도는 학교가 시행하고 있는 사업 가운데 실효성은 떨어지고 성과가 저조함에도 불구하고 전년도 교육계획을 답습해 왔기 때문에 계속 유지되는 사업을 선별·정리하는 데 유용하다(윤정일 외, 2008; 392-405).

4. 학교경영의 실제

학교경영 영역은 매우 다양하며 학교경영의 실제는 학교급별, 종별, 단위 학교의 상황, 단위학교를 둘러싼 환경 등에 의해 더욱 복합적이고 다양하게 다양하고 이루어진다. 본 절에서는 학교경영을 위한 제 조직, 인적·물적 자원의 경영 영역, 사무 관리 등의 일반적 내용을 살펴본다.

1) 학교경영 조직

학교의 모든 조직은 일차적으로 교수-학습을 원활하게 하는 데 목적을 두고 운영된다. 학교경영 조직은 교장·교감·보직교사로 이어지는 계선조직과 직원회, 기획위원회, 교원인사자문위원회, 학교운영위원회 등과 같은 참모조직으로 구성된다.

학교경영조직은 일반적으로 운영조직과 교수-학습조직으로 이원화하기도 하고, 교육조직과 운영조직, 사무조직으로 삼원화하여 구분하기도 한다. 운영조직에는 교무분장 조직과 각종 위원회 조직이, 교육조직에는 학급 및 학년 조직, 특별활동 조직 등이 포함된다. 교수-학습 및 학교경영의 효율을 높이기 위한 의결과 참모 기능을 수행하는 일련의 조직들을 살펴본다.

(1) 운영 조직

• 교무분장 조직

교무분장 조직은 학교경영에 필요한 전반적인 사무나 일을 분담하여 처리하는 대표적인 계선조직이다. 다시 말해, 교원의 고유 업무인 교육에서 파생된 각종 업무를 최종 책임자인 교장으로부터 그 권한과 책임을 위임받아 교감, 보직교사, 교사 등이 분담하여 처리하는 조직을 교무분장 조직이라 한다.

교무분장조직을 하는 데 있어서는 가능한 한 구성원의 개성, 적성, 희망 등을 고려한 적재적소의 배치, 다양한 경험을 얻도록 하기 위한 업무의 변화, 사무의 공평한 부담을 위한 공정성 등을 고려하여야 할 것이다(백현기, 1964; 윤정일 외, 2008; 424 재인용).

학교별 교무분장 부서의 수는 「초·중등교육법 시행령」제33조 내지 35조와 「유아교육법 시행령」제23조에 따른 학교별 보직교사의 수에 따라 결정되므로 학교급별과 종별, 학교규모, 학교장의 경영방침 등에 따라 다양하게 구성된다.

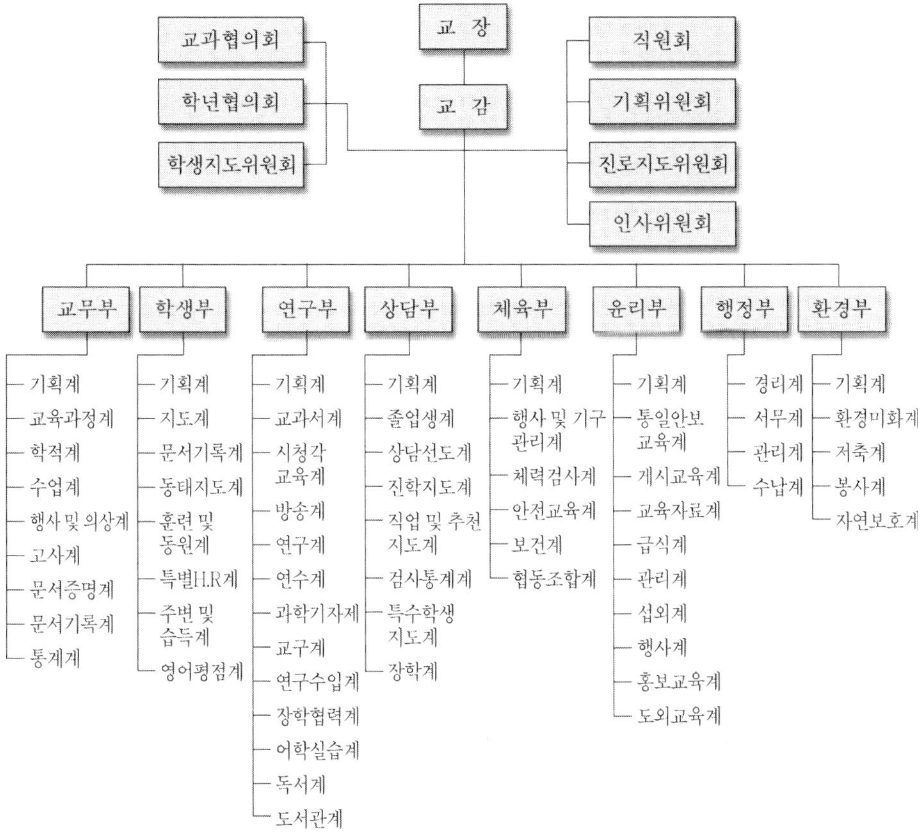

[그림 12-3] 교무분장 조직의 예

• 직원회

직원회는 학교경영 방침의 결정, 교육목표 설정, 중요 사항의 결정에 있어서 교직원의 통합된 의견을 수렴하여 민주적인 학교운영을 하기 위하여 설치되었다. 교육법상 반드시 설치해야 할 규정은 없으나 「교육법」 제75조에 규정된 학교장의 학교경영권에 대한 자문기관 또는 보조기관의 성격을 가진다. 직원회는 학교 교육목표와 방침, 교육과정의 운영, 학생의 진급과 징계, 생활지도 방침, 교직원 연수, 학교행사, 기타 학교의 주요 사항에 관해 합의하는 과정을 거치므로 학교장은 교직원이 학교경영에 적극적으로 참여하는 기회를 가질 수 있도록 배려해야 할 것이다.

• 기획위원회

기획위원회는 학교운영의 기본적인 주요 사항에 대한 사전 협의와 연구, 직원회의에서 논의할 사항의 사전입안, 학교교육의 전반적 계획의 수립 등의 기능을 수행하는 교장 자문기구이다. 기획위원회는 흔히 간부회의라고 통칭되듯이 교장·교감, 그리고 교무분장상의 각 부서를 대표하는 실무 책임자이며 학교의 중간관리층인 부장교사를 주축으로 구성되는 것이 일반적이다. 직원회는 전 직원으로 구성되므로 제한된 시간 내에 충분한 토의의 결론이 어려우므로, 기획위원회에서는 학교운영의 기본 사항을 사전에 조사·연구·계획하여 직원회에 회부하고 직원회에서 결론없이 논의된 사항을 위임받아 사후에 결정하는 기능을 담당한다(남정걸, 2006: 385).

• 학교운영위원회

학교운영위원회는 단위 학교에서 교육 자치의 정신을 실현하기 위하여 단위 학교 경영 전반에 걸친 주요 사항을 심의·자문·의결[1]하기 위하여 구성되었다. 학교운영위원회는 「초·중등교육법」과 동법 시행령 및 조례에 근거하여 설치·운영하는 법정 위원회이다. 학교 운영의 자율성을 확대하기 위하여 학부모위원, 교원위원, 지역위원으로 구성된 합의제 심의(자문) 기구이다.

학교운영위원은 자신이 대표하는 다양한 요구를 수렴하여 학교운영위원회에 제안·건의할 수 있으며, 학교 운영에 관한 중요 사항을 심의·자문한다. 학교장이 학교운영위원회의 심의·의결 결과와 다르게 시행하거나 운영위원회의 심의·자문 사항임에도 심의·자문을 거치지 않고 운영하는 경우에 관하여는 그 사유를 학교운영위원회에 보고하도

1) 국·공립학교의 경우 심의 기구, 사립의 경우 자문 기구의 역할을 담당한다. 그러나 학교발전기금에 대하여는 국·공립은 물론 사립학교도 반드시 심의·의결하도록 되어 있고 위원장 명의로 조성·운영할 수 있다. 다만, 학교장에게 위탁하여 관리·집행할 수도 있다.

록 요구할 수 있는 권한을 가지고 있다. 학교 운영위원회의 정수는 5~15인 이내의 범위 안에서 학교의 범위를 고려하여 정하고, 구성 비율은 학부모 위원의 수 40~50%, 교원위원의 수 30~40%, 지역위원의 수 10~30%의 비율을 준수하여 '학교운영위원회 규정'으로 정한다. 위원의 임기는 2년이며 1차에 한하여 연임가능하고, 위원장 및 부위원장의 임기는 1년이며 연임가능하다. 운영위원회를 대표하는 운영위원장은 교원위원이 아닌 위원으로 무기명 투표로 선출하며, 재적 위원 과반수의 득표로 당선된다. 학교장은 학교를 대표하고 업무를 총괄하며, 당연직 위원이 된다.

학교운영위원회의 학교 운영과 관련한 주요 심의·자문 사항은 다음과 같다.

「초·중등교육법」 제32조에 의한 기능

- 학교 헌장 및 학칙의 제·개정에 관한 사항
- 학교의 예산안 및 결산에 관한 사항
- 학교 교육 과정의 운영 방법에 관한 사항
- 교과용 도서 및 교육 자료의 선정에 관한 사항
- 정규 학습 시간 종료 후 또는 방학 기간 중의 교육활동 및 수련활동에 관한 사항
- 「교육공무원법」 제31조 제2항의 규정에 의한 초빙교원의 추천에 관한 사항
- 학교운영지원비의 조성·운영 및 사용에 관한 사항
- 학교 급식에 관한 사항
- 대학 입학 특별 전형 중 학교장 추천에 관한 사항
- 학교 운동부의 구성·운영에 관한 사항
- 학교 운영에 대한 제안 및 건의 사항
- 기타 대통령령, 특별시·광역시 또는 도의 조례로 정하는 사항

「초 · 중등교육법」제 33조 및 34조에 의한 기능

- 학교운영위원회는 학교발전기금의 조성 · 운영 및 사용에 관한 사항을 심의 · 의결
- 학교 규정의 제 · 개정
- 교복 및 체육복의 선정, 수학여행, 학생야영수련 등 학부모가 경비를 부담하는 사항
- 지역 사회 교육에 관한 사항, 학부모 및 일반인을 대상으로 한 평생 교육 프로그램의 설치 · 운영에 관한 사항
- 학부모, 교직원, 학생, 지역 주민으로부터 제출된 학교 운영과 관련된 건의 사항
- 기타 학교 운영에 관한 위원들의 제안 사항과 학교장이 심의 요청한 사항

• 학교폭력대책자치위원회

학교폭력대책자치위원회는「학교폭력 예방 및 대책에 관한 법률」에 근거하여 학교 폭력 예방 및 대책 관련 사항을 심의하고 학생의 인권 보호와 건전한 사회 구성원으로서의 육성을 목적으로 구성되었다. 위원장 1인을 포함하여 5~10인 이하의 위원으로 구성되며, 학교폭력대책자치위원회의 회의는 최소한 학기별 1회 이상 실시하여야 한다. 학교폭력대책자치위원회의 심의 사항은 다음과 같다.

- 학교 폭력의 예방과 대책을 위한 학교 체제 구축
- 피해 학생의 보호
- 가해 학생에 대한 선도 및 징계
- 피해 학생과 가해 학생 간의 분쟁 조정 등을 통하여

• 교원인사자문위원회

교원인사자문위원회는 합리적이고 민주적인 인사 행정을 구현하기 위하여 「교육공무원법」 제3조 및 제54조의 규정에 의하여 설치 · 운영

할 수 있다. 교감을 위원장으로 하고, 교사위원은 교사의 의견을 다양하게 수렴하여 모두 7인으로 구성한다. 학교장은 자문 결과를 객관적·합리적으로 판단하여 학교 경영에 무리가 없다고 판단될 경우 적극 수용하여, 수용할 수 없는 객관적 이유는 위원에게 설명한다. 교원인사자문위원회의 기능은 다음과 같다.

- 학급 담임 배정 및 보직 교사 임영에 관한 사항
- 교무 분장 조직에 관한 사항
- 연수 및 상훈 등에 관한 사항
- 전입 요청 및 전보 유예에 관한 사항
- 기타 인사 관련 사항

- **교과목별이수인정평가위원회**

교과목별이수인정평가위원회는 「초·중등교육법시행령」 제53조 및 「조기 진급 및 조기 졸업에 관한 규정」에 근거하여 적정 학년을 배정하기 위한 교과목별 이수 인정 평가의 세부 규정을 제시함으로써 학교에서의 면제·유예자의 편·입학업무를 원활히 처리하기 위하여 구성한다. 위원장은 교감으로 하고 교육과정 연구부장 및 학년별 교육과정 업무를 담당한 교원으로 구성되며, 위원회는 다음과 같은 업무를 담당한다.

- 유예 및 면제자의 취학 관련 업무
- 조기 진급 및 조기 졸업에 관한 업무
- 교과목별 이수 인정 평가 및 성적 산출
- 교과목별 이수 인정 평가 방법의 결정
- 교과목별 이수 인정 평가 도구의 제작 또는 선정
- 교과목별 이수 인정 기준 결정

• 학교학업성적관리위원회

학교학업성적관리위원회는 「학교생활기록부 작성 및 관리 지침」에 근거하여 학업 성적 평가 및 관리의 객관성, 공정성, 투명성, 신뢰성을 재고하기 위하여 구성되며, 학교의 형편에 따라 타 위원회와 통합 운영할 수 있다. 위원장은 학교장, 부위원장은 교감이 되며 위원의 수는 학교 규모에 따라 정하되 교직원 중 교무 분장 업무를 고려하여 학교장이 임명한다. 학교학업성적관리위원회는 다음과 같은 사항을 심의한다.

- 학교 학업 성적 관리 규정의 제·개정
- 각 교과협의회에서 제출된 지필 평가 및 수행 평가의 영역·방법·횟수·기준·반영 비율 등과 성적 처리 방법 및 결과의 활용
- 특별 활동 상황의 평가 기준 및 방법
- 행동 특성 및 종합 의견의 평가 덕목 및 방법
- 학업 성적 평가 및 관리의 객관성·공정성·투명성·신뢰도의 제고 방안(평가 기준·방법·결과의 공개 및 홍보)

이들 외에도 학교교육과정편성·운영위원회, 교과협의회, 학업성적관리위원회, 동학년협의회, 학생복지관련위원회, 학교분쟁조정위원회, 교재교구선정협의회, 학생선도위원회, 학교폭력추방자치위원회, 진로교육운영위원회, 장학생선발위원회, 체육특기자심사위원회, 급식관리위원회, 특기적성교육활동운영위원회, 봉사활동운영위원회, 금연운동추진위원회 등 다수의 위원회가 조직되어 있다.

(2) 교수학습 조직

교수-학습 활동을 수행하는 교수학습 조직은 교장·교감·교과담임으로 이어지는 구조를 가진다. 교과담임으로서의 교사는 학교조직의 핵심요원으로서 학교의 목적달성을 위한 직접적인 활동을 수행한다(박병량·주철안, 2005; 105).

학급을 중심으로 하는 학급담임제는 한 사람의 교사가 한 학급의 전

교과 또는 대부분의 교과뿐만 아니라 생활지도 전반에 걸쳐 책임을 지는 교육조직의 형태로 초등교육에서 널리 채택되어 있다. 학년을 중심으로 하는 교과담임제는 교사가 한 교과 또는 상호간에 관련이 깊은 교과를 몇 개 담당하여 한 학급 또는 몇 개의 학급지도를 분담하는 체제다. 오늘날 초등학교는 대체로 학급담임제이나 4학년 이상 매 4학급마다 1인의 교과전담교사를 두게 되어 부분적으로 교과담임제가 도입되어 있고, 중등학교에서도 기본적으로 교과담임제가 채택되어 있다(박세훈 외, 2008: 357-358).

2) 인적 자원 경영

학교경영에 있어서의 인적 자원은 교사와 학생이다. 학교경영이 교장을 중심으로 단위학교를 운영·관리하는 일련의 활동이라고 볼 때, 학교장의 인사 업무는 교사와 학생을 대상으로 한다.

학교장에게 주어인 교직원 인사상의 권한은 인사내신권, 위임된 인사권, 고유의 내부인사권 등이 있다. 인사내신권이란 전직, 전보, 면직, 휴직, 복직, 직위해제, 징계, 급여호봉 재획정, 표창 대상자 추천, 연수 대상자 추천 등의 권한을 말한다. 학교장에 위임된 인사권에는 보직교사 임면, 교원 및 일반직 공무원 정기 승급, 기간제 교사의 임면, 기능직 공무원의 임면, 비정규 직원의 임면 등의 권한이 있다. 학교장 고유의 내부인사권은 교과담당 명령, 학급담임 명령, 교무분장업무 담당 명령, 근무성적의 평성 등의 권한을 말한다(송기창 외, 2009: 212).

학교장은 또한 학생에 관한 인사 업무로 의무취학행정, 학생 신분에 관한 행정, 학생지도행정, 학생복지행정, 병사 및 학생보건에 관한 행정 등을 통해 학생을 관리하게 된다.

학생의 신분은 취학, 입학, 전·편입학 등에 의하여 취득되며, 체적·퇴학·졸업 등에 의해 상실되고, 휴학·징계·복학 등에 의해 변동된다. 이러한 학생 신분에 관한 기준은 법령과 각급 학교의 학칙에 규정되어 있다. 또한 학생관리에 있어서 핵심적인 부분은 훈육과 생활지도이다. 학교는 학생 스스로가 자신의 문제를 해결할 수 있도록 지도·조언하고, 자신의 잠재력을 충분히 실현할 수 있는 다양하고 훌륭한 생활지도 및 훈육 프로그램을 갖추어야 할 것이다. 학생을 위한 후생복지제도인 장학금제도, 학교복지시설, 취업 및 진로 등도 학교의 학생관리 업무로 중요하게 다루어져야 한다(박세훈 외, 2008: 370-374).

3) 물적 자원 경영

학교경영에 있어서의 물적 자원이란 학교교육의 목표를 원활히 시행할 수 있도록 설치된 학교의 물리적 시설·설비·환경을 의미하며, 이는 학교의 교육목표를 달성하기 위한 수단이 된다.

학교의 시설은 교육의 성과를 좌우하는 교육환경 중 기본적인 요건이다. 학교시설은 단순히 교사와 학생을 수용하는 건축물이 아니라 학교 전체가 교육의 매체이며 도구이면서 학생의 성장과 발달을 촉진하는 생활환경이다. 길게 늘어선 복도를 따라 동일한 규격의 교실을 나열하고, 그 교실 안은 책걸상이 통로조차 비좁게 줄지어 놓여 있는 무미건조한 직사각형의 폐쇄된 공간에서는 자율적이고 창의적인 교육이 어렵다(남정걸, 2006: 334).

이처럼 계획된 학습 성과가 달성될 수 있도록 환경을 조성하여 최선의 교육활동을 지원할 수 있도록 학교의 시설 및 설비의 최저 기준을 「초·중등교육법 시행령」 및 「고등학교 이하 각급 학교 설립·운영 규정」에 규정하고 있다. 학교시설은 외곽시설, 내부시설, 실험·실습시설 등으로 구분된다. 외곽시설은 교지, 체육관, 교사(校舍), 도서관, 부속시설, 연구실, 강당, 기숙사 등으로 구성되어 있다. 일반적으로 교육시설에는 건강과 안정을 고려한 안정성, 배치의 경제성, 다양한 활동과 장래의 보충계획을 고려한 융통성, 교육목표의 최대 달성을 위한 효율성, 심미적인 미관성, 상호 기능적인 조달을 고려한 연계성, 관리의 편리함을 고려한 관리성, 시설의 이용도가 높은 용이성, 지역 사회에 대한 개방성 등이 고려되어야 한다(박세훈 외, 2008; 374-376).

4) 사무 관리

사무관리(Office management)란 사무가 효율적으로 수행되도록 사무업무 자체와 이에 부수되는 제반 보조활동을 계획하여 조직하고 통제하는 행정활동을 말한다. 학교의 효율적인 사무관리를 위하여 이용되는 기본적인 매체는 문서이다(박세훈 외, 2008; 362).

학교에서 교육활동을 지원하기 위한 모든 행정사무는 문서에서 시작하여 문서로 끝난다고 할 수 있는데, 이는 행정사무의 대부분이 문서로 이루어지기 때문이다. 학교행정에서의 문서는 공문서로, 각급 학교나 교육행정기관에 의사를 전달·보존하고 자료를 제공하는 기능을 수행한다. 모든 공문서는 공문서의 작성과 관리에 관한 제반사항을 규정한 「사무관리규정」 및 「사무관리규정 시행규칙」에 의해 작성·처리·관리된다(송기창 외, 2009; 288).

각급 학교에서는 2006년부터 각 시·도교육청별로 구축한 단위학교 전자문서결재시스템(e-SENS)을 활용하여 기안, 결재, 발송, 접수, 접수된 문서의 공람 및 담당 지정 등의 업무를 전자방식으로 처리하고 있다.

[그림 12-4] 단위학교 전자문서결재시스템

문서의 처리는 문서의 접수, 기안, 시행, 결재, 발송, 보존의 과정을 거쳐 이루어진다. 문서의 기안은 기관의 의사를 결정하기 위하여 문안을 작성하는 것을 의미하며, 전자문서가 원칙이다. 기안된 문서는 당해 사안에 대해 기관 의사를 결정할 권한이 있는 자가 그 의사를 결정하는 행위인 결재를 하게 된다. 문서의 시행은 내부적으로 성립한 행정기관의 의사를 외부에 표시하는 단계로서, 문서의 효력은 수신자에게 도달됨으로써 발생된다. 기안·시행문의 서식에 의해 결재가 끝나면 전자문서는 전자이미지에 관인을 찍고, 종이문서는 복사하여 관인을 찍어 시행문으로 처리과에서 발송한다. 행정기관의 처리과에서 접수한 문서는 당해 문서에 대한 결재가 끝난 즉시 결재(접수) 일자 순으로 각 처리과별로 기록물등록대장에 접수등록번호와 접수일시를 전산으로 등록·관리한다.

과정별	업무처리과정			
문서 생산	**기안문** ⇨ 원칙 : 전자문서 예외 : 종이문서 보고서·계획서·검토서 등은 내부결재로 끝남 (시행문 변환 불가)	**결재** ⇨ 원칙 : 행정기관의 장 기타 : 전결 및 대결/사후보고 참고 : 검토 및 협조	**문서등록** 결재문서 성립 기록물등록대장에 등록 내부결재문서도 등록 ('내부결재'로 표기) 생산등록번호 등록	
문서 시행	**시행문** ⇨ 기안문에(전자이미지) 관인을 날인하면 바로 시행문이 됨	**날인** ⇨ 전자문서 : 전자이미지 관인 날인 종이문서 : 기안문 복사 후 직인 날인	**문서발송** 담당 : 처리과 원칙 : 정보통신망 기타 : 인편/모사/전화 등	
문서 접수	**문서접수** ⇨ 접수 : 처리과 기록물등록대장에 등록 공람 지정 접수등록번호 등록	**배부 및 처리** ⇨ 배부 : 처리과 경유 : 경유란에 서명 후 경유기관명에 관인을 찍어 수신기관에 발송	**반송 및 재배부** 담당 : 문서과 · 처리과 대상 : 형식상 흠이 있을 때/해당 소관 업무가 아닐 때	
문서 폐기	**모든 기록물 이관** ⇨ 자료관(官)시스템으로 바로 이관	**폐기심사** ⇨ 기록물관리담당자가 폐기심사서 제출	**폐기심의** ⇨ 기록물폐기심의회에서 폐기여부결정	**폐기 · 재분류** 폐기 또는 재분류

· 학교행정 : 문서과 및 처리과 → 행정실 또는 서무실, 처리과 → 교무실
· 기록물 : 처리과 → 단위학교, 자료관 → 교육청
· 결재 후, 전자문서시스템상에 등록된 기안문은 분류 정보에 따라 자동으로 기록물철에 편철
· 기록물등록대장에 편철된 기록물은 별도의 정리작업 없이 전자문서시스템을 통해 자료관으로 바로 이관

※출처 : 송기창 외(2009). p. 292.

[그림 12-5] 공문서의 처리 절차

참고문헌

교학사(2007). 『교육법전』. 서울: 교학사
김종철 · 진동섭 · 허병기(1990). 『학교학급경영론』. 서울: 한국방송통신대학
김종철(1992). 『교육행정의 이론과 실제』. 서울: 형설출판사
남정걸(2006). 『교육행정 및 교육경영』. 서울: 교육과학사
박병량 · 주철안(2005). 『학교학급경영(개정판)』. 서울: 학지사
박세훈 외(2008). 『교육행정 및 교육경영』. 서울: 학지사
박종렬(1989). 『학교학급경영론』. 서울: 성원사
백현기(1964). 『신고 교육행정』. 서울: 을유문화사
백현기(1989). "새시대의 학교경영과 지도력". 『교육행정학연구』. 7(1). 한국교육행정학회
손영환 · 신수균(2009). 『교육행정 및 교육경영』. 서울: 문음사
송기창 외(2009). 『중등 교직실무』. 서울: 학지사
윤정일 · 송기창 · 조동섭 · 김병주(2008). 『교육행정학원론(5판)』. 서울: 학지사
사립학교 교원 인사업무 실무메뉴얼(2009). 서울: 서울특별시교육청
중등인사 실무메뉴얼(2009). 서울: 서울특별시교육청
한국교원단체총연합회 · 한국교육신문사(2008). 『교육행정실무백과(2)』. 서울: 한국교육신문사
한국중등교육협의회(1985). 『중등학교경영편람(상)』. 서울: 대한교과서주식회사
한의영(1987). 『신고 경영학원론』. 서울: 법문사
학교폭력 · 성폭력 예방 및 대처 가이드북(2009). 서울: 교육과학기술부, 법무부, 서울특별시 교육청
2010 중등장학 계획(2010). 서울: 서울특별시교육청 중등정책과
2010 학교교육계획 수립 도움자료(2009). 서울: 서울특별시교육청
2010 학교예산 편성 기본 지침(2009). 서울: 서울특별시교육청
Bell, D. (1976). *The coming of post-industrial society: A venture in social forecasting*. New York: Basic Books.
Bruckner, A. L. (1970). *Network-Based Management Procedures*. OPERATION PEP: A State Wide Project to Prepare Educational Planners for California.
Drucker, P. F. (1954). *The Practice of Management*. New York: Harper & Row
Hoy, Wayne K. & Miskel Cecil G. (1982). *Educational Administration-Theory, Reserch, and Practice,* 2nd. New York: Random House
Ordiorne, G. S. (1965). *Management by Objective*. New York: Pittman
Stufflebeam, D. E. et al. (1971). *Education and Evaluation and Decision Making. Illinois*: F. E. Peacook Publishers Inc.
서울시 교육청 http://www.sen.go.kr
국가법령정보센터 http://www.law.go.kr

찾아보기

[ㄱ]

[ㅇ]

[ㅈ]

〈기타〉

[저자 약력]

• 이지영
부산대학교 대학원(교육학 석사)
부산대학교 대학원(교육행정학 및 교육사회학 박사)
현 부산외국어대학교 교육대학원 전임강사

〈논문〉
초·중등 교원의 보수체제 변천 분석
중등 교원의 보수지급 준거변화에 대한 실증분석
초·중등 교육개혁의 교육재정경제학적 접근(공저) 외 다수

교육행정 및 교육경영

2011년 8월 20일 중판인쇄
2011년 8월 25일 중판발행

저 자 이 지 영
발행인 유 성 열
발행처 **청목출판사**
서울특별시 영등포구 신길로 40길 20
전화 (02) 849-6157(代)·2820 / 833-6090~1
FAX (02) 849-0817
등록 제318-1994-000090호

파본은 바꾸어 드립니다. 값 17,000원

http : //www.chongmok.co.kr

ISBN 978-89-5565-346-5